菊与刀

日本文化诸模式（增订本）

日本丛书 日本シリーズ

〔美〕鲁思·本尼迪克特 著

吕万和 熊达云 王智新 译

创于1897
商务印书馆
The Commercial Press

Ruth Benedict
THE CHRYSANTHEMUM AND THE SWORD
Patterns of Japanese Culture
The Riverside Press Boston 1946
本书据美国波士顿河畔出版社1946年英文版和
东京社会思想社1965年出版的长谷川松治译日文版译出

增订版前言

《菊与刀》中译本1991年在商务印书馆出版后，至今已重印14次，印数超过10万册。最近几年，由于中日关系备受关注，这本书的印数显著增加，还出现了几种与此译本大同小异的译本，价格高于此译本，印数却不低。这说明：我国广大读者迫切需要了解日本。这本书资料丰富、文字生动、多有启发性见解，成了受欢迎的一本了解日本的书。

这种情况也引起了中日两国媒体的注意。2005年12月间，日本《读卖新闻》驻京记者特意为此前来商务印书馆和天津，采访此译本的责任编辑之一陈应年和译者之一吕万和，随即写了报道，刊于12月30日该报国际版。2006年2月，《南都周刊》记者又为此书专门采访了三位学者（吕万和、孙歌、李长声），3月下旬在该刊读书版发了长篇访谈录，标题是：《一本叫〈菊与刀〉的学术性著作还在畅销》。

十几年前，商务印书馆把这本书列入“日本丛书”之时，曾提出是否修订。由于当时几位译者都很忙，未能修订。现在，商务印书馆的编者再次提出“修订和增补”，我们当然十分乐意。

译者中有一位比较清闲，在另外两位在日本工作的译者的大力支持和帮助下，用了将近三个月的时间把全书通读修订了一遍并加以增补。其要点是：

1. 书名的副标题，原译作“日本文化的类型”，这次修改为“日本文化诸模式”，其理由见本书附录《鲁思·本尼迪克特小传》的脚注（本书 344 页注①）。“义理”一词原译为“情义”。修订后恢复日文汉字，不另翻译。理由见该词首次出现时脚注（本书 128 页）。顺便说一句：本书原著是美国人用英文写日本。日译本对涉及日本的专门名词和引文力求按日文复原。我们在译成中文时，对涉及日文的专门名词和引文也尽可能保持日文汉字。本此原则，这次修订有些译名恢复日文汉字，不列举。

2. 增加了两份资料，作为此书的“附录”：（1）《鲁思·本尼迪克特小传》,（2）《日本学者对〈菊与刀〉的评论》。读了《菊与刀》，再看看这两个资料，对研究日本乃至提高整个社科研究水平应该有好处。两个资料都仅据所见有限资料编写，肯定不周全。两者又都涉及专门学科，恳请专家和读者指正。

3. 增加了大约 110 个注释，主要是有关史实、专名、典故的注释，也有几处指出原著明显背离史实。选配了约 80 幅图片，选配的原则是紧密结合此书内容和注释。目的都是为了有助于阅读和理解。

4. 在英文原著索引的基础上，稍加增删合并，编了译本的索引。

5. 原“译者序言”基本无改动。只增加了三句话、删去了一小段文字（避免与附载的“小传”重复）。

6. 全书译文主要是文字上的修订、增补，也有个别误译的改正。比如从网上看到一位读者对原中译本第132页一个小注提出意见，这次修订做了改进（本书204页注③），在此致以谢意。又如，原中译本第196页“枕草纸”，误作“枕草子”译注，已改正。

难得修订一次，本应对照英文原著和日译本逐字逐句认真修改。但英文原著不易借，手头复印本存放多年，字迹模糊，阅读十分费眼力，再加上时间、水平和精力的限制，这次修订和增补在这方面做得还很不够，有些史实典故未能做注，有些更好的插图未及查找，译文不当不确乃至误译仍然要说“难免”，均请读者原谅并批评指正。

校阅清样期间，天津理工大学外国语学院胡备先生送来本尼迪克特在《菊与刀》成书以前向美国战时情报局所提报告的日译本等重要资料，已在使用处注明，并在此致谢！

译者

2006年10月16日写成

2007年11月20日改定

借再版之机，我们对修订本做了一些改进：其一，补充翻译英文原著索引，替换原增订本里译者所编的中文索引；其二，为方便读者使用索引，正文部分添加了边码，即英文原书的页码；其三，经编辑建议，调整和替换了书中的大部分插图，文图配合度更好。

译者

2015年6月

译者序言

1981 年夏，金克木先生发表一篇文章，从美国女人类学家本尼迪克特（Ruth Benedict）的名著《菊与刀》谈到比较文化和比较哲学。文章写道：第二次世界大战后期，德日败局已定，美国亟须制定战后对德、日的政策。对德国，政策很明确，即武装占领，直接管制。对日本，当时有两大问题需要研究：第一，日本政府会不会投降？盟军是否要进攻日本本土而采用对付德国的办法？第二，假若日本投降，美国是否应当利用日本政府机构以至保存天皇？为了回答这两个问题，美国政府动员各方面的专家、学者研究日本，本尼迪克特这本书就是受美国政府委托（1944 年）研究的结果。她根据文化模式理论，运用文化人类学的方法，将战时在美国被拘禁的日本人[1]作为调查对象，

① 指"日本人隔离收容所"（The Japanese Relocation Camp，1942—1946 年）：珍珠港事变（1941 年 12 月 8 日）后，在美日本人均被强制迁入隔离收容所，共约 11 万多人，其中约半数是美国公民。由于被收容者的揭发斗争和战后日美关系的改变，美国政府于 1948 年对少数被收容者给予赔偿，1988 年全部赔偿、书面道歉，并曾公开展出此项错误。

同时大量参阅书刊和日本文学及电影，写成报告[①]。报告中推断出的结论是：日本政府会投降；美国不能直接统治日本；要保存并利用日本的原有行政机构。因为日本跟德国不同，不能用对付德国的办法对付日本。战争结束，美国的决策同这位文化人类学家的意见一致，事实发展同她的预料和建议一样。[②]

1946年，本尼迪克特把这份报告整理成书出版，立刻在日本引起强烈反响。1949年初被译成日文，1949年至1951年，日本几家杂志约请专家举行座谈，对此书进行评论，有的还出版了特集。[③]

"菊"本是日本皇家家徽，"刀"是武家文化的象征。但本尼迪克特在以此命名本书时，似乎并未从这种含义出发，而是以"菊"和"刀"来象征日本人的矛盾性格，亦即日本文化的双重性（如爱美而又黩武，尚礼而又好斗，喜新而又顽固，服从而又不驯等），由此入手，进而分析日本社会的等级制及有关习俗，并指出日本幼儿教养和成人教养的不连续性是形成双重性格的重要因素。著者把日本文化的特征概括为"耻感文化"，认为它与西方的"罪感文化"不同，其强制力在于外部社会而

① 金克木：《记〈菊与刀〉—— 兼谈比较文化和比较哲学》（《读书》1981年第6期），后收于作者的《比较文化论集》，三联书店，1984年。

② 同上。

③《知性》杂志，昭和二十四年四月号；《民族学研究》，昭和二十五年五月，第14卷第4号；《展望》，昭和二十六年五月号等。

日本皇室家徽菊花徽章

不在于人的内心。对于这些观点，有些日本社会学者评价很高，认为表现了“深刻的洞察力”。有些日本历史学者则不同意，认为作者把特定时代、特殊社会集团的社会心理当作“日本人”的普遍心理，在方法论上有非历史的和超阶级的缺点。评价虽然不同，影响很大则是事实。1951 年此书被列入日本“现代教养文库”，至 1963 年已重印 36 次。1967 年改版后至 1980 年又重印达 53 次。另有统计说，截至 1996 年，此书日译本重印逾百次，印数逾 230 万册（参阅本书 360 页注 1）。按人口平均，每四十多个日本人即可拥有一册。1982 年出版的一本介绍“日本学”名著的书中称赞此书是现代日本学的鼻祖，是文化人类学者研究日本的经典性著作[1]。1986 年一篇综述战后日本研究状况的文章列举七种代表性观点，说《菊与刀》是令人注目的一种。[2]近年，美国的《领袖周刊》有文章把这本书列为“领袖必读的 100 本名著”中的第 71 本。凡此都表明，此书影响至今不衰。

显然，把这本书译成中文是值得的。经了解我国新中国成立前后均无此书中译本，[3]乃决定动手翻译。所据英文原著版本是：*The Chrysanthemum and The Sword*（By Ruth Benedict, The Riverside Press, Cambridge: Massachusett, 1946），并参照了长谷川松治译日译本《菊と刀》（社会思想社，《现代教养文库》第 16 种，昭和三十八年第 36 次印刷）。英文原著者注照译或照录，日译本注及中译者的补注则分别加“日译者”或“译者”字样。原著有鸣谢及索引，中译本从略。

现在，国际上出现“日本文化研究热”，诸说并陈，颇有令人眼花缭乱之感。我国一位学者举出六种主要学说并加以

① 《世界的日本人观·日本学总解说》，自由国民社，1982 年，第 260 页。

② 《日本人的自画像》1986 年 2 月 2 日号，副田义也的文章。转引自《国外社会科学》1986 年第 5 期。

③ 此稿译成后始见台湾黄道琳先生译本，书名译作《菊花与剑》，著者姓名译作潘乃德，桂冠图书公司，1974 年初版，1985 年第 8 版。定稿时曾稍加参阅。

评论，本尼迪克特的“耻感文化”被列为第一种。[①]关于这本书的评价，自应留给读者研究。这里我们想提出的是：所谓“文化”，其含义既有广义、狭义之分，也有观点不同之别。从历史唯物主义观点看来，文化属于上层建筑，其核心是社会意识形态，它反映经济基础并受经济基础的制约。但文化又有其相对的独立性，各民族的文化各有其历史形成的特点并反作用于经济基础。金克木先生说：文化就是“国情”，就是“国民性”，日本文化就是“日本人”；他希望，研究各国社会，不仅要“找寻决定性的物质因素”，而且要“探讨起重要作用的精神因素”，不是只得出“抽象模式”，而且要发现“具体典型”。[②]这段话很有启发。实际情况表明，同是封建主义，不仅东西有别，而且中日也不同；同是资本主义，也各有其特色。这种差异就是民族特征，其形成有历史的文化背景，其表现则为特殊的文化形态。如果这样理解不错，那么对民族文化的研究自应从历史背景上考察，在普遍性与特殊性的连接上下功夫，其结果也必将大大丰富和加深历史唯物主义的内容，推进对各国历史和现状的研究。本尼迪克特是在日

① 见中国社会科学院日本研究所高增杰同志所著《国外日本文化研究概况》一文，六种主要学说是：a.“耻感文化”说（本尼迪克特）；b.“纵式社会”说（中根千枝）；c.“集团性”说（〔澳〕G. 克拉克）；d.“杂交文化”说（加藤周一）；e.“壶状文化”说（丸山真男）；f.“感情文化”说（堀一郎）。

② 金克木：《日本外交史读后感》，《比较文化论集》，第 185、187 页。

美交战情况下研究日本的，她只能凭借间接资料进行“遥研”。中国人对日本实感最深，关系最密，两国文化又有悠久的历史渊源，当然更有条件，也更有必要研究日本文化，这正是我们翻译此书的动机。至于翻译质量，限于水平和精力，难免舛误，敬希指正。

译者

1986年6月8日写定，

2007年11月15日稍做修改

补记：

参加校译此书之时，正是我的伴侣和合作者崔树菊同志（天津师范大学世界近代史讲师）以残肢之身卧床百余日，与癌症恶魔最后搏斗之时。我日守病床，抽暇工作。她也以我尚能工作为慰，忍耐病痛，不断询问进度。交谈此书，几乎成为我们相濡以沫、互润愁肠的一种慰藉。定稿之后，她日渐腹胀如鼓，饮食药物均难服用。幸赖老友刘肃然同志（原天津第二南开中学英文教师）组织同道，誊清译稿，认真核阅，订补疏误。现在，我最后复阅清稿，树菊已闭目辞世五十日矣！谨补数语，以托哀思。

吕万和

1986年9月1日

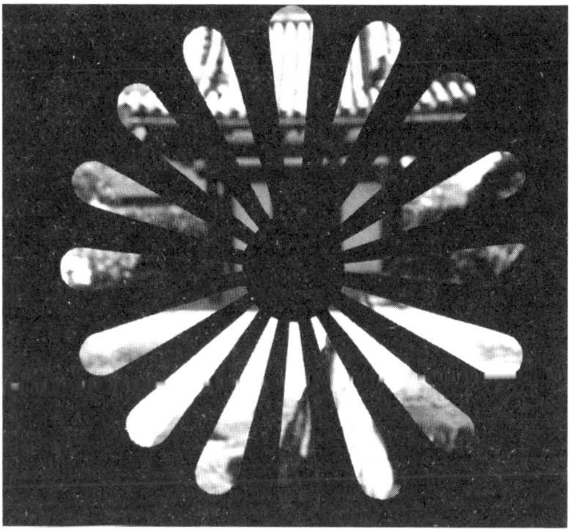

一休禅师墓园门上的镂空菊花雕刻。因为一休禅师是后小松天皇的儿子，所以门上有日本皇家的菊花家徽。

目　录

第一章　任务——研究日本 1

在美国全力以赴与之战斗的敌人中，日本人是最琢磨不透的。这个主要对手，其行动和思维习惯与我们如此迥然不同，以致我们必须认真对待，这种情况在其他战争中是没有的。正如前此 1905 年的沙俄一样①，我们作战的对手是一个不属于西方文化传统，而又充分武装和经过训练的民族。西方国家所公认的那些基于人性的战争惯例，对日本人则显然不存在。这就使得太平洋上的战争不仅是一系列岛屿登陆作战和困难卓绝的后勤工作问题，从而使了解“敌人的性格”成为一个主要问题。为了与之对抗，我们就必须了解他们的行为。

困难是巨大的。自从日本锁国的大门被打开以来的七十五

① 指日俄战争。历时 19 个月（1904 年 2 月—1905 年 9 月），日军投入兵力近 110 万，俄军投入兵力近 120 万，双方伤亡惨重，在美国调停下议和：俄国被迫承认日本在朝鲜的独占权益，把俄国在辽东半岛、南满铁路的特殊权益转让日本，并将我国库页岛南部让给日本。——译者

年间，对日本人的描述总是使用一系列令人极为迷惑的“但是，又……”之类的词句，远非对世界其他民族的描述可比。一个严肃的观察家在论及其他非日本民族时，是不大会既说他们彬彬有礼，又加上一句说：“但是，他们又很蛮横、倨傲。”他也
2 不会既说该民族无比顽固，又说：“但是，他们又极易适应激烈的革新”；也不会既说该民族性格温顺，又说他们不轻易服从上级的控制；也不会既说他们忠诚、宽厚，又宣称：“但是他们又心存叛逆，满腹怨恨”；也不会既说他们本性勇敢，又描述他们如何怯懦；也不会既说他们的行动完全出自考虑别人的评价，即自己的面子，又说他们具有真诚的良心；也不会既讲他们在军队中接受机器人式的训练，又描述那个军队的士兵是如何不服管教，甚至犯上作乱；也不会既讲该民族热诚倾慕西方文化，又渲染他们顽固的保守主义。他不会既写一本书，讲这个民族如何普遍爱美，如何对演员和艺术家给予崇高荣誉，如何醉心于菊花栽培，又另外写一本书来补充说，该民族崇尚刀剑和武士的无上荣誉。

然而，所有上述这些矛盾却成为有关日本论著中纵横交织的经纬。而且，都是千真万确。刀与菊，两者都是一幅绘画的组成部分。日本人生性极其好斗而又非常温和；黩武而又爱美；倨傲自尊而又彬彬有礼；顽梗不化而又柔弱善变；驯服而又不愿受人摆布；忠贞而又易于叛变；勇敢而又怯懦；保守而又十分欢迎新的生活方式。他们十分介意别人对自己的行为的观感，

但当别人对其劣迹毫无所知时，又会被罪恶所征服。他们的士 3
兵受到彻底的训练，却又具有反抗性。

1942 年 11 月，瓜达卡纳尔岛，两名美军士兵在轻型坦克前警戒

了解日本既已成为美国的当务之急，我们就不能对这些矛盾以及其他许多同样令人烦躁的矛盾置之不理了。严重的事态接二连三地出现在我们面前。日本人下一步将采取什么行动？能否不进攻日本本土而使其投降？我们是否应该直接轰炸皇宫？从日军俘虏身上，我们可以期望得到些什么？在对日本军队及日本本土进行宣传时，我们将宣传些什么才能拯救美国人的生命，并削弱日本人那种顽抗到最后一个人的意志？这些问

题在日本通中也引起了相当大的分歧。如果和平降临，为了维持秩序，日本人需要永远实行军事管制吗？我军是否要准备在日本深山老林的要塞中与那些疯狂的顽抗分子进行战斗？在世界和平有可能到来之前，日本会不会发生一次法国或俄国式的革命？谁将领导这次革命呢？或者，日本民族只有灭亡？我们对这些问题的判断肯定是众说纷纭的。

我于 1944 年 6 月接受委托从事研究日本的工作。我受命使用文化人类学家所能使用的一切研究技术，弄清日本民族是什么样的民族。那年夏初，我国对日本的大规模反攻刚刚展开。在美国，许多人认为对日战争还要持续三年，也许十年，以至
4 更长时间。在日本，有的人则认为这次战争会成为百年战争。他们说，美军虽然取得了局部胜利，但是新几内亚、所罗门群岛距离日本本土还有几千英里。日本的公报根本不承认日本海军的战败，日本国民仍然以为他们是胜利者。

然而，进入 6 月以后，形势开始有了变化。欧洲开辟了第二战场，最高司令部两年半以来给予欧洲战场的军事优先权已全部兑现，对德战争的胜利已经指日可待。在太平洋上，我军已经在塞班岛登陆。这是预告日军终将彻底失败的大战役。在这以后，我们的士兵便日益与日军短兵相接。而且，在新几内

亚，在瓜达卡纳尔[①]、缅甸[②]、阿图[③]、塔拉瓦（Tarawa）[④]、比亚克（Biak）[⑤]等战役中，我们已经清楚地知道，我们所面对的是何等可怕的敌人。

因而，到了 1944 年 6 月，我们对有关我们的敌人——日本的许多疑问急需做出解答。这些疑问，不管是军事上的还是外交上的，也无论是出自最高决策的要求，还是为了在日军前线散布宣传小册子的需要，都必须提出真知灼见。在日本发动的总体战中，我们必须了解的，不仅是东京当权者们的动机和目的，不仅是日本的漫长历史，也不仅是经济、军事上的统计资料。我们必须弄清楚，日本政府对日本人民能指望些什么？

① 指瓜岛争夺战（1942 年 8 月 7 日—1943 年 2 月 7 日）：瓜岛（瓜达卡纳尔）在所罗门群岛最南端，是日军南线最前沿阵地。1942 年 8 月 7 日，美军出其不意，出动大批海空部队攻占该岛（其时日本守军仅 200 余人）。日军增兵夺回。双方惨烈争夺，历时 6 个月，几乎无日不战。美军投入兵力七八万，死亡约 2000。日军先后派兵 3.6 万，战死病死高达 2.5 万，最终败退。太平洋战局由此转折。——译者

② 指缅甸战役。1944 年冬，英印联军大举奔袭仰光。中国远征军自北缅南下。日军十余万人除战死者外，有七八万人饥饿呻吟而死。——译者

③ 阿图岛：1942 年 6 月初，日军为发动中途岛战役，故意派大舰队佯攻美国领土阿留申群岛，占领毫无设防的阿图岛、基什加岛等地，企图迷惑美国。美军由于破译了日军情报，不为所动。日军在中途岛战役中遭毁灭性失败。阿图岛、基什加岛残留日军于 1943 年 5 月、8 月被俘逐。——译者

④ 塔拉瓦：指吉尔伯特群岛的主要阵地塔拉瓦环礁，位于所罗门群岛东南。1943 年 6 月，美军 3 万多人在此艰苦战斗，伤亡 3000 多人。——译者

⑤ 比亚克：指新几内亚战役中的最后一战。1944 年 7 月，美军苦战两个多月攻占该地。——译者

我们必须了解日本人的思维和感情的习惯，以及这些习惯所形成的模式。还必须弄清这些行动、意志背后的制约力。我们必须把美国人采取行动的那些前提暂且抛在一边，并且尽可能不要轻易地认为，在某种情况下，我们会怎样做，日本人也会怎样做。

我所接受的任务是困难的。美国与日本正处在交战状态。在战争中把一切都归咎于敌国，这是容易的；但要想知道敌人自己心目中对人生的看法就难得多了。而这个任务又必须完成。问题是日本人将如何行动，而不是我们处在他们的境遇时将如何行动。我必须努力把日本人在战争中的行为，作为了解他们的“正值”即有用的资料来加以利用，而不是作为“负值”即不利条件来看待。我必须观察他们对战争本身的进行方式，并且暂且不看作军事问题，而看作文化问题。与平时一样，日本人在战时的行为也自有其日本特色。他们对待战争表现了哪些生活方式和思维方式的特征？他们的领导人激励士气、消除国民惶惑，以及在战场上调兵遣将的方式——所有这些都显示了他们自以为可资利用的力量是什么？我必须认真研究战争中的各个细节，来观察日本人如何一步一步地显露自己。

但是，我们两国正在交战，这一事实难免对我严重不利。这意味着我必须放弃实地调查，而这种调查乃是文化人类学者最重要的研究方法。我无法在日本人的家庭中生活，用自己的眼睛观察他们日常生活中的种种作风，并区分出哪些是关键性

的，哪些是非关键性的。我无法观察他们做出决定时的复杂过
程。我无法观察他们的下一代是如何培育的。约翰·恩布里(John 6
Embree)①写的《须惠村》是人类学家实地观察后写出的唯一的一部有关日本村落的专著，很有价值，但我们在 1944 年遇到的有关日本的许多问题，那本书却还没有提到。

约翰·恩布里著《须惠村》

① 约翰·恩布里（John Embree，1908—1953 年）：美国文化人类学者。历任夏威夷大学、芝加哥大学、耶鲁大学教授。太平洋战争期间受美国国防部委托培训驻日美军民政人员。1935—1936 年以须惠村为典型，研究日本社会，写成专著：《须惠村——一个日本的农村》（*Suye Mura: A Japanese Village*, Univ. of Chicago Press, 1939）。全书 330 多页，内容包括：历史背景、村内组织、家族状况、互助形式、阶级与联系、个人生活史、宗教、社会组织上可觉察的变化等。——译者

尽管有上述重重巨大困难，但作为一个文化人类学家，我相信，还可以运用一些研究方法和公认的假设或前提。至少可以利用文化人类学家最倚重的方法——与被研究的人民直接接触。我国有许多在日本长大的日本人。我可以询问他们亲身经历的许多具体事例，发现他们如何进行判断的方法，来填补我们知识上的空白；我认为，这对人类学家了解任何一种文化都是必不可少的。当时，从事日本研究的其他社会科学家，大都利用图书文献，分析历史事件和统计资料，并从日本的文字宣传或口头宣传的词句中追踪其发展。我则确信，许多问题的答案大都隐藏在日本文化的规则及其价值之中，研究生活在这种文化中的人，答案会更加满意。

这并不意味着我不看书，或没有受到在日本生活过的西方人士的教益。论述日本的丰硕文献以及在日本居住过的许多西方优秀的观察家，对我帮助极大，这是到亚马孙河发源地或新几内亚高原等地对无文字部落进行研究的人类学家们所无法享受的。那些民族没有文字，无法用文笔记录。西方人的论述也
7 是凤毛麟角，浮光掠影。没有人知道他们过去的历史。实地调查的学者们必须在没有任何先驱学者的帮助下，探索他们的经济生活方式、社会阶层状况，以及宗教生活中的最高崇拜等等。我研究日本却有许多学者的遗产可以继承。在嗜古好奇的文献中充满了生活细节的描述。欧美人士详细记载了他们的生动经历，日本人自己也撰写了许多不寻常的自我记录。日本人与其

他东方民族不同，有强烈的描写自我的冲动，既写他们的生活琐事，也写他们的全球扩张计划，其坦率实在令人惊异。当然，他们并没有和盘托出。没有一个民族会这样做。日本人描述日本会略去许多重要事情，因为这些对他们太熟悉了，如同呼吸空气一样，习而不察了。美国人写美国时也一样。尽管如此，日本人仍然是喜欢显示自己的。

我阅读这些文献时，如同达尔文说他在创立物种起源理论时的那种读书方法，即特别注意那些无法了解的事情。对议会演说中那一大堆观念的罗列，我必须了解些什么？他们为什么对一些无足轻重的行为大肆攻击，而对骇人听闻的暴行却满不介意，这种态度的背后到底隐藏着什么？我一边阅读，一边不断提问，“这幅绘画的毛病到底何在？”为了理解，我必须知道些什么？

我还看了不少在日本编写、摄制的电影——宣传片、历史片以及描写东京和农村现代生活的影片，然后再和一些在日本 8
看过同样影片的日本人一起仔细讨论。他们对电影中男女主角以及反面角色的看法与我的看法并不一样。我感到迷惑不解的地方，他们觉得没有什么。他们对剧情和写作动机的理解与我也不一样，他们是从整部电影的结构来理解的。正如阅读小说，我的理解和在日本长大的他们就有很大的差距。在这些日本人中，有些人动辄为日本的风俗习惯进行辩解，有些人则痛恨日本的一切。很难说哪一种人使我受教最多。但他们所描绘的日本生活规范的景象则是一致的，不论是欣然接受者，还是痛加排斥者。

如果只是直接从其所研究的文化对象（人民）搜集资料并寻求解释，那么，这位人类学家所做的也就是那些在日本生活过的一切西方出色的观察家们所做过的事。如果他的贡献仅止于此，那就不能指望他对以往外国居留者有关日本的卓越著述做出新的贡献。不过，文化人类学家由于所受训练而具有某些特殊能力，花费一些精力，以求对这一拥有众多学者和观察家的领域增添他的贡献，看来是值得的。

人类学家[1]知道多种亚洲和大洋洲的文化。日本有许多社会习俗和生活习惯，甚至与太平洋岛屿上的原始部落极为相似。
9 这些相似，有些是在马来诸岛，有些是在新几内亚，也有些是在波利尼西亚。当然，根据这些相似来推测古代也许有过移民或相互接触，这是很有趣的。但对我来说，了解文化相似性之所以有价值却并不在于这类可能发生的历史关联，而在于能够凭借这些类似或差异，获得理解日本生活方式的启示。这是因为，我懂得这些风俗习惯在那些简单的文化中如何起作用。我对亚洲大陆的暹罗[2]、缅甸和中国也多少有些知识，因而可以把日本与其他民族进行比较，这些民族都是亚洲伟大文化遗产的

① 这里前后的“人类学家”、“文化人类学家”每每指作者自己。——日译者
② 今泰国。——译者

一部分。人类学家在有关原始民族的研究中，已反复地证明，这种文化比较是何等有价值。一个部落的正式习俗也许百分之九十与邻近部落相同，却仍可能需要做些修改来适应周围民族不相同的生活方式和价值观念。在这一过程中有可能必须排斥某些基本习俗，不论其在整体中的比率是多么小，都可能使该民族的未来向独特的方向发展。对于一个人类学家来说，研究这种在整体上具有许多共性的各民族之间的鲜明差异是最有益的。

人类学家还必须使自己最大限度地适应自身文化与其他文化之间的差异，其研究技术也必须为解决这一特殊问题而加以磨炼。他们凭借经验知道，不同文化的人们在遇到某些情况，并必须对其含义做出判断时，其方式，在不同的部落和民族之间是有巨大差异的。在某些北极乡村或热带沙漠地区，他们会遇到以血缘责任或财务交换为基础的部落习俗，远非任何奔放 10
的想象力所曾设想的。人类学家必须进行调查，不仅要调查亲属关系或交换关系的细节，而且要弄清这种习俗在部落行为中的后果，以及每一代人如何从小就受其制约，身体力行，世代相传，如同其祖先所做的那样。

人类学者对这种差异、制约及其后果的关注，在研究日本时也可加以利用。现在，无人不感到美国与日本在文化上的根深蒂固的差异。我们甚至出现这种关于日本的说法：凡是我们干的，他们就一定反其道而行之。一个研究者如果相信这种说法，而简单地认为，差异太离奇，根本不可能了解那种民族，这当然是危险的。人类学家根据自己的经验充分证明，即使最离奇的差异也不会妨碍研究者对它的理解。人类学家比其他社会科学家能够更好地把差异作为一种“正值”即有用的资料来利用，而不是看作“负值”。制度和民族之间的差异表现越是离奇，他们就越加注意。对他所研究的部落的生活方式，任何东西他都不会视为当然，这就使得他不会只注意少数选出的事例，而是面向每件事物。在有关西方各民族的研究中，缺乏比较文化学训练的人往往忽视许多行为的整个领域。他们总是过于视为理所当然，对日常生活中的细小习惯以及人们对熟悉事物的公认说法都不进行研究。然而，正是这类习惯或公认说法
11 大面积地投射在该民族的银幕上，影响该民族的未来，其作用远远超过外交官所签订的各种条约。

人类学家必须发展研究日常琐事的技术，因为，他所研究的部落中的这些日常琐事，与他本国相应的事物相比截然不同。当他想理解某一部落中被视为最恶毒的或另一部落中被视为最胆怯的行为时，当他试图了解在特定情况下，他们将如何行动、如何感受时，他就会发现，必须大力进行观察并注意细节，这些，在对文明民族进行研究时常常是不大注意的。人类学家有充分的理由相信，这些乃是最关键的，并且也知道如何进行挖掘。

这种方法值得运用于研究日本。因为只有高度注意一个民族生活中的人类日常琐事，才能充分理解人类学家这一论证前

提的重大意义：即任何原始部落或任何最先进的文明民族中，人类的行为都是从日常生活中学来的。不论其行为或意见是如何奇怪，一个人的感觉和思维方式总是与他的经验有联系的。我越是对日本人的某种行为迷惑不解，就越认为在日本人生活中一定有造成这种奇特行为的某种极为平常的条件在起作用。我的研究越深入到日常交往细节就越有用处。人正是在日常细节中学习的。

我作为一个文化人类学家，还确信这样的前提，即：最孤立的细小行为，彼此之间也有某些系统性的联系。我十分重视数以百计的单项行为如何构成覆盖总体的多种模式。一个人类 12
社会总必须为它自身的生活进行某种设计。它对某些情况的处理方式及评价方式表示赞可，那个社会中的人就把这些结论视为全世界的基本结论。无论有多大困难，他们都把这些结论融成一体。人们既然接受了赖以生活的价值体系，就不可能同时在其生活的另一部分按照相反的价值体系来思考和行动，否则就势必陷于混乱和不便。他们将力求更加和谐一致。他们为自己准备了种种共同的理由和共同的动机。一定程度的和谐一致是必不可少的，否则整个体系就将瓦解。

这样，经济行为、家庭活动、宗教仪式以及政治目标就像齿轮一样都相互啮合在一起。一个部门发生较其他部门更急剧的变化，其他部门就会受到巨大压力，而这种压力正是来自实现和谐一致的需要。在追逐权力统治的无文字社会，对权力的意志不仅表现在经济交往及与其他部落的关系之中，也同样表现在宗教活动之中。在有古代文字经典的文明民族中，教会必然保留过去年代的语录。无文字的部落则不是这样。但是，随着经济、政治权力的公开认可日益增强，在那些与此相抵触的领域，教会就放弃了自己的权力。词句虽然保留，内容则已改变。宗教教义、经济活动和政治，并不是处在各有堤防隔离开来的小池之中，它们总是溢过假想的堤防，互相交流，以至掺
13 混而分不开。由于这是常理，学者们越是把他的调查扩散到经济、性生活、宗教，以至婴儿抚育等领域，就越能探究他所研究的社会中发生的事情。他就能有效地在生活的任何领域设立假说并搜集资料。他就能学会把任何民族所形成的要求，不论是用政治的、经济的，还是用道德的术语来表达，理解为他们从其社会经验中学来的思维方式和习惯的表现。因此，我这本书并不是一本专门论述日本宗教、经济生活、政治或家庭的书，而是探讨日本人有关生活方式的各种观点。[①] 它只描述这些观点在各种活动中如何自我表露，不管当时是什么样的活动。它是一本探讨日本何以成为日本民族的书。

20 世纪所面临的障碍之一就是我们仍然怀有模糊不清，以至偏颇的观念，不仅对日本何以成为日本民族，而且对美国

① 原文 assumptions：直译应作“认定”（认为理所当然，但尚未经过证明）或“假定”。为求明白，统译作“观点”。——译者

何以成为美利坚民族，法国何以成为法兰西民族，俄国何以成为俄罗斯民族也是如此。各国之间由于缺乏这方面的知识而彼此误解。有时，纠纷仅仅是细微的毫厘之差，我们却担心是无法调解的分歧。而在一个民族基于其整个经验和价值体系，在思想上已形成一套与我们的设想异常不同的行动方针时，我们却侈谈共同的目标。我们根本不找机会去了解什么是他们的习惯和价值。如果去了解，我们也许会发现，某一行动方针并非必然是坏的，因为它并不是我们所了解的那一种。

各民族关于自己思想和行动的说法是不能完全指靠的。每个民族的作家都努力描述他们的民族，但这并不容易。任何民 14
族在观察生活时所使用的镜片都不同于其他民族使用的。人们在观察事物时，也很难意识到自己是透过镜片观察的。任何民族都把这些视为当然，任何民族所接受的焦距、视点，对该民族来说，仿佛是上帝安排的景物。我们从不指望戴眼镜的人会弄清镜片的度数，我们也不能指望各民族会分析他们自己对世界的看法。当我们想知道眼睛的度数时，我们就训练一位眼科大夫，他就会验明镜片。毫无疑问，有朝一日，我们也会承认，社会科学工作者的任务就是为当代世界各个民族做眼科大夫那样的工作。

这项工作，必须同时具备某种坚定精神和宽容态度。有些善意人士有时指责我们的坚定精神。这些“世界大同”的鼓吹者们坚信并且向全世界各地人们灌输这种信念：即“东方”和

“西方”，黑人和白人，基督教徒和伊斯兰教徒，这些差异都是表面现象，实际上，凡是人，想法都是相似的。这种观点有时被称作“四海之内皆兄弟”。但是，我却不理解，为什么信奉“四海之内皆兄弟”，就不能说日本人有日本人的生活方式，美国人有美国人的生活方式。看来这帮软心肠的先生们有时似乎
15 认为，全世界各民族都是一张底片印出来的，如若不然，亲善主义就无从建立。但是强求接受这种单一性，作为尊重其他民族的条件，就好比强求自己的妻子儿女要同自己一模一样，这就未免太神经质了。有坚定精神的人认为差异应当存在。他们尊重差异。他们的目标是确立一个能容纳各种差异的安全世界。美国可以是地道的美利坚而不威胁世界和平；法国、日本也是如此。企图以外部压力来抑制这类人生态度的成长，对于自己也不相信差异就是悬在人类头上的达摩克利斯剑[①]的任何研究者来说，这类想法都是荒谬的。他也无须担心采取这种立场就会使世界僵死不变。鼓励文化上的差异，并不意味使世界静止。英国在伊丽莎白时代之后有安妮女王时代及维多利亚时代，并

① 达摩克利斯剑（Damocles Sword）：源出希腊传说，达摩克利斯是叙拉古僭主狄奥尼修斯一世（公元前430—前367年）的宠臣。相传狄奥尼修斯曾请达摩克利斯赴宴，让他坐在黄金的宝座上，用金银器皿给他盛上各种美食佳肴，但在宝座上空却用马鬃悬了一把闪光的利剑。达摩克利斯抬头望见这把利剑时，大惊失色。因为这把千钧一发的利剑随时都会掉下来，给他带来杀身之祸。后来，“达摩克利斯剑”就成为“迫在眉睫的危险”的同义语。——译者

未因此丧失其英国性。这正因为英国人一直是英国人，因而能够在不同世代，承认不同标准和不同民族气质的存在。

对民族差异进行系统研究，既需要有某种坚定精神，也需要有某种宽容态度。人们只有自己具有坚定不移的信仰，才会有不寻常的宽容。只有这时，宗教的比较研究才能发展。他们也许是耶稣教徒或阿拉伯学者，或不信教者，但绝不是偏狂者。文化的比较研究也是一样，如果人们还在战战兢兢地保卫自己的生活方式，并只相信自己的生活方式是世界上唯一的解决办法时，文化的比较研究就不能发展。这种人绝不会懂得，获得其他生活方式的知识会增加对自身文化的热爱。他们把自身置 16
于愉快和丰实的体验之外。他们是如此保守自持，以致只能要求其他民族采纳他们的特殊方式，别无其他选择。作为美国人，他们就强求一切民族接受我们所喜欢的信条。但是，其他民族难以接受我们所要求的生活方式，就好比我们无法学会用十二进位制来代替十进位制进行计算，或者无法学会像东非某些土著那样以金鸡独立式进行休息一样。

因此，本书乃是一本阐述日本习惯（预期的和公认的）的书。它将论述日本人对自己的要求，诸如他们在哪些情况下能指望得到恭维，在哪些情况下则不能；什么时候会感到惭愧，什么时候会感到尴尬等等。本书所论述的事项，要说最理想的根据，也许就是平凡的街谈巷议者，什么人都有。这并不意味着这些人都曾置身于书中提及的每一特殊情况，而是说这些人都会承认在那种情况下就会如何如何。如此进行研究，其目的是要描绘出思想、行为深处的态度。也许未达到这种目的，但这是本书的理想。

在这项研究中，研究者很快就会发现，再增加多少调查材料，也不会提供更多的确实性。譬如，某人在何时对谁行礼，就没有必要对整个日本人进行统计研究。这种公认的习惯性行为，任何一个日本人都可以向你证明，再有几个确证就行了，
17 不需要从成千上万的日本人中获得同一结论。

研究者若想弄清日本生活方式所赖以建立的那些观点，他的工作就比统计证实要艰巨得多。人们迫切要求他报告的是，这些公认的行为和判断是如何形成日本人观察现存事物的镜片的。他们必须阐述日本人的观点如何影响他们观察人生的焦距和观点。他还必须努力使那些用完全不同的焦距来观察人生的美国人也能听得明白。在这种分析工作中，最有权威的法庭并不一定就是“田中先生”——即任何一位日本人。因为“田中先生”并不能说清楚自己的观点。在他看来，为美国人写的那些解释，过于刻意分析，无此必要。

美国人对社会的研究，很少注意研究文明民族文化所赖以建立的各种前提。大多数的研究都认为这些前提是自明的。社会学家和心理学家大都全神贯注在意见和行为的“分布”上，他们拿手的研究方法是统计法。他们对大量调查资料、调查答卷、交谈者的回答、心理学的测定等等，进行统计分析，试图

从中找出某些因素的独立性或相互依存关系。在舆论调查领域中，可以在全国使用用科学方法选出的有效的抽样调查技术，这种方法在美国已达到高度完善。通过这种方法，就可以了解对某一公职候选人或某项政策各有多少支持者和反对者。支持者或反对者又可以按乡村或城市、低薪收入或高薪阶层、共和 18
党或民主党来进行分类。在一个实行普选，并且由国民的代表起草颁布法律的国家里，这种调查结果具有实践的重要性。

美国人可以用投票方式调查美国人的意见，并了解调查的结果。但他们能够这样做，有一个十分明显却无人道及的前提条件，那就是他们都熟悉美国生活方式并且认为它是天经地义、理所当然的。舆论调查的结果只不过是对我们已知的事情再增加一些而已。要了解另一个国家则必须先对那个国家民众的习惯和观点进行系统的质的研究，然后投票方式才能有用处。通过审慎的抽样调查，可以了解支持政府和反对政府的人各有多少。但是，如果事先不弄清他们对国家抱有什么样的观念，抽样调查结果又能告诉我们什么呢？只有在了解了他们的国家观之后，我们才能弄清各个派别在街头或国会中到底在争论些什么。一个民族对政府所持的观点，要比标志各政党势力的数字具有更普遍、更持久的重要性。在美国，不管是共和党还是民主党，都认为政府几乎是一种摆脱不了的祸害，它限制个人的自由。对一个美国人来说，也许战争年代是例外，政府官员并不比在民间事业中任职者社会地位更高。这种国家观与日本人简直不可同日而语，甚至与欧洲许多国家也有很大差异。我们首先必须了解的，正是他们这类看法。他们的观点表现在风俗习惯、对成功者的评论以及有关他们民族历史的神话、民族节
19 日的辞令中。根据这些间接表现也可以进行研究，但必须是系统的研究。

如同我们对选举要研究赞成票、反对票各占百分之几一样，我们对某一民族在生活中所形成的基本观点以及他们所赞同的解决方式,也能够仔细、详尽地进行研究。日本正是这样的国家，其基本观念十分值得我们研究。我确实发现，一旦我们弄清了西方人的观念与他们的人生观不相符合，掌握了一些他们所使用的范畴和符号，那么西方人眼中经常看到的日本人行为中的许多矛盾就不再是矛盾了。我开始明白，为什么对某些急剧变化的行为，日本人却认为是完整一贯的体系中的组成部分。我能试图说明原因了。我和日本人一起工作时就发现，他们最初用的那些奇特词句和概念，一变而为具有重大含义，并充满长年积蓄的感情。道德、罪恶，与西方人所了解的完全不同。他们的体系是独特的，既不是佛教的，也不是儒教的，而是日本式的——包括日本的长处和短处。

第二章　战争中的日本人 20

每个文化传统中都有其关于战争的信条，其中有些是西欧各国所共具，尽管各有些特点。诸如，号召全力进行战争的动员方式，局部失败时如何坚定信心，战死和投降者的某种稳定比率，对战俘的某些行动规则等等。这些在西欧国家的战争中都是可以预料的，因为这些国家同属一个大的文化传统，包括战争在内。

日本人与西方人在战争惯例上的一切差异，都是了解他们的人生观以及对人的全部责任的看法的资料。我们的目的在于对日本的文化及行为进行系统的研究，至于那些不符合我们信条的东西在军事上是否重要，我们不必管它。他们的每一个行为都可能很重要，因为他们提出了与日本人性格有关的许多问题需要我们解答。

日本为其战争的正义性进行辩护的那些前提与美国的恰恰相反。日本衡量国际形势的观点与我们也不同。美国把战争

1944 年 6 月 14 日，塞班岛战役中，日军最后一次自杀式冲锋中，一千三百多名日军全部阵亡。

21 的起因归之于轴心国的侵略。日本、意大利、德意志三国以征服的行动非法地破坏了国际和平。轴心国所占领的地方，不论是满洲国、埃塞俄比亚还是波兰，都证明他们推行的是压迫弱小民族的罪恶方针。他们践踏了“自己生存、也让别人生存”，或者至少是侵犯了对自由企业“开放门户”的国际准则。日本对战争原因则有另外的看法。他们认为，只要各国拥有绝对主权，世界上的无政府状态就不会结束。日本必须为建立等级秩序而战斗。当然，这一秩序的领导只能是日本，因为只有日本是唯一的真心建立起自上而下的等级制的国家，也最了解“各得其所”的必要性。日本在国内实现了统一和和平，平定了叛乱，建筑了公路、电力、钢铁产业。据官方公布的数字，日本的青少年中有百分之九十九点五都受到公共学校的教育。因此，它应该帮助落后的兄弟之邦——中国。“大东亚”诸国是同一人种，日本应当首先将美国，其次是英国、俄国，从世界的这一区域内驱逐出去，使之“各得其所”。万国均应在国际等级结构中确定其位置，才能形成统一的世界。在下一章中，我们将探讨这种受到高度评价的等级制在日本文化中所具有的含义。这是日本民族创造出来的、最符合其口味的幻想。但对日本来讲，最大的不幸就在于那些被日本占领的国家，并没用同样的观点来看待这一理想。尽管如此，即使是在战败后，日本也还不认为应该从道德上排斥“大东亚”这一理想。
另外，在日本战俘中，连最不好战的人，也很少指责日本对 22
大陆和西南太平洋地区所怀抱的目的。今后在一个相当长的时间里，日本必将保持它某些固有的态度，其中最重要的一项，就是对等级制的信仰和信赖。这一点与我们热爱平等的美国人，是水火不相容的。但是，我们却必须了解等级制对日本意味着什么，有什么好处。

对于胜利的希望，日本所寄托的基础也不同于美国的通行见解。它叫嚷日本必胜，精神必将战胜物质。他们说：美国是个大国，军备力量确实优越，但这算得了什么？！这些都是早就知道的，根本没有放在眼里。日本人从他们的一家大报纸——《每日新闻》上，读到了以下一段话："我们如果害怕数字就不会开战。敌人的丰富资源并不是这次战争创造的。"

就是在日本打胜仗的时候，日本的政治家、大本营，以及军人们都反复强调说："这次战争并不是军备的较量，而是日本人信赖精神与美国人信赖物质的战争。"在我们打胜仗的时候，他们还是反复地说："在这场较量中，物质力量注定必将失败。"这一信条在塞班岛[1]、硫磺岛[2]溃败时，毫无疑问成了很方便的遁词，但这并不是专门为失败而准备的遁词。在日军夸耀胜利的几个月中，它一直起到了进军号角的作用，并且早在偷袭珍珠港以前，它就是一个深入人心的口号。在30年代，前陆军大臣、狂热的军国主义分子荒木大
23 将[3]在名叫《告日本国民书》的宣传小册子中写道：日本的"真正使命"在于"弘扬皇道于四海，力量悬殊不足忧，吾等何惧于物质！"

---

① 塞班岛：属马尼亚纳群岛，时为日本太平洋舰队司令部所在地。美军于1944年6—7月强力进攻，日军殊死顽抗、最终下令全部"玉碎"，3万余日军全部战死，居民万余被迫跳崖沉海。——译者

② 硫磺岛：属小笠原群岛，距塞班岛和东京各1200公里。其位置可对美军轰炸日本及时报警，美军于1945年初苦战一个月攻占该岛，阵亡7000，负伤19000。日军2万余，除极少数被俘外，全部战死。——译者

③ 荒木贞夫（1877—1966年）：日本法西斯皇道派首领。被判甲级战犯，终身监禁，1955年出狱。——译者

当然，像许多备战的国家一样，他们实际也在担忧。在整个 30 年代中，国民总收入用于军备的比例惊人上升。在偷袭珍珠港的那年，国民总收入将近一半被用在陆海军的军备上。有关民用的行政支出只占政府总支出额的百分之十七。日本与西方各国的区别并不在于日本对物质军备毫不关心。但是，军舰和大炮，只不过是永世长存的“日本精神”的表面象征，犹如武士的佩刀是他的道德品质的象征。

美国一贯追逐强大，日本则一贯重视非物质资源。日本也像美国一样开展增产运动，但日本增产运动的基础却在于其独特的前提。他们说，精神就是一切，是永存的。物质当然也是不可缺少的，但那却是次要的、瞬间的。日本的广播电台会喊道：“物质资源是有限的，没有千年不灭的物质，这是明显的道理。”这种对精神的信赖被原原本本地应用于战争的日常行动。在他们的战术手册中有一句口号：“以吾等之训 24
练对抗敌军数量上之优势，以吾等之血肉对抗敌军之钢铁。”这是他们的传统口号，并不是为这次战争而特意制定的，他们的军队手册第一页上就用粗体字印着“必读必胜”四个字。他们的飞行员驾驶小型飞机以自杀方式进攻撞击我们的军舰，就是精神战胜物质的无数教材。他们把这些飞行员命名为“神风特攻队”。[1] 所谓“神风”，是指公元13世纪成吉思汗东征[2] 时，其船队遇飓风而遭覆灭，这次“神风”拯救了日本。

甚至在民间，日本当权者也推行精神优越于物质条件这一信条。例如，老百姓不是在工厂里干了12小时，又被通宵达旦的轰炸搞得筋疲力尽了吗？他们说：“身体越累，意志、精神就越昂扬”，“越是疲倦，就越能锻炼人。”老百姓冬天在防空洞不是很冷吗？大日本体育会就在广播中命令大家做御寒体操，说体操不仅能代替取暖设备和被褥，而且可以代替一般老百姓为维持正常体力所需而又很匮乏的粮食。他们说：“当然，也许会有人说，在现在食品缺少的时候谈不上做什么体操。此话不对。食物越是不足，我们就越要用其他方法来增强我们的体力。”这就是说，必须用额外消耗体力的方法来增强体力。美国人对体力的观点，总是看昨天是否有了八小时或五小时的

① 神风特攻队：太平洋战争后期，莱特湾（在菲律宾）战役（1944年10月）后强力推广。建立八个大队、使用劣质机9000架，专事撞沉美舰。起初似见恐怖，旋即证明徒施残暴。菲律宾战役中总计撞击650次，命中率似乎不低（26.8%），但大多是轻微命中。至日本投降共出击2664次，死者至少2530人。——译者

② “成吉思汗东征（日本）”：成吉思汗的生卒年是1162—1227年。西方往往以“成吉思汗”代称蒙古和元朝。这里是指元朝（1279—1368年）元世祖忽必烈（1215—1294年）于公元1274、1281年两次派兵侵日。日本史总称“元寇来袭”，分称文永之役（1274年，文永九年）和弘安之役（1281年，弘安四年）。元军海船遭暴风雨和台风袭击而失败，日本称之为“神风”。——译者

睡眠；饮食是否正常；是不是寒冷，再计算可以消耗多少体力。日本人的计算方法则根本不考虑什么体力贮存的问题，认为那 25 是物质主义。

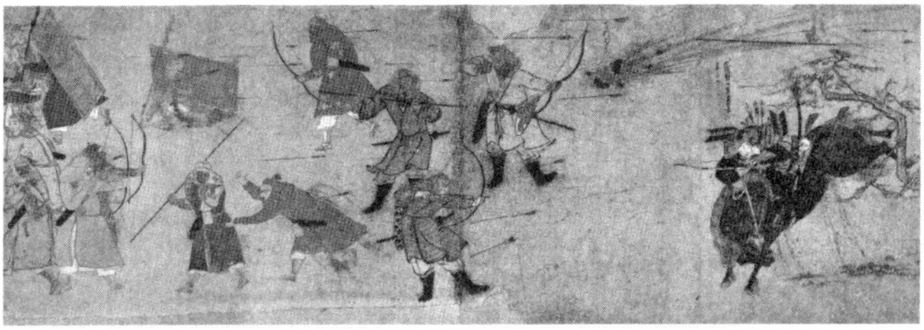

《蒙古袭来绘词》前卷绘七

在战争中，日本的广播更为极端，甚至说在战斗中，精神可以战胜死亡这种生理上的现实。有家广播电台曾播送过一个英雄飞行员战胜死亡的神话：

> 空战结束后，日本的飞机以三四架的小编队飞回机场。一个大尉在最先返回的一批之中。他从自己的飞机上下来后，站在地上，用双筒望远镜注视着天空。当他的部下返回时，他一架一架地数着，脸色有些苍白，但却十分镇定。看到最后一架飞机返回，他写了报告，向司令部走去。到了司令部，向司令官做了汇报。然而，刚汇报完，他就倒在地上。在场的军官们急忙跑上前去帮助，他已经断气了。

> 经过检查，发现躯体已经冰凉，胸口上有弹伤，是致命的弹伤。一个刚断气的人，身体不可能是冰冷的。而大尉的身体却凉得像冰块一样。大尉肯定是早就死了，是他的精神支持他做了这次汇报。可以肯定，是已逝的大尉所怀抱的强烈责任感创造了这样的奇迹。

当然，这在美国人看来，肯定是一段编造的荒诞奇谈。然而，受过教育的日本人对这种广播却并不发笑。他们相信，日本的听众肯定不会认为这是荒诞无稽的故事。他们首先指出一点，即这个广播如实地说明，这位大尉的英雄事迹是“一个奇迹般
26 的事实”。为什么不能有奇迹？灵魂是可以训练的。这位大尉显然是一位自我修炼到家的高手。既然日本人都懂得“镇定的精神可以千年不灭”，那怎么就不能在一位以“责任”为其全部生命中心信念的大尉身上停留几个小时呢？日本人深信，通过特殊的修炼，可以使一个人的精神达到最高境界。大尉学会了，并且收到了效果。

作为美国人，我们完全可以对日本人的这一系列极端行为不屑一顾，视之为贫穷民族的遁词，或者是受骗者的幼稚妄想。但是我们如果真的这样看待，我们就越难对付战时或平时的日本人。他们的信条是用一定的禁忌、排斥和一定的纪律、训练注入心中，培植得根深蒂固，绝不仅是孤立的怪癖。只有了解了这些，美国人才能懂得：日本人战败时承认“光有精神是不

够的”；“企图用‘竹枪’来守住阵地是幻想”[①]这些话的真正含义。更重要的是，我们才有可能估量他们这番自白的含义：即在战场上、在工厂中，经过与美国人的精神进行较量，日本人的精神力量是不够的。正像他们在战败后所说，他们在战争中，“完全是凭主观意识”。

战时日本空军“勇武神话”

1937 年 12 月 9 日南昌空战中被击毁一翼之日机飞返基地

（2006 年 7 月 17 日《朝日新闻》重新刊登）

① 指“本土决战”：1945 年 6 月 8 日，日本御前会议通过实行本土决战的“指导战争大纲”。参谋次长河边虎次郎阐述其指导思想是：“把国土万物万象统统化为战力”“一亿玉碎”“七生尽忠”“发挥一亿特攻之攻击精神”“维护国体、保卫皇土”。——译者

日本人在战争期间对各种事情的说法（不仅是关于等级制以及精神力量高于一切的说法），都为比较文化研究者提供了素材。他们侈谈安全、士气等等只不过是预先做精神准备。不
27 论遇到什么灾难，城市空袭也罢，塞班岛溃败也罢，菲律宾失守也罢，政府对日本老百姓所做的解释都是：这些早在预料之中，没有什么值得担心。收音机照样进行着夸张的宣传，显然指望日本人继续相信，他们仍然处在一个“一切均在预料”的世界之中。他们认为这样就能使老百姓镇静。“美军占领基什加岛（Kiska）[①]使日本本土处于美军轰炸圈之内，但是我们对此早有估计，并做了必要的准备。”“敌人肯定会以陆、海、空三军的立体战术向我们发动攻击。对这些，我们在做计划时，早就加以考虑了。”日本战俘，就连那些希望日本早日停止这场没有希望的战争的俘虏也认为，轰炸不可能摧毁本土上的日本人的士气，“因为他们对此早就有了思想准备”。在美军开始对日本城市进行轰炸时，飞机制造业协会副会长在电台的广播中说：“敌机终于飞到我们头顶上空来了。然而，我们飞机制造业者一直预料着此类事态将会来临，并对此已做好万无一失的准备，所以没有丝毫可值得忧虑的。”一切都在预料之中，全都筹划好了，并且万无一失。只有从这一信念出发，日本人

① 基什加（Kiska）：此处原著有误。从上下文看应是塞班岛。基什加在阿留申群岛。——译者

才能继续坚持自己那种必不可少的主张——万事都是我们主动期求的，绝不是被动的，不是别人强加的。“我们不应认为自己是消极地受到了攻击，而应该认为是主动地把敌人吸引到我们身边来的。”“敌人，你要来就来吧。”他们绝不说：“要发生的事终于发生了”，而是说：“我们所等待的终于来临了。我们欢迎它的到来。”海军大臣在国会演说中引用19世纪70年代 28
的伟大武士西乡隆盛[①]的遗言说：“有两种机运，一种是偶然碰上的，另一种是自己创造的。面临无比艰难之时，必须自己去创造机运。”另外，据电台报道，美军突入马尼拉市中心时，山下（奉文）将军“微微一笑，得意地说，敌人现已落入我怀中矣……”“敌军在仁牙因湾（Lingayen Bay）登陆后不久，马尼拉市即迅速陷落，此乃山下将军的神机妙算，事态的发展正符合将军的部署。山下将军的作战计划正在继续实施中。”换句话来讲，就是说，败得越惨，事态就发展得越顺利。

像日本人一样，美国人也走极端，只是走向另一极端。美国人全力以赴投入战争，是因为这场战争是别人强加给我们的，我们遭到了攻击，所以要给对方一点厉害瞧瞧。凡是考虑如何

① 西乡隆盛（1827—1877年）：萨摩藩倒幕派领袖。戊辰倒幕战争（1867年）中军事指挥者，被誉为“明治维新三杰”之一。明治政府成立后因维护士族利益与新政府对立，辞官还乡。1877年起兵，在惨烈的“西南战争”中兵败切腹自杀。明治政府曾夺其官位，斥为“贼徒”。后又复其官位（1889年），天皇并率先捐款为其建铜像（1891年），并着意雕塑成朴实无华的典型武士。——译者

西乡隆盛（1828—1877 年）

才能使美国大众情绪稳定的发言人，在谈及珍珠港或巴丹半岛溃败①，绝不会说："这些都是我们在计划中充分考虑到的。"反之，我们的官员会说："这是敌人肆意强干的，我们就要给他们一点颜色看看。"美国人把自己的全部生活调节到经常应付挑战上，并且随时准备应战。日本人则把自己的信念建立在万事预先俱有安排的生活方式上，在他们那里，最大的威胁莫过于未曾料到。

日本人在作战行动中经常宣传的另一个主题也显示了日本生活方式。他们经常说："全世界的眼睛如何注视着他们"，所以，他们必须充分发扬日本精神。美军在瓜达卡纳尔岛登陆时， 29
日军向其部队下达的命令是，他们现已处在"全世界"的注视之下，必须表现日本男儿本色。日本海军官兵有一条诫令，在遭到鱼雷攻击，命令弃舰时，必须以最出色的姿态转移到救生艇上，否则"会遭世人之耻笑，美国人会把你们的丑态拍成电影，拿到纽约去放映"。这关系到他们在全世界的观感。对这种精神的重视，在日本文化中也是根深蒂固的。

在关于日本人的态度中，最引人注目的问题是对天皇陛下

① 巴丹溃败：珍珠港事变（1941 年 12 月 8 日）后一个月菲律宾美军放弃马尼拉（1942 年 1 月 12 日），退守巴丹半岛（马尼拉西）。3 月 12 日，麦克阿瑟奉令脱走至澳大利亚。巴丹守军 7.5 万名于 4、5 月间投降，其中美军 1.2 万名，为美军有史以来所未有的大溃败。7 万多名美菲战俘被强制"行军"，死亡高达 2 万，史称"死亡行军"。——译者

的态度。天皇对其臣民到底拥有多大的控制力？有几位美国权威人士指出，在日本整个封建时代的七百余年中，天皇一直是有名无实的元首。每个人所尽忠的对象是各自直接的主君——“大名”[①]，以及大名之上的军事大元帅——将军[②]。对天皇忠诚与否，几乎根本没人关心。天皇被幽禁在被隔绝的宫廷之中，其活动和仪式均受将军所制定的规章制度的严格限制。甚至一个地位很高的封建诸侯如果对天皇表示敬意就被视为是背叛。对于日本一般老百姓来说，天皇几乎不存在。一些美国学者坚持认为：日本只能从它的历史来加以理解，那么，一个在活着的老百姓的记忆中早已模模糊糊的天皇，怎么能够成为日本这样保守的民族拥戴、集结的真正中心呢？他们说：那些反复强调天皇对其臣民有永世不坠的统治权的日本评论家是太夸大了，他们的坚持只能证明其论据的脆弱。因而认为，美国的战时政
30 策没有理由要圆通礼遇天皇，恰恰相反，对日本近来编造的这种邪恶的元首观念，我们有一切理由施以猛烈的攻击。天皇是

① 大名：原指占有大规模领地的武士。江户时代指受封的“藩主”，其领地在“万石”以上并有“家臣”，但必须听命于幕府的将军。——译者

② 将军：全称“征夷大将军”，原为临时性官职，为征伐日本国内少数民族“虾夷”而设。“武士政权”统治时期演变为最高尊称。1192年，源氏武士集团首领源赖朝统一全国，在镰仓建立幕府后，将军作为“幕府”首脑掌握全国政权，世袭继承。镰仓、室町、江户三个“幕府时代”共约700年，各由源氏、足利氏、德川氏世袭继承。明治维新中废除幕府和将军（1867年）。——译者

日本现代国家神道的核心，如果我们向天皇的神圣性进行挑战并予以摧毁，那么，敌国日本的整个结构就会坍塌。

然而，许多熟悉日本的有才干的美国人，读过来自前线的或日本方面的报道或文献的，则持相反的意见。在日本生活过的人都非常清楚：没有什么比用言辞侮辱天皇或者攻击天皇，更会刺痛日本人，并激起他们的士气了。他们绝不相信，日本人会把我们攻击天皇看作是攻击军国主义。在第一次世界大战后，他们亲眼看到，“德谟克拉西”① 的口号非常响亮，军国主义名声很臭，以致军人外出到东京市区时都要谨慎地换上便装，但即使在那些年代，对天皇的崇敬照样是狂热的。这些曾居住在日本的人士声称：日本人对天皇的崇敬，与“希特勒万岁”是不能相比的，后者只不过是纳粹党兴衰的晴雨表，是与法西斯的一切罪恶紧紧联系在一起的。

日军俘虏的证词印证了上述观点。日军俘虏与西方的军人不一样，他们没有受过在被俘后可以说什么、不能说什么的教育，因此，他们对各种问题的回答，显然缺乏规定性。这种不 31
加训练当然来自日本的不投降主义。这种状况直到战争结束前几个月也没有改变，但那时只限于一部分军团和地方部队。俘虏的证词之所以值得重视，是因为它们代表了日本军队意见的

① 作者在这里特意模仿日本人发音，把“德谟克拉西”拼作 de-mok-ra-sie。——日译者

一个横断面。他们并不是一些因士气低落而导致投降的士兵，也不是因投降而丧失了典型代表性的士兵。除了极少数以外，几乎都是在受伤或失去知觉后无力抵抗而被俘的。

这些顽强抵抗到底的日军俘虏，把他们的极端军国主义归根于天皇，认为自己是在“遵奉圣意”，是为了让“陛下放心”，“为天皇而献身”，“天皇指引国民参加战争，服从是我的天职。”然而，反对这次战争及日本未来侵略计划的人，也同样把他们的和平主义归之于天皇。对所有人来说，天皇就是一切。厌战者称天皇为“爱好和平的陛下”，他们强调天皇“始终是一位自由主义者，是反对战争的”，“是被东条欺骗了”。“在满洲事变时，陛下表示反对军部”。“战争是在天皇不知道或没有许可的情况下发动的。天皇不喜欢战争，也不允许让国民卷入战争。天皇并不知道他的士兵受到怎样的虐待。”这些证词与德国战俘完全不同。德国战俘不管他们如何对希特勒手下的将军或最高司令部背叛希特勒的行为表示不满，他们仍然认为，战争和
32 备战的责任必须由最高的战争嗾使者——希特勒来承担。但是，日本战俘则明确表示，对皇室的忠诚与对军国主义及侵略战争的政策是两回事。

对他们来讲，天皇和日本是分不开的。“日本没有天皇就不是日本”，“日本的天皇是日本国民的象征，是国民宗教生活的中心，是超宗教的信仰对象。”即使日本战败，天皇也不能因战败而受谴责。“老百姓是不会认为天皇应对战争负责的。”“如果

战败，也应由内阁和军部领导来负责，天皇是没有责任的。”“纵然日本战败，所有的日本人仍会继续尊崇天皇。”

这些一致认为天皇超越一切批判的论调，在习惯于认为凡是人就不能免受怀疑和批判的美国人看来，简直是欺人之谈。但是，直到战败，这些却毫无疑问地仍然是日本的舆论。审讯战俘最有经验的人，都认为没有必要在每份审讯笔记上写下“拒绝诽谤天皇”的字样。因为没有一个战俘愿意诽谤天皇，包括那些与盟军合作、为我们向日军作广播的人在内。从各地汇集的许多审讯战俘口供中，只有三份委婉地表示反对天皇，其中只有一份居然讲道：“保留天皇在位将是一个错误。”另一份则说天皇“是一位意志薄弱者，只不过是个傀儡”。第三份则不过猜测说，天皇可能会让位于皇太子；如果日本废除君主制， 33
青年妇女也许能指望获得她们羡慕已久的、美国妇女那样的自由吧。

因此，日本军部将领利用全体日本人的这种一致崇敬，他们把“天皇恩赐”的香烟分赏给部下；在天长节时，率领部下遥向东方三拜，高呼“万岁”。在“部队日夜受到轰炸时”，和部下一起早晚共诵天皇亲自在“军人敕谕”中向军队颁赐的“圣旨”，“奉诵声在森林中回荡”。军国主义分子极力利用人们对天皇的忠诚。他们号召所属官兵要“奉诏必谨”，“免除圣虑”，要“以崇敬之心报陛下的仁慈”，要“为天皇而献身！”但是，这种对天皇意志的遵从却又是一把双刃剑。正如许多日本战俘所说，日本人“只要天皇有令，纵然只有一杆竹枪，也会毫不犹豫地投入战斗。同样，只要是天皇下令，也会立即停止战斗。”“如果天皇下诏，日本在第二天就会放下武器。”“连最强硬好战的满洲关东军也会放下武器。”“只有天皇的圣旨，才能使日本国民承认战败，并情愿为重建家园而生存下去。”

对天皇无条件的无限忠诚，对天皇以外的一切人和集体则加以批判，这两者形成了鲜明的对比。在日本的报纸杂志或战
34 俘的供词中，有不少对政府和军部领导人的批判。对他们前线的指挥官，尤其是那些不能与部下一起共命运的人，战俘们破口大骂；对那些坐飞机逃跑，而撇下士兵让他们顽抗到底的指挥官更是倍加痛恨。他们常常对一些军官加以赞扬，对另一些军官严厉谴责，对日本事物毫无缺乏辨别善恶的痕迹。甚至日本国内的报纸、杂志也在指责“政府”，他们要求更加强有力的领导和更大的协同努力，并指责政府不能令人满意。他们甚至抨击政府限制言论自由。1944 年 7 月，东京一家报纸刊登的一篇有新闻记者、前国会议员、日本极权主义政党——大政翼赞会领导人物参加的座谈记录，便是最好的一例。其中有位发言者说：“我以为振奋日本民心的方法很多，但其中最主要的一条就是言论自由。近几年来，日本国民不敢直言不讳地说出自己心里想说的话。他们害怕讲了些什么后会受到责怪。他们满腹狐疑，只是表面应付，变得胆小如鼠。这样，绝不可能谈什么发挥全体国民的力量。”另一位发言者对此更加以发挥道：

“我几乎每天晚上都和自己选区的选民座谈到深夜，就各种事情征求他们的意见。但他们却唯唯诺诺不肯开口。言论自由完全被否定了。这确实不是一种激发人们斗志的好办法。在所谓战时特别刑法和治安维持法①下，国民深受限制，变得胆小如 35
鼠，简直像封建时代的老百姓一样。因而能够发挥的战力，现在却仍然没有发挥出来。”

这样，即使在战时，日本人对政府、对大本营，以及对他们的直接上司都进行了批判。他们并没有无条件地承认等级制的优越。然而，唯独天皇不受批判。天皇的至高无上性在近代才得以确立，为什么会如此受到尊重？日本人的性格中有什么怪癖会使天皇获得这种神圣不可侵犯性？只要天皇一声令下，日本人就会“挥舞竹枪”，战斗至死。同样，只要敕令一下，日本人也会老老实实承认战败，接受占领。日本战俘的这些话是真的吗？会不会是故意欺骗我们的无稽之谈？或者确实是真的？

有关日本人作战行动的这些重要问题，从反物质主义的偏见到对天皇的态度，不仅关系到前线，也关系到日本国内。还有一些其他的态度，则更与日本军队有着关系。其中之一

① 治安维持法：1925年制定。内称：“凡以变更国体或否认私有财产制度为目的”而组织、参加结社者判处十年以下徒刑。其后多次扩大范围、加重处刑，至1941年扩及禁止一切反战、厌战言论和思想。——译者

是对日军战斗力消耗的态度。当美国把海军勋章授给台湾海峡机动部队指挥官乔治·爱斯·麦肯因将军时，日本的广播电台对此表现出极大的惊讶，其态度与美国人截然相反。广播内容如下：

> 对司令官约翰·爱斯·麦肯因[①]受勋的官方理由并不是他击退了日军。我们不了解他们为什么不这样说，因为
> 36 尼米兹的公报已宣称他击退了日军。……麦肯因受勋的理由是，他成功地救了两艘损坏的美国军舰并把它们安全地护送到基地。这件小报道的重要性在于它是实实在在的事，而不是虚构的。……我们并不怀疑麦肯因将军确实救了两艘军舰。我们希望你们了解的只是这一奇特事实：在美国，救了两艘军舰就能受勋。

美国人对一切救援行动、对陷入困境者的一切帮助都深为感动。勇敢的行为，如果使受难者获救，就更加是英雄行为。日本人的勇敢则排斥这类救援。甚至我们在B29轰炸机和战斗机上配备救生器具，日本人也斥之为“胆怯”。他们的报纸、广播反复谈论这个话题，只有视死如归的冒险才是最高尚的，

① 麦肯因的名字与前文不一致（前文为乔治，此处为约翰），可能是作者原文照引了日方当时的误传。——日译者

而小心谨慎则是无价值的。这一态度在对待伤病员和疟疾患者
的时候，也反映得很明显。这些士兵在他们看来是废物。医疗
服务非常不足，甚至不足以维持正常的战斗力。时间一长，补
给上的困难使本来就匮乏的医疗设施更加难以维持。但这还不
是事情的全部。日本人对物质主义的蔑视在这里起了重大作用。
日军士兵被教导说，死亡本身就是精神的胜利。而我们这样对
病患者的照顾，好比轰炸机上的安全设备一样，反而成了对英
雄主义的干扰。首先，在日常生活中，日本人也不像美国人那
样惯于光顾内外科医生。在美国，对伤病患者的怜悯要远远地
胜过对其他福利设施的关心，这一点几乎连和平时期来美国旅 37
游的欧洲人也经常谈论。这些在日本确实是陌生的。总而言之，
在战争中，日本军队中没有一个受过训练、能够在战火中搬运
伤员进行抢救的救护班，也没有系统的医疗设施，如前线救护
所、后方野战医院，以及远离前线的康复医院。对医疗品补给
的关注就更加令人慨叹了。在某些紧急情况下，伤病员干脆被
杀掉。尤其是在新几内亚和菲律宾，日本人常常不得不从有医
院的地点撤退，他们却根本没有在有条件时就预先转移伤病员
的习惯。只是在部队真正执行所谓“有计划的撤退”时，或是
敌人已经出现在眼前时，他们才想到采取一些措施。那时，负
责的军医往往在临走时，先将伤病员全部枪杀，或是伤病员自
己用手榴弹自杀。

《战阵训》："生不受俘囚之辱""死不留罪祸之污名"

对伤病员的这种态度既然是日本人对待本国同胞的基本原则，那么，这一点在对处理美军战俘上也起了同样重要的作用。按我们的标准来看，日本人不仅对战俘，而且对他们自己的同胞，也都是犯了虐待罪的。前菲律宾上校军医哈罗德·格拉特里（Harold W. Glattly）说，他作为战俘在台湾被监禁三年期间，"美军战俘所受到的医疗护理超过了日军士兵。俘虏营中的盟军军医可以照
38 顾盟军俘虏，而日本人却一个军医都没有。有一段时间，日军给他们自己人治病的唯一的医务人员是一个下士，后来升了中士。"这位上校一年只能看到一两次日本军医。[①]

① 1945年10月15日《华盛顿邮报》报道。

日本这种关于兵员消耗理论的最极端的表现就是他们的不投降主义。[①] 西方任何军队在尽了最大的努力而仍面临寡不敌众、毫无希望时便向敌军投降。他们仍然认为自己是光荣的军人，而且根据国际协议，将通知本国，使其家属知道他们活着。无论是作为一个军人或平民，或在他自己的家庭中，他们都不会因此而受辱。然而，日本人对此则不同。荣誉就是战斗到死。在绝望的情况下，日本士兵应当用最后一颗手榴弹进行自杀，或者赤手空拳冲入敌阵、进行集体自杀式的进攻，但绝不应投降。万一受伤后丧失知觉而当了俘虏，他就会感到“回国后再也抬不起头来了”。他丧失了名誉，对于从前的生活来说，他已经是个“死人”了。

当然，日本军队有上述内容的命令，但在前线却显然用不着对此进行特殊的正式教育。日军忠实实践这条军纪，以致在北缅会战中，被俘与战死者的比例为 142 : 17, 166，也就是 1 : 120。而且，这 142 名被俘者中，除少数以外，在被俘时都已负伤或已昏迷。一个人单独或两三个人一起来“投降”的就更少了。在西方国家的军队中，阵亡者如果达到全军兵力的四分之一或三分之一时，该部队罕有不停止抵抗的。投降者和阵

① 甲级战犯东条英机制定并强制推行的《战阵训》就明文要求日军官兵：“生不受俘囚之辱”“死不留罪祸之污名”，禁止投降或被俘。——译者

39 亡者的比率大约是 4 : 1。而在霍兰迪亚（Hollandia）[1]，日军第一次大规模投降，其比率为 1 : 5，这与北缅的 1 : 120 已经是巨大的进步了。

所以，对日本人来讲，那些成了战俘的美国人，光是投降这件事就够可耻的了。即使没有受伤、疟疾、赤痢等等，也已经是个“废物”而被排除在“完好的人”的范畴之外。许多美国人都曾谈到，在俘虏营里，美国人发笑该是多么危险，又是如何刺激了日军看守。在日本人看来，当了战俘就已经是奇耻大辱，美国人却居然不懂得，这对他们来讲，简直无法忍受。在美国战俘必须服从的命令中，有许多是日本军官要求俘虏营的看守们也必须遵守的。急行军或是乘坐拥挤得像沙丁鱼罐头般的运输船转移，对日本兵来说已成家常便饭。有些美国人还说，日本哨兵反复地严格要求他们隐瞒自己的违章行为，而最大的犯罪则是公开违抗。在俘虏营，战俘白天外出筑路或上工厂做工时，禁止从外边带回食物。但这个规定常常是一纸空文，因为只要把水果、蔬菜包起来就行。但是，如果被发现，那就是猖狂的犯罪，就意味着美国人蔑视哨兵的权威。公然向权威挑战，哪怕是一句“顶嘴的话”，也要受到严厉惩罚。即使是在日常生
40 活中，日本人也严禁顶嘴，在军队中，对顶嘴一定要严惩。俘

① 霍兰迪亚（Hollandia）：新几内亚海港，1944 年 4 月下旬被美军迅速攻克。——译者

虏营中确实存在许多暴行和虐待。我们把作为文化习惯结果的行为和暴虐行为加以区分，并不是对暴虐行为加以宽宥。

特别是在开战初期，日军士兵确信敌军将虐待并杀掉一切战俘，因而更加以投降为耻。有一个谣言在日本各地广为流传，说美军用坦克碾死了瓜岛上的俘虏。有些日军士兵打算投降，但我军很怀疑，因审慎而将其杀害，而这种怀疑常常并不是没有道理。一个除了死亡以外别无其他选择余地的日军士兵，常常以与敌人同归于尽作为自己的骄傲，甚至在被俘后也常常这么干。就像一个日军战俘所说："既然已下定决心要把自己献给胜利的祭坛，如果不是壮烈牺牲那才是奇耻大辱。"这种可能性使我军倍加警惕，这也减少了日军投降的人数。

投降是可耻的，这已深深地烙在日本人的思想深处。这与我们的战争惯例根本不同，而他们则视为理所当然。我们的行为在他们眼里也同样不可理解。有些美国战俘要求把自己的姓名通知本国政府以便家属知道自己还活着，他们大吃一惊，并非常蔑视。巴丹半岛的美军会向他们投降，至少日本一般士兵是想不到的，他们以为美军会像日军一样奋战到底。他们实在 41
无法理解，美国人为什么会丝毫不以被俘为耻。

西方士兵和日本士兵之间一种最戏剧性的差别，莫过于日军被俘后竟与盟军合作。他们头脑中根本没有适应这种新环境的准则。他们丧失了名誉，也就丧失了作为日本人的生命。直到战争快要结束的前几个月，才有极少数人要求回国，不论战争结局如何。有些人要求处决自己，说：“如果你们的习惯不允许这么做,那么我就做一个模范战俘。”他们比模范战俘还要好。有些老兵和多年的极端国家主义者给我们指出弹药库的位置，仔细说明日军兵力的配置，为我军写宣传品，与我军飞行员同乘轰炸机指点军事目标。好像他们在生命中翻开了新的一页，其内容与旧的一页完全相反，但他们却表现出同样的忠诚。

当然，并不是所有战俘都是这样。有少数人顽梗不化。而且，无论如何，必须先提示一些有利条件，才可能有上述行为。有些美军指挥官很警惕，不敢接受日本人表面上的协助，以至有些战俘营根本未打算利用日军战俘可能提供的服务。但在接受日军战俘合作的战俘营中，原先的怀疑则必须消除而日益代之以对日军战俘的信赖。

42 美国人并没有预料到战俘们会做出如此 180 度的大转变，这与我们的信条是格格不入的。但日本人的行为则好像是：择定一条道路便全力以赴，如果失败，就很自然地选择另一条道路。他们这种行为方式，我们在战后能否加以考虑利用？或者这只是个别士兵当了俘虏后的特殊行为？恰如日本人在战争期间的其他行为的特殊性强迫我们思考一样，日本人这种行为方式向我们提出了许多问题，这些问题关系到他们的整个生活方式（他们被这种生活方式所制约）、各种制度的作用方式，以及他们所学到的思维和行动的习惯等等。

第三章　各得其所，各安其分 43

要想理解日本人，首先必须弄清他们的“各得其所”（或“各安其分”）这句话的含义。[①] 他们对秩序、等级制的信赖，与我们对自由平等的信仰有如南北两极。在我们看来，对等级制赋予正当性，把它作为一种可行的社会结构是非常困难的。日本人对等级制的信赖建立在对人与其同伙以及个人与国家之间的关系所持的整个观念之上，必须对他们的民族习俗，诸如家庭、国家、宗教信仰及经济生活等做一番描述，我们才能了解他们对生活的看法。

① “各得其所，各安其分”：“各安其分”，亦作“适应其分”。1942年日本制定《大东亚建设的基本纲领》时，企画院总裁铃木贞一对“分”的解释是：有“指导国”（日本）与“一般国”之分；“一般国”中又有“独立国”与“被保护国”之分。“被保护国”应当并入对其“保护之国”。同年，日本外务省情报局长尻田爱义在《大东亚新秩序之原理》一文中的解释是：亚洲各民族应以日本为“本家”，把自己作为“分家”，彻底消灭自己的民族观念。——译者

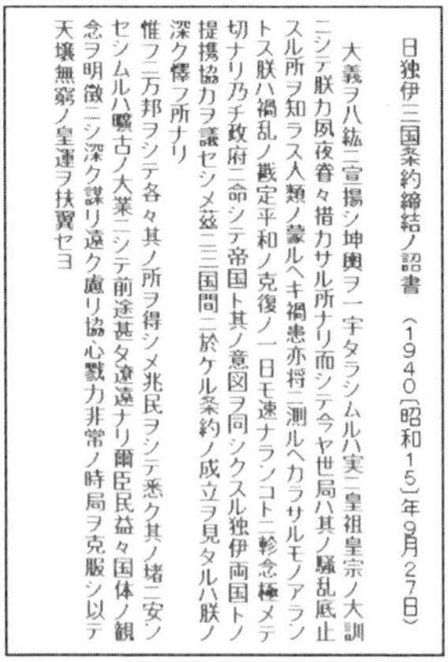
日独伊三国条約締結ノ詔書　（1940〔昭和15〕年9月27日）
大義ヲ八紘ニ宣揚シ坤輿ヲ一宇タラシムルハ実ニ皇祖皇宗ノ大訓
ニシテ朕カ夙夜眷々措カサル所ナリ而シテ今ヤ世局ハ其ノ騒乱底止
スル所ヲ知ラス人類ノ蒙ルヘキ禍患亦将ニ測ルヘカラサルモノアラン
トス朕ハ禍乱ノ戡定平和ノ克復ノ一日モ速ナランコトニ軫念極メテ
切ナリ乃チ政府ニ命シテ帝国ト其ノ意図ヲ同シクスル独伊両国トノ
提携協力ヲ議セシメ茲ニ三国間ニ於ケル条約ノ成立ヲ見タルハ朕ノ
深ク懌フ所ナリ
惟フニ万邦ヲシテ各々其ノ所ヲ得シメ兆民ヲシテ悉ク其ノ堵ニ安ン
セシムルハ曠古ノ大業ニシテ前途甚タ遼遠ナリ爾臣民益々国体ノ観
念ヲ明徴ニシ深ク謀リ遠ク慮リ協心戮力非常ノ時局ヲ克服シ以テ
天壌無窮ノ皇運ヲ扶翼セヨ

天皇批准日德意三国同盟条约诏书
“八纮一宇”实“皇祖皇宗之大训”
“万邦各得其所”乃“旷古之大业”

正如对国内问题的看法一样，日本人对国际关系的全部问题也都是用等级制这种观念来看待的。在过去的十年间，他们一直把自己描绘成高踞于国际等级制的金字塔的顶端，现在，这种地位虽已被西方各国所取代，但他们对现状的接受，仍然深深植根于等级制观念。日本的外交文件一再表明他们对这一观念的重视。1940 年日本签订的日德意三国同盟条约[①]前言中
44 说：“大日本帝国政府、德国政府和意大利政府确信，使世界

① 日德意三国军事同盟条约：1940 年 9 月 27 日签订。条约明确划分统治权：日本承认德意对欧洲的“领导地位”，德意承认日本对“大东亚”的“领导地位”。——译者

各国‘各得其所’乃持久和平之前提……”天皇在此条约签订时所发的诏书再次谈及此点。诏书说：

> 弘扬大义于八纮，缔造神舆为一宇，实我皇祖皇宗之大训，亦朕夙夜所眷念。今世局动乱不知胡底，人类蒙祸不知何极。朕所轸念者，惟在早日勘定祸乱，光复和平……兹三国盟约成立，朕心甚悦。
>
> 唯万邦各得其所，兆民悉安其业，此乃旷古大业，前途尚遥……[1]

在偷袭珍珠港的当天，日本特使向美国国务卿赫尔（Cordell Hull）递交的声明中，也极为明确地提到这点：

> ……使万邦各得其所乃帝国坚定不移之国策……与上述使万邦各得其所之帝国根本国策背道而驰，帝国政府断然不能容忍。

这一备忘录是针对数日前的赫尔备忘录而发的。赫尔在备忘录中强调了美国所尊重的最基本的原则，恰如等级制之于日本。赫尔国务卿提出了四项原则，即：各国主权及领土完整的 45

① 据日译本日文翻译。——译者

不可侵犯；互不干涉内政；信赖国际合作及和解；平等的原则。这些都是美国人信奉平等及不可侵犯的权利的主要之点，也是我们认为不仅在国际关系中，即使是在日常生活中也必须同样遵循的准则。平等，对美国人而言，是指盼一个更美好世界的最崇高、最道德的基础。对我们来说，它意味着拥有不受专制压迫、不受干涉、不受强制的自由；意味着在法律面前人人平等和人人都有改善自己生活条件的权利。这就是当今世界正在有组织地实现的基本人权的基石。即使在我们自己破坏这一原则时，我们也支持平等的正义性；我们以极大的义愤向等级制宣战。

这是美国人建国以来始终如一的观点。杰斐逊把这个原则写入独立宣言。[①] 另外，写入宪法之中的《权利法案》[②] 也以此为基础。一个新国家的公开文件中写的这些正式词句之所以重要，正因为它们反映了这个大陆的人们在日常生活中所形成的生活方式，一种不同于欧洲人的生活方式。有一份重要的关于美国的国际报道文献，这就是年轻的法国人阿列克斯·托克维

① 独立宣言：杰斐逊等起草，1776 年 7 月 4 日美国十三州议会通过。宣称："人人生而平等"，人人拥有生命权、自由权等"不可让渡的权利"。全世界各民族"独立平等"。——译者

② 《权利法案》：指 1791 年 12 月 15 日通过的十条对美国宪法的修正案，成为宪法的一部分，总称"权利法案"。其内容是保证人民的基本权利，不受任何地方、州与联邦政府的侵犯，包括信教、言论、集会的自由；人身、住宅、财产不受侵犯；要求申冤以至持有和携带武器的权利等。——译者

尔（Alexis de Tocqueville）于 19 世纪 30 年代初期访问美国后所写的有关平等问题的著作。① 他是一位聪明而又敏锐的观察家，能够在美国这个陌生的世界发现许多优点。美洲大陆对他来讲，完全是另一个世界。年轻的托克维尔是在法国贵族社会中长大的，在当时仍很活跃并有影响力的人士的记忆中，这个贵族社会先是受到法国大革命的震撼和冲击，继之而来的则是新的猛 46
烈的《拿破仑法典》②。他高度评价新奇的美国生活秩序，并且表现了宽容态度。但他是从法国贵族的观点来观察的。他的书对旧世界报道了即将来临的新事物。他相信，美国是人类发展的前哨，这种发展也将发生在欧洲，尽管会有些差异。

因此，他对这个新世界做了详细的报道。认为只有在这里，人们才真正认为彼此平等。他们的社会交往建立在一个新的、安适的基础之上。人们都以平等身份交谈。美国人从不拘泥于等级的礼节等枝叶小节，既不要求别人有这些礼节，也不对别人施予这些礼节。他们喜欢说的是，自己没有受任何人的恩惠。

① 指 Alexis de Tocqueville: *De la Démocratie Amérique*（托克维尔著《论美国的民主》）一书。——日译者
中译者按：我国有商务印书馆出版的中译本。上卷综论北美、美国人、美国宪法等概况。下卷分论美国民主对美国人智力活动、情感、民情、政治、社会的影响。

② 《拿破仑法典》：拿破仑组织编定，1804 年 3 月颁布实施，是最早的系统成文的资本主义民法典，其中规定：公民民事权利平等、私有财产无限制并不受侵犯、契约自由等，是“典型的资产阶级社会法律”（恩格斯语）。其后相继颁布《商法典》《刑法典》。——译者

那里没有古老贵族式的或是罗马式的家族。在旧世界占统治地位的社会等级制消失了。他说，这些美国人信奉的就是平等，除此以外几乎别无可信；甚至对自由，当他们另有所思时，实际上会有所忽视，而平等则是身体力行的。

通过外国人的眼睛，描述一个多世纪以前的我们祖先的生活，美国人读了以后是深受鼓舞的。在我国，尽管有了许多变化，但基本轮廓未变。读了这部著作，我们认为，1830 年的美国已经是我们所了解的美国。在这个国家里，过去有，现在也仍然有像杰弗逊时代的亚历山大·汉密尔顿[①]那样的偏爱贵族式社会秩序的人。但即使汉密尔顿之流也承认，在这个国度中，我们的生活方式绝非贵族式。

47 因此，在珍珠港事件前夕，我们对日本所宣布的，作为美国太平洋政策基础的这些最高伦理基础，也是说出了我们最信奉的原则。我们确信：沿着我们所指的方向前进的每一步都将改善这个仍不完善的世界。而日本人宣布其信奉“各得其所”的信念时，也是根据其社会经验所培育的生活准则。多少世纪以来，不平等已成为日本民族有组织的生活准则，既是最容易预计，也是最广泛被接受的。承认等级制的行为对他们来说就

① 亚历山大·汉密尔顿（Alexander Hamilton，1755—1804 年）：美国联邦党领袖之一。历任华盛顿的秘书和参谋、财政部长、军队检察长等职。1804 年与副总统艾伦·伯尔决斗，重伤致死。——译者

像呼吸一样自然。不过，这还不是一种简单的西方式权威主义。行使统治权的人也好，被他人统治的人也好，都按照与我们完全不同的传统来行事。现在日本人承认美国权威处于等级制的最高位置，我们就更有必要对他们的习惯有最清晰的观念。只有这样，我们才能清楚地描绘出，他们在现时情况下将采取的行动方式。

尽管日本近年来西方化了，它依然是个贵族社会。人们每一次寒暄，每一次相互接触，都必须表示出双方社会距离的性质和程度。每当一个日本人向另一个日本人讲“吃”或“坐”时，都必须按对方与自己亲疏的程度，或对方的辈分，使用不同的词汇。“你”这个词就有好几个，在不同的场合必须用不同的“你”；动词也有好几个不同的词根。换言之，日本人像许多其他太平洋上的民族一样，有“敬语”，在使用时还伴有适当的鞠躬和跪拜。所有这些动作都有详细的规矩和惯例。不仅要懂 48
得向谁鞠躬，还必须懂得鞠躬的程度。对某一个主人来讲是十分适度的鞠躬，在另一位与鞠躬者的关系稍有不同的主人身上，就会被认为是一种无礼。鞠躬的方式很多，从跪在地上、双手伏地、额触手背的最高跪拜礼，直到简单的动动肩、点点头。一个日本人必须学习在哪种场合该行哪种礼，而且从孩提时期起就得学习。

不仅等级差别要经常以适当礼仪来确认（虽然这是极重要的），性别、年龄、家庭关系、过去的交往等都必须考虑在内。

甚至在相同的两个人之间，在不同情况下也要表示不同程度的尊敬。一个老百姓对其密友可以无须鞠躬行礼，但如果对方穿上军服，那身穿便服的朋友就必须向他鞠躬。遵守等级制是一种艺术，要求平衡多种因素，在特定情况下，这些因素有些可以相互抵消，有些则反而增强。

当然，也有相互之间不太拘泥礼节的人。在美国，这是指各自家庭生活圈子里的人们。当我们回到自己家中时，就会把一切形式上的礼节都抛掉。但是在日本，恰恰要在家里学习礼仪并细致地观察礼仪。母亲背着婴儿时就应当用手摁下婴儿的
49 头，教婴儿懂礼节。幼儿摇摇晃晃会走时，要学的第一课就是学习尊敬父兄。妻子要给丈夫鞠躬，孩子要给父亲鞠躬，弟弟要给哥哥鞠躬；女孩子则不论年龄大小，要向哥哥和弟弟鞠躬。鞠躬并不是徒具形式。它意味着：鞠躬的人原打算自己处理的事，现在则承认对方有权干预；受礼的一方也承认要承担与其地位相应的某种责任。以性别、辈分以及长子继承等为基础的等级制，是家庭生活的核心。

不言而喻，孝道是日本和中国所共有的崇高的道德准则。中国人关于孝道的阐述早在 6、7 世纪之间就伴随着中国的佛教、儒教伦理学以及中国的世俗文化传入日本。但是，孝道的性质则不可避免地有所改动，以适应日本家庭的不同结构。在中国，甚至现在，一个人仍然必须对其大宗族尽忠。这个大宗族可能有成千上万个成员，宗族对全体成员拥有裁决权，并受

到这些成员的支持。当然，中国幅员辽阔，各地情况不同，但
在大部分地区，一个村庄的居民大抵同属一个宗族。中国人口
有四亿五千万之多，但只有 470 个姓氏。同一姓氏的人，多少
都承认彼此是同宗。某一地区的居民，可能全部同属一个宗族。
而且，远离家乡、住在城市里的家庭也可能与他们是同宗。像
广东那种人口稠密的地区，宗族成员全部联合起来，经营、维
持着壮观的氏族宗祠，并在祭祖的日子里，共同向同一远祖所
繁衍的数以千计的祖宗牌位行礼致祭。每个宗族都有自己的财 50
产、土地和寺院，并设有基金以资助有前途的宗族子弟学习。
它联系并了解散在各地的成员，每十年左右刊印一次经过认真
增订的族谱，记载有权分享祖宗恩惠者的姓名。它有世代相传
的家规，当宗族与当局意见不一时，甚至可以拒绝把本族犯人
交给当局。在封建帝制时期，这种半自治性质的大宗族共同体，
只是偶尔在名义上受国家管理，那些由不断更迭的政府所指派
的、逍遥自在的官员，在这个地区乃是外人。

在日本，情况就大不相同了。直到 19 世纪中叶，只有贵族和武士家族可以使用姓氏。姓氏是中国宗族制度的根本，没有姓氏或相当于姓氏的东西，宗族组织就发展不起来。在某些宗族中，族谱就是这种相当于姓氏的东西之一。但在日本，只有上层阶级持有族谱，而且那种族谱的记录，就像“美国革命

妇女会”（Daughters of American Revolution）[①] 一样，是从现在活着的人追溯上去的，而不是由古至今地列举始祖所传的后裔。这两种方法是截然不同的。加之，日本是封建国家。尽忠的对象并不是宗族大集团，而是封建领主。那个领主是当地的主君，这和中国那种任期短暂的官员显然不同，后者在这一地区始终
51 是外人，两者相差很大。在日本，重要的在于这个人是属于萨摩藩，还是属于肥前藩。[②] 一个人的联系纽带就是他所属的藩。

使氏族制度化的另一种方法，就是在“神社”或“圣所”祭拜远祖或是氏族神[③]。这类活动，日本那些没有姓氏和族谱的“庶民”也能参与。但日本却没有祭祀远祖的仪式。在“庶民”参与祭祀的神社里，村民们集中在一起，无须证明他们同出一祖。他们被称作是该神社祭神的“孩子”[④]。其所以如此称呼，是因为他们住在这位祭神的封地上。如同世界各地的村民一样，这些祭拜者——村民们，由于世代定居，彼此当然有着亲戚关系，但并不是出自一个共同祖先的亲密的氏族集团。

与神社不同，对祖先的崇拜是在家庭房间里的“佛坛”上进行的，那里只设立六七个最近去世的亲属灵牌。在日本所有社会阶层中，人们每天都在这种佛坛前祭祀着至今怀念的父、

① 1890 年在华盛顿建立。会员限于参加独立战争者的后裔。——日译者
② 萨摩藩：今九州鹿儿岛县。肥前藩：今九州佐贺县。——译者
③ 氏族神：氏族祖先之神和氏族保护神，亦称氏神。——译者
④ 日文称“氏子”。——日译者

母、祖父母以及一些近亲，并供上食品。佛坛上供奉的是类似墓碑的灵牌。曾祖父、曾祖母的墓碑上的文字即使已经无法辨认，也不再重新刻写，三代以前的墓地甚至会被迅速淡忘。日本的家族联系淡薄得几乎接近西方，也许与法国的家族最相近。

因此，日本的“孝道”只是局限在直接接触的家庭内部。充其量只包括父亲、祖父，以及伯父、伯祖父及其后裔，其含 52
义就是在这个集团中，每个人应当确定与自己的辈分、性别、年龄相适应的地位。即使包容较大集团的豪门望族，其家族也会分成独立的支系，次子以下的男孩必须另立门户，成为“分支”。在这个狭小的、直接接触的集体之内，要求“各安其分”的规定十分细密。直到长者正式引退（隐居）之前，对他必须严格服从。甚至在今天，一个拥有几个成年儿子的父亲，在他自己的父亲尚未隐退以前，无论干什么都必须请示年迈的祖父，取得允许。哪怕孩子已经三四十岁了，父母还是要一手包办他们的婚姻。父亲作为一家的男性之长，用餐时他首先举箸，沐浴时也是他首先入浴，全家人向他毕恭毕敬地行礼，他则只需点头受礼。在日本有一则流传极为广泛的谜语，用我国的解谜形式（Conundrum form）来翻译则是：“为什么儿子向父母提意见就像和尚要求头上蓄发一样？”（佛教僧侣必须受剃度）答案是：“不管怎么想，绝对办不到。”

“各安其分”不仅意味着辈分差别，而且意味着年龄差别。

日本人在表述极端混乱的秩序时，常说“非兄非弟”[①]，就像我们说的:“既非鱼又非鸟”(neither fish nor fowl)。在日本人看来，长兄应该如鱼得水那样地保持其长兄的性格。长子是继承者。旅游者们谈到“日本的长子自幼就学会一套责任不凡的气派”。
53 长子拥有与父权相差无几的特权。在过去，弟弟肯定不久就会成为依赖长子的人。现在，特别是在农村和乡镇，按古老规矩而留在家中的是长子，次子和三子也许进入广阔天地，受到更多的教育，取得更多的收入。但古老的等级制仍十分牢固。

甚至在现今政治论坛上，传统的兄长特权在大东亚政策的讨论中，也表现得淋漓尽致。1942年春天，陆军省一个中佐发言人就共荣圈问题做了如下的发言 :“日本是他们的兄长，他们是日本的弟弟。这一事实要使占领地区的居民们家喻户晓。对当地居民过多体恤会在他们心理上造成一种滥用日本好意的倾向，以至对日本的统治产生不好的影响。”换言之，什么事对弟弟有益，这要由哥哥来决定，并且在强行做这类事时不能“过分体恤”。

不论年龄大小，一个人在等级制中的地位取决于是男性还是女性。日本妇女走路时要跟在她丈夫身后，其社会地位也比丈夫低。即使她们穿上西服，和丈夫并肩而行，进门时走在丈

① Neither elder brother nor younger brother肯定是“兄たり难く弟たり难し”(为兄难，为弟亦难) 的译语，作者当系误解原意。——日译者

夫前面，一旦换上和服，就仍然退到后面。在日本家庭中，女孩子只能静静地眼看着礼品、关怀和教育费全被兄弟占有。即使有几所为青年女性开设的高等学校，那里的课程重点也是放在教导礼仪和举止规范上，在智力训练上根本没法与男性学校 54
相比。有一位女校的校长对该校中上流家庭出身的学生讲到应该学一点欧洲语言时，其理由是希望她们将来可以把丈夫们用的书掸去灰尘，正确地插入书架。

尽管如此，日本妇女与其他亚洲大部分国家相比，还是拥有很大的自由，而且这也不单纯是日本西化的一种现象。她们从未像中国上层妇女那样缠足。她们可以自由进出店堂，在大街上行走，无须将自己隐藏在深闺里。这使印度妇女惊羡不已。在日本，妻子掌管全家的采购和金钱。钱财短缺时，她必须挑选什物，送进当铺。使唤佣人的是主妇，她对儿子婚姻有很大的发言权。当了婆婆以后更是一手掌管家务，仿佛她前半生从未当过唯命是从的媳妇。

在日本，由辈分和性别造成的特权是很大的。但是，行使这一特权的人与其说是独断专制者，毋宁说是受托者。父亲或兄长要对全体家庭成员负责，包括活着的、去世的，以及将要出生的。他必须做出重大决定并保证其实行。不过，他并不拥有无条件的权力。他的行动必须对全家的荣誉负责。他必须使儿子及弟兄们能牢记该家族的遗产，包括精神遗产和物质遗产，并要求他们不辜负家产。即使是一个农民，也是祈求祖先保佑 55

他的高尚责任。他所属的阶级地位越高，对家族的责任就越重。家族的要求高于个人的要求。

遇到重大事件时，不论门第如何，家长都要召集家族会议，在会上加以讨论。例如，一个有关订婚的会议，家族成员可能会从老远的地方赶来参加。做出决定的过程并不因人而有轻重。一位妻子或弟弟的意见也可能有决定性影响。户主倘若无视众人意见，独断专行，则将使自己陷入非常困难的境地。当然，会上做出的决定对被决定命运的本人可能很难从命。但是，那些从来一直服从家族会议决定的长辈，会毫不让步地要求晚辈像他们自己当年一样服从。他们这种要求背后的约束力，与普鲁士那种在法律上和习惯上所给予父亲对妻子儿女的专横权力是非常不同的。其强制性并不因此而稍弱，但效果则不同。日本人在家庭生活中并不学习尊重专制权力，也并不轻易地养成对专制权力屈服的习惯。无论那种要求多么苛刻，家族意志是以全体成员都关心的名义，亦即以这种最高价值来要求服从，以一种共同忠诚的名义来要求服从的。

每个日本人最初都是在家庭中学习等级制的习惯，然后再
56 将所学到的这种习惯运用到经济生活以及政治等广泛领域。他懂得一个人要向“适得其所”的人表示一切敬意，不管他们在这个集团中是否真正具有支配力。一位受妻子支配的丈夫或者受弟弟支配的哥哥，在正式关系上是照样受妻子或弟弟尊重的。特权之间的外观界限不会因为有某人在背后操纵而受到破坏；

表面关系也不会为了适应实际支配关系而有所改变；它依然是不可侵犯的。这些，有时甚至会给不拘正式身份而运用实权的人带来某种策略上的方便。因为，这样会较少引起别人的攻击。日本人通过家庭生活的经验懂得，做出一种决定，其最有力的支持就是整个家族确信此决定能够维护家族的荣誉。这种决定并不是恰巧处于家长地位的专制者随意强加的命令。日本的家长更像一位物质和精神财产的管理人，这些财产对全体成员都非常重要，要求他们把个人意志从属于它的要求。日本人反对用武力威胁，但并不因此而减弱对家族要求的服从，也不会因此而对有特定身份的人降低敬意。即使家族中的年长者极少可能成为强有力的独裁者，家族中的等级制也仍然能维持。

上述关于日本人家族等级制的粗浅介绍，对于在人际关系
上有不同标准的美国人来说，远不能使他们理解日本家族中那 57
种公认的强有力的感情纽带。日本家族中有一种相当牢固的凝聚性，这种凝聚性如何获得，这是本书研究的课题之一。要想了解他们在政治、经济生活等广泛领域中等级制的要求，首先要认识他们如何在家庭中透彻地学习这种习惯。

日本人生活中的等级制习惯，在阶级关系上像在家族中一样地强烈。在整个历史上，日本一直是个等级森严的阶级社会。一个有几个世纪等级制习惯的民族，既有其重大的长处，也有其重大的短处。在日本，等级制一直是日本有文字历史以来生

活中的准则，甚至可以追溯到公元7世纪。那时，日本已经从无等级的中国吸取生活方式，使之适应其自身的等级制文化。在7—8世纪时，日本的天皇及其宫廷已经着手用日本使节赞叹不已的中国高度文明习俗来充实日本。他们以无与伦比的巨大精力进行这项事业。在那以前，日本连文字都没有。7世纪时，日本采用了中国的表意文字来记述它自己那种与中国完全不同的语言。在那以前，日本有一种宗教，四万个神祇镇守山
58 岳、村庄，给人们赐福。这种民间宗教历经无数变迁，延续至今，成了现代的神道。7世纪时，日本从中国全盘引进佛教，作为“保护国家的至善”①。在此以前，不论官方还是私人，日本都没有巨大的永久性建筑。于是，天皇仿照中国的京城建造了新的奈良城。日本各地还仿照中国式样，建造了许多壮丽的佛教伽南（寺院）和僧院。天皇采用了使节们从中国学来的官阶品位和律令。在世界历史上，很难在什么地方找到另一个自主的民族如此成功地有计划地汲取外国文明。

不过，日本从一开始起就未能复制中国那种无等级的社会组织。日本所采纳的官位制，在中国是授给那些经过科举考试合格的行政官员的，在日本却授给世袭贵族和封建领主。这些

① George Sansom, *Japan: A Short Cultural History*, 第131页所引奈良时代编年史中语。日文意为：圣武天皇在陆奥国，黄金出，乃下诏曰：“闻佛言，护国者必胜”云云。——日译者

就成了日本等级制的组成部分。日本不断被分裂成许多半独立的藩国，领主们经常嫉妒对方的势力，许多社会习俗也都与领主、家臣、侍从的特权有关。无论日本如何坚持不懈地从中国输入文化，却终究未能采纳足以取代其等级制的生活方式：例如中国的官僚行政制度，以及把各种身份、职业的人联合到一个庞大宗族之中的中国式宗族制度。日本也未能接受中国那种世俗皇帝的观念。日语中称皇室中的人为“云上人”，只有这个家族的人才能继承皇位。中国常常改朝换代，日本却一次也没发生过。天皇不可侵犯，天皇本人是神圣。天皇及其宫廷大臣们把中国文化引进日本，却绝对想不到中国在这些方面是怎样安排的，也绝对想不到他们做了多大改动。 59

因此，尽管日本从中国输入了各种文化，但这些新的文明只不过为此后几百年间世袭领主与家臣之间的冲突，即争夺统治权开辟了道路。8 世纪末叶，贵族藤原氏掌握了大权，把天皇赶到后台。后来，封建领主们反对藤原氏的统治，整个日本陷入内战。群雄之中，著名的源赖朝[①] 征服了所有的对手，在“将军”这个古老的军事头衔下成了全国的实际统治者。“将军”的全称是“征夷大将军”，像日本的通例一样，只要源赖朝的

① 源赖朝（1147—1199 年）：镰仓幕府（1185—1333 年）第一代将军。日本历史上第一个“武家政权”（武士政权）创立者。镰仓：地名。将军：参阅第 34 页注②。幕府：原为将军的营帐，此后指将军的政厅，实为全国最高政权机构。——译者

子孙能够控制其他封建领主，这个称号就由源氏家族世袭。天皇已徒具虚名，他的重要性仅在于将军必须接受他的象征性的封赐。他没有丝毫行政权力。实际权力掌握在幕府手中，它以武力来对付不肯服从的各地领主，以保持自己的统治。每个封建领主，即“大名”，都有自己的武装家臣，即“武士”。这些
60 武士完全听从大名，在动乱的年代中，他们时刻准备着向敌对的大名或最高统治者将军的“位置”挑战。

源赖朝将军

日光东照宫——德川家康的灵庙

公元16世纪时，内乱成了流行病。经过几十年的动乱之后，伟大的武将德川家康[①]击败所有敌手，于1603年成了德川幕府的第一代将军。德川家族世袭将军职位约二百六十年，直到1868年，天皇与将军的“双重统治”被废除，近代时期开始，德川政权才宣告结束。漫长的德川时代在许多方面都是日本历史上最值得重视的时期之一。它在日本国内维持了一种武装和平，直到最后崩溃，有效地实施了为德川氏政治目的服务的中央集权制。

① 德川家康（1542—1616年）：江户幕府第一代将军（1603—1605年）。江户幕府：亦称“德川幕府”（1603—1867年）。江户，今东京。——译者

德川家康曾面临一个非常棘手的难题，也未找出一个容易解决的办法。一些强藩的藩主曾在内战中反对他，直到最后惨败才归顺。这就是所谓“外样”（即旁系大名）。他允许这些大名继续控制自己的领地和家臣。在日本的封建领主中，这些大名在其领地上也确实继续享有最高的自治权。但是，德川家康却不让他们享有德川家臣的荣誉，不准他们在幕府担任任何重要职务。重要职务全保留在“谱代”（嫡系大名），即内战中拥护德川家康者的手中。为了维持这一困难的政局，德川家康的策略是防止藩主（即大名）积蓄力量，防止任何可能威胁将军
61 统治的联合。德川氏不仅没有废除封建体制，而且，为了维持日本的和平和德川氏的统治，还极力加强这一体制，使之更加巩固。

日本的封建社会划分为复杂的阶层。每个人的身份都是由世袭固定的。德川氏巩固了这种制度，并且对各阶层成员的日常行为做了详尽的规定。每一户的家长必须在门口张贴有关其阶层地位和世袭身份的标志。他的衣着、食物，以及可以合法居住的房舍，都要依照世袭身份的规定。在皇室和宫廷贵族（公卿）之下，日本有四个世袭等级，其顺序是士（武士）、农、工、商。其下还有贱民。贱民中人数最多、最为人所知的是“秽多”，即从事各种污秽职业的人。他们是清道夫、掩埋死囚者、剥取死兽皮及鞣制者等。他们是日本的“不可接触者”（untouchables），更准确地说，

他们根本不算人，因为，甚至通过他们居住部落的道路也不计入里程，仿佛这块土地及其居民根本不存在。这些人生活极为贫困，虽准许他们从事所批准的职业，却被排斥在正式社会组织之外。

商人的地位仅在贱民之上。不管美国人何等惊诧，这却是一个封建社会中的高度现实。商人阶级总是封建制度的破坏者。商人一旦受到尊敬而繁荣，封建制度就会衰亡。17 世纪时，德川氏颁布了世界上任何国家所未有过的严峻的锁国令[①]，从根 62
本上铲除了商人的基础。日本曾经在中国和朝鲜的整个沿海地区进行海外贸易，商人阶层随之必然发展。德川氏规定，凡是建造或驾驶超过一定大小的船只者，都要处以极刑，以阻遏这种趋势。被准许建造或驾驶的小船，既不能航行到大陆，也不能运输商品。国内贸易也受到严格限制，各藩藩界均设有关卡，严格禁止商品进出。另有一些法律规定商人社会地位低下。“奢

① 锁国令：指 1612—1613 年宣布禁止基督教以后不断加强的，严禁擅自对外交通和贸易、禁止日本船只出海、禁止海外日本人归国的一系列禁令。1633—1639 年更五次连续发布禁令，除严禁基督教、不准日本人出海外，并规定：除朝鲜、中国（明朝）和荷兰三国在指定地点与幕府进行有限贸易外，禁止其他一切外国船只前来日本。1641 年，将平户的荷兰商馆迁至长崎口外的出岛。“锁国体制”延续 200 多年，直至 1853 年在美国威迫下“开国”。——译者

侈取缔令”[1]中规定了商人的穿戴、雨伞以及在婚丧时的费用限额。商人不能和武士住在同一区域内。法律不保证他们可以免受特权阶层——武士之刀的凌辱。德川氏企图把商人永远置于卑贱地位的政策，在货币经济中无疑要失败，而当时日本正是靠货币经济运转的。但德川氏却试图这样干。

维持封建社会安定的是武士和农民两个阶级，德川幕府把他们分别冻结起来。在德川家康平定天下之前，伟大的名将丰臣秀吉[2]已经用著名的“刀狩令”[3],完成了这两个阶级的分离。他收缴了农民的武器并规定只有武士才有佩刀的特权。武士再不能兼做农民、工匠或商人。即使身份最低的武士也不能合法
63 地从事生产，他成了寄生阶级中的一分子，每年从农民的赋税中抽取年贡米作为俸禄。大名把征收的谷米按份额分给每个武士家臣。武士无须考虑生活来源，他完全成了仰赖领主者。在日本历史的早些时期，封建大名与手下武士之间的牢固纽带，

① “奢侈取缔令”：指德川幕府不断发布提倡节约、禁止奢侈的文告法令。主要是强制压低农民、商人的生活水平，严禁超越身份的消费行为。典型的文件是1649年（庆安二年）发布的“庆安御触书”，对农民的日常生活劳动作息等都做了苛刻的规定。财政危机时尤为频繁。例如：1789年3月发布禁奢令，5月又发布俭约令。——译者

② 丰臣秀吉（1536—1598年）：安土桃山时代（1513—1610年）武将。原为织田信长（1534—1582年）部下，后翦灭群雄，于1590年统一日本。推行“检地”（清查丈量土地）、“刀狩”、“兵农分离”和“身份统制”。——译者

③ “刀狩令”：1588年颁布，强制收缴农民所持有的刀弓火枪等一切武器，令农民“唯持农具，今生来世，子子孙孙，专务耕作”。——译者

是在各藩国之间兵连祸结的战争中结成的。在天下太平的德川时代，这种纽带变成经济性的了。日本的武士与中世纪欧洲的骑士不一样，既不是拥有领地和农奴的小首领，也不是有钱的士兵。他们是依靠俸禄来生活的人，其俸禄额在德川初年就按照其家格的高低决定了。俸禄并不富裕，根据日本学者估计，整个武士阶级的平均俸禄与农民所得相差无几，只够维持最起码的生活。[①] 对武士家族来说，如果几个继承人分享这点俸禄，那就伤脑筋了。结果，武士就限制自己的家族规模，对他们来讲，最令人难堪的就是威望取决于财富和外观，所以，他们的信条是，俭朴乃最高的美德。

武士和其他三个阶级，即农、工、商之间有一条巨大鸿沟。后三个阶级是“庶民”，而武士则不是。武士的佩刀不单纯是装饰，而是其特权和阶级的标志。他们对庶民有使用佩刀的权利。这在德川时代以前就已经形成传统。德川家康所颁布的法 64
令中规定：“对武士无礼，对上级不逊的庶民，可立刻斩杀”[②]，这也只不过是确认旧的习惯。他根本没有考虑到要在庶民与武

① Herbert Norman: *Japan's Emergence as a Modern State*, 赫伯特·诺曼：《日本近代国家的诞生》（中译本译作《日本维新史》，商务印书馆 1962 年版。——译者），第 17 页注 12。

② 《家康遗训百条》内云：“士乃四民之长，农工商辈对士不得无礼。无礼，即心中无士也。对心中无士者，士不妨击之。”又，宽保三年《御定书百条》中亦规定：虽对步卒无礼，不得已而杀之，经审核后属实者亦无妨。——日译者

士阶级之间建立相互依存的关系，他的政策建立在严格的等级规定上。庶民阶级和武士阶级都归大名统率，并直接与他联系。这两个阶级各处于不同的阶梯之上，每个阶梯又各有一套从上到下的法令、规则、统治和相互义务。两个阶梯之间的人有不可逾越的距离。有时出于形势，两个阶级之间需要一再架起桥梁，但这毕竟不是这一体系本身所固有的。

在德川时代，武士已不仅舞刀弄剑，他们日益成为藩主财产的管理人及各种风雅艺术的专家，如古典的能乐[①]、茶道[②]等。所有文书均由他们处理，藩主的谋略也靠他们的巧妙手腕来实施。两百年的和平是一段很长的岁月，个人舞刀弄剑的机会非常有限。就像商人不顾严格的等级规定而发展了追求舒适高雅的城市生活方式一样，武士虽然也时刻准备拔刀应战，但也发展了各种风雅艺术。

关于农民，法律上虽无明文保障他们免受武士欺凌及强加的沉重年贡和各种限制，但仍有某些安全保障。农民对农

① 能乐：日本“艺能”之一。总指“能”和“狂言”，单指“能”。“能”在中世纪受武家和寺院的培植而发展。由“能乐师”戴假面具演出，重“幽玄”，以“观世座”的观阿弥（1333—1384年）、世阿弥（1363—1443年）父子为代表。——译者

② 茶道：以禅品茶，“茶禅合一”，修养身心。室町时代（1336—1573年）村田祖光创立。织丰时代（1573—1600年）盛行，以千利休（1522—1591年）为代表。其后分为里千家、表千家、武者小路千家（“三千家”）。——译者

田的所有权受到保护，而在日本，有土地即有威望。德川统 65
治时期禁止土地永久转让。①与欧洲封建主义不同，这条法律并非保障封建领主而是为了保障每个耕作者的利益。农民拥有一种他所珍视的永久权利，在耕作土地时，就像今天他们的后裔在稻田里一样地不辞辛苦。尽管如此，农民仍然是养活整个上层寄生阶级的阿特拉斯②。这个寄生阶级有二百万人左右，其中包括将军的政府、大名的机构、武士的俸禄等。他们要交实物税，也就是要将一定比例的收获量上缴给大名。同样是水稻农业国，暹罗的传统赋税是百分之十，而德川时代的日本则是百分之四十，实际交纳的还要高。在有些藩中高达百分之八十。此外，还经常有强迫徭役和无偿服务，消耗农民的精力和时间。同武士一样，农民也限制自己的家庭规模。整个德川时代，日本全国人口总数几乎是停滞的。在一个长期和平的亚洲国家，这样停滞的人口统计数字足以说明那个时期的统治状况。不论是靠年贡生活的武士，还是生产者阶级，这个政权对两者都实行了斯巴达式的严格限制，但在每个下属与其上级之间也有相对的可依赖性。人们都很

① 即“田畑永代买卖禁止令”：1643年发布，违者买卖双方和担保人均投狱，已死者其子受刑。然而，农村危机迫使贫困农民抵押土地，此法令逐渐成为具文。明治维新后废除（1872年）。——译者

② 阿特拉斯：Atlas，希腊神话中的擎天神，是泰坦巨人神（Titanics）的一族。——译者

清楚自己的义务、特权及地位。如果这些受到损害，最贫困的人也会提出抗议。

66 即使处于极度贫困，农民也进行过反抗，不仅对封建领主，而且也对幕府当局。德川氏统治的二百五六十年间，此类农民起义不下一千次。其起因并非由于“四公六民”的传统重赋，而是抗议累增的赋税。在无法忍受的情况下，他们成群结队涌向藩主，但请愿和裁判的程序则是有秩序的。农民们写好请求匡正苛政的请愿书，递呈藩主内臣。如果请愿书被内臣扣压，或者藩主置之不理，他们便派代表去江户把状子呈送给幕府的将军。在一些有名的起义中，农民在江户城内的大道上拦截幕府高官的乘舆，直接呈递状子以保证不致被扣压。尽管农民呈递状子要冒极大风险，但幕府当局收到状子后则立即审查，其判决约有半数对农民有利。[①]

然而，幕府对农民请求所做的判决并没有满足日本对法律和秩序的要求。农民的抱怨可能是正当的，国家尊重他们也是可取的。但是，农民起义领袖则已侵犯等级制的严峻法令。尽管判决对农民有利，可是农民起义者已经破坏了必须忠贞这一基本法律，这是不容忽视的。因此，他们要被判处死刑，不管

① 据 Borton, Hugh: *Peasant Uprising in Japan of Tokugawa Period*（休·博顿著：《日本德川时代的农民起义》），“日本亚洲学会丛刊”（Transactions of the Asiatic Society of Japan），第 2 辑，第 16 种，1938 年刊。

他们的目的如何正确。甚至农民们也承认这种无法逃脱的命运。 67
被判处死刑的人是他们的英雄，人们聚集刑场，起义领袖被投入油锅、被砍头或被钉上木架，农民群众目睹行刑也绝不暴动。这是法令，是秩序。他们可以在事后建祠，奉之为殉难烈士。但对于处刑，他们却认为这是他们所赖以生存的等级制法令的核心，必须接受。

简而言之，德川幕府历代将军都力图巩固各藩的等级结构，使每一个阶级都依靠封建领主。大名在每个藩中居于等级制的最高地位，对其属下可以行使特权。将军在行政上最主要的任务就是控制大名。他采取一切手段防止大名之间结盟或推行侵犯计划。各藩藩界设有哨所关卡，查验过往行人，严禁“出女入炮”，以防止大名私运妇女出境或偷运武器入境。[①] 非经将军许可，大名不能联姻，以防止导致任何政治联盟的危险。藩与藩之间的通商也受到阻碍，甚至彼此之间不能架桥。另外，将军还派出许多密探了解各地大名财政收支，一旦某一藩主金库充盈，将军就会要求他承担耗费资财的土木建筑工程，以使其财政状况降至原来水平。各种规定中最有名的一项就是，每年之中，大名必须在京城（江户）住上半年，当其返回自己领地时，也必须把自己的妻子留在江户（东京），作为将军手中的人质。 68

① 据诺曼著《日本近代国家的诞生》第 67 页注 3，所谓禁止“出女入炮”，是指禁止大名私送妻妾出江户、私运武器入江户。——日译者

幕府就是如此费尽心机，以确保自己的权势，并加强它在等级制中的统治地位。

当然，将军并不是这一等级制拱桥中的拱心石，因为他是奉天皇之命来掌握政权的。天皇和他的宫廷世袭贵族（公卿）被迫隐居在京都，没有实际权力。天皇的财政来源甚至低于最小的大名，甚至宫廷的一切仪式也由幕府严格规定。尽管如此，即使有权有势的德川将军，也没有丝毫废除这种天皇和实际统治者并列的双重统治。双重统治在日本并不是什么新奇事，自从 12 世纪以来，大元帅（将军）就以被剥夺了实权的天皇的名义统治这个国家。有一个时期，职权分化更为严重，徒有其名的天皇把实权托付给一位世袭的世俗首领，后者的权力又由其世袭政治顾问[①]来行使。经常有这种权力的委托和再委托。德川幕府即将崩溃的末年，培里将军[②]也没料想到将军背后还

① 指执权。——日译者

② 培里将军（M.C.Perry，1794—1858 年）：美国东印度舰队司令官。1853 年 7 月 8 日率 4 艘军舰前来日本要求呈递国书。幕府被迫接受，约定一年内答复。1854 年 2 月 13 日，培里再次率舰来到江户湾（今东京湾）。这一次使用的中文全衔是：“合众国钦差大臣、驻中华、日本、天竺等处海权官、本国师船提督”。幕府被迫在神奈川（今横滨）谈判、签约（“神奈川条约”）：对美国开放两处港口，允许设立领事馆，给美国最惠国待遇等。日本由此“开国”、“开港”。——译者

有天皇。美国的第一任驻日使节哈里斯（Townsend Harris）[1]于1858年与日本谈判第一个通商条约时，也只好靠自己来发现还有一位天皇。

实际上，日本人关于天皇的概念是太平洋诸岛上一再被发现的那种概念。他是神圣首领，可以参与政治，也可以不参与。在一些太平洋岛屿上，他自己行使权力；在另一些岛屿上，则将权力委托给别人。但他的人身则是神圣的。在新西兰各部落 69
中，神圣首领是神圣不可冒犯的，以致不能亲自取食而必须由专人奉食，这奉食的汤匙都不许碰到他那神圣的牙齿。他外出时必须由人抬送，因为凡经他神圣的双脚接触过的土地都自动地成为圣地，而归神圣首领所有。他的头部尤为神圣，任何人都不可触摸。他的话可以传达到部落诸神的耳朵里。在某些太平洋岛上，如萨摩亚岛、汤加岛，神圣首领与世俗生活完全没有关系。世俗的首领掌管一切政务。18世纪末到过东太平洋汤加岛的詹姆斯·威尔逊（James Wilson）写到那里的政府时说，它“和日本最为相似，在那里，神圣首领是军事将领的某种政

① 哈里斯（Townsend Harris，1804—1878年）：1852年任驻中国宁波代理领事。1855年任驻日总领事。1857年6月17日和1858年7月28日代表美国与日本签订《日美条约》（下田条约）和《日美修好通商条约》（江户条约）：增加对美开放港口，允许美国人在日本内地旅行、建立教堂、与日本人自由贸易及在日本的领事裁判权等。1859年升任驻日公使。——译者

治犯”。①汤加岛的神圣首领不参与政务，却执掌宗教仪式，他要在果园中接受采下的第一颗果实并领导举行仪式，然后，人们才能吃这些果实。神圣首领去世时，讣告要用“天堂空虚了”这种词句，并在庄严的仪式中葬入巨大的王墓。但他却毫不干预政治。

天皇，即使在政治上毫无实力，即使是所谓“军事将领的某种政治犯”，按照日本人的定义，在等级制中仍然占有一个“恰当地位”。对日本人来说，天皇积极参与世俗事务，并非衡
70 量天皇身份的尺度。在征夷大将军统治的长达几个世纪的年代中，日本人始终如一地珍视天皇和他在京都的宫廷。只是从西方的观点看来，天皇的作用才是多余的。处处都习惯于严格的等级地位角色的日本人，却持有不同的看法。

上自天皇，下至贱民，日本封建时期的极为明确的等级制在近代日本也留下了深刻的痕迹。从法律上宣告封建制度结束只不过是七十五年前的事②，根深蒂固的民族习惯是不会在一个

① James Wilson, *A Missionary Voyage to the Southern Pacific Ocean Performed in the Years 1796、1797 and 1798 in the Ship Duff*（詹姆斯·威尔逊：《1796、1797、1798 年乘达夫号在南太平洋布道行纪》），London, 1799，第 384 页。转引自 Edward Winslow Gifford, *Tongan Society*（《汤加社会》），Bernice. P. Bishop Museum, Bulletin 61. Hawaii, 1929。

② 指“废藩置县”：1871 年 8 月 29 日宣布实行。旧藩主一律解职，坐食俸禄。全国 262 个“藩”，改为 261 个“县”。连同明治初年所设府县，全国共 3 府 302 县。后逐步合并，1888 年合并为 3 府 42 个县。——译者

培里将军（1794—1858年）

人的一生之间消失的。我们在下一章中将会看到，近代日本的政治家们也在审慎地计划，以求大量保存这一制度，尽管国家的目标有了根本的改变。日本人与其他独立民族相比，更加受这样一种世界所制约，在这个世界里，行为的细节规范规定得宛如一幅精密地图，社会地位是规定了的。两百多年期间，在这个世界里，法令和秩序是靠铁腕来维持的。在这期间，日本人学会了把这种繁密的等级制等同于安全稳定。只要他们停留在既知领域之内，只要他们履行已知的义务，他们是能够信赖这种世界的。盗贼得到控制，大名之间的内战受到制止。臣民如果能证明别人侵犯了他们的权利，他们可以像农民受到剥削一样提出诉讼。这样做个人虽有风险，却是大家公认的。历代德川将军中的最开明者甚至设置了“诉愿箱”（控诉箱），任何一个公民都可以把自己的抗议投进箱中。只有将军持有打开这个箱
71 子的钥匙。在日本，有真正的保证足以纠正侵犯性行为，只要这种行为是现存行为规范所不允许的。人们非常相信这种规范，并且只要遵守它，就一定安全。一个人的勇气和完美表现在与这些规范保持一致，而不是反抗或修改这些规范。在它宣布的范围内，它是一个可知的世界，因而在他们眼中也是一个可信赖的世界。它的规则并不是摩西十诫①中那些抽象的道德原则，而是极为详细的规定：这种场合应该如何，那种场合又该如何；武士该如何，平民又该如何；兄长应该如何，弟弟又该如何；如此等等。

在这种制度之中，日本人并没有像一些生活在强力等级制统治下的民族那样，变成温良恭顺的民族。重要的是要认识到：日本各个阶层都受到某种保障。甚至贱民阶层也得到保证垄断

① Decalogue：即“摩西十诫”。一不信奉他神；二不制造偶像；三不妄呼上帝；四谨守安息日；五敬父母；六勿杀；七勿淫；八勿盗；九勿作伪证；十勿念他人之物。（见《旧约·圣经·出埃及记》第二十章）——译者

他们的特种职业，他们的自治团体也是经当局认可的。每个阶层所受的限制很大，但又是有秩序和安全的。

日本的等级限制还具有一种诸如印度等国所没有的某种灵活性。日本的习惯提供了一些明确的手段以调节制度，使之不致破坏公认的常规。一个人可以用好几种办法来改变他的等级身份。在货币经济下，高利贷主和商人必然会富裕起来。这时，富人就使用各种传统的方法跻身于上流阶层。他们利用典押和地租而变成“地主”。的确，农民的土地是不准转让的，但是，日本的地租非常高，因此把农民继续留在土地上对地主又是有 72
利的。高利贷主们则住在那块土地上收取地租。这种土地“所有”权使他们在日本有钱有势。他们的子女与武士阶层通婚，他们自己也就成了绅士。

另一个变通等级制的传统方法就是过继和收养。它提供了一条“购买”武士身份的途径。尽管德川氏横加限制，但商人还是富了起来。随之，他们就千方百计让自己的儿子过继给武士当养子。日本人大多招女婿而很少收养子。入赘的女婿称“婿养子”，成为岳父的继承人。他付出的代价是很大的。他的姓氏将从生父家的户籍中抹去，转入妻子家的户籍，姓妻子家的姓并和岳母一起生活。代价虽高，但获益亦不浅。富有的商人家的后代成了武士，穷困拮据的武士家庭则与富贾结成亲戚。等级制并未破坏，依然如故。但经过变通手段，为富者提供了上层等级的身份。

因此，日本的等级制并不要求只能在同一等级内部通婚。有好几种公认的手段可以在不同等级间通婚。其结果，富裕的商人逐渐渗入下层武士阶层。这种情况对加深西欧封建制和日本封建制的显著差异有重大作用。欧洲各国封建制度的崩溃是由于有一个逐渐发展、力量日益增强的中产阶级的压力，这个
73 阶级统治了现代工业时代。日本却没有产生这样强大的中产阶级。商人和高利贷主以公开允许的方法，“购买”上层阶级的身份。商人和下级武士结成了联盟。在欧洲与日本的封建制度都处于苟延残喘之时，日本竟然容许比欧洲大陆更大的阶级流动性，这一点实在令人惊奇。然而，日本的贵族和市民阶级[①]之间几乎没有任何阶级斗争迹象，就是这种情况最令人信服的证据。

说日本这两个阶级的共同目标对双方都有利，这是很容易的。但是，在法国也可能对双方都有利；在西欧也有过二三类似的例子；但阶级的固定性在欧洲却十分顽强。在法国，阶级冲突竟导致剥夺贵族财产。在日本，他们却彼此接近起来。推翻衰朽幕府的联盟就是由商人、金融阶层和下级武士组成的。

① 市民阶级：英文原著为“Bourgeosie”。此词原指欧洲中世纪末期城镇中既非贵族，亦非农民的商人、手工业者等。分化为雇主、雇工后，此词则指雇主。我国初采音译：“布尔乔亚”，其后译作“资产者”、“资产阶级”，有时也译作“中产者”或“市民阶级”。这里按日译本译作“市民阶级”。实际主要指日本中世纪晚期的大商人、高利贷者或“豪农豪商”。——译者

日本到近代仍然保留贵族制度，如果没有被容许的阶级流动手段，这种情况是很难出现的。

日本人喜好并且信赖他们那一套繁密的行为规范，是有其当然理由的。这种规范保证了遵循者的安全；它允许对非法的侵犯进行抗议，并可加以调节以适应自己的利益。它要求相互履行义务。在德川幕府于 19 世纪后半叶崩溃时，日本没有任何集团主张废除这些规范。那里没有发生“法国大革命”，甚至连“1848 年式的革命”（指“二月革命”）也没有发生。然而， 74
形势已无可挽回。从一般平民直到幕府将军，每个阶级都欠商人和高利贷的债。人数众多的非生产阶级和巨额的财政支出已无法维持。财政窘迫的大名已无力支付其武士侍从的定额俸禄，整个封建纽带的网络已只能供人嘲弄。他们企图靠对农民增课已经很重的年贡来避免沦亡，寅收卯贡，常年预征，农民贫困已极。幕府也濒临破产难以维持现状。1853 年培里司令官率舰队前来之时，日本国内危机已达顶点。他强行闯入日本之后，又于 1858 年签订了日美通商条约，当时日本已处于无力抗拒的地位。

当时响彻日本的口号是“一新”，即“恢弘往昔”、“王政复古”。这和革命是对立的，甚至也不是进步的。与“尊王”这个口号联在一起并同样广为流行的口号是“攘夷”。国民支持回到锁国政策黄金时代的政治纲领。极少数领导人懂得这条道路是如何行不通，他们努力奋斗，却被暗杀。似乎毫无迹象足以表明这个不喜欢革命的国家会改弦易辙，会顺应西方模式；更不用说五十年后竟能与西方国家争雄竞长了。但这一切还是发生了。日本发挥了与西欧各国完全不同的固有长处，达到了
75 高层人士和一般舆论都没有要求过的目标。19 世纪 60 年代的西方人，如果能从水晶球中看到日本的未来，他们是绝对不会相信的。因为当时地平线上似乎并没有巴掌大的乌云足以预示二十年后会有一股风暴横扫日本列岛。但是不可能的事情竟然发生了。日本那落后的、受等级制束缚的民众急速转向一条崭新的道路，并且坚持走了下来。

第四章 明治维新[①]

76

宣告近代日本到来的战斗口号是“尊王攘夷”[②],即“王政复古，驱逐夷狄”。这一口号的目的在于使日本免遭外国侮辱，并恢复到天皇和将军“双重统治”以前的10世纪的黄金时代。京都天皇朝廷最为反动。天皇派的胜利，在天皇支持者的心目中，就是要使外国人屈辱，并把他们驱逐出去；就是重新恢复日本的传统生活方式,就是要剥夺“改革派”[③]在国内外事务上

① 明治维新：狭义的“明治维新”通常指1868年1月3日天皇发布“王政复古大号令”，宣布废除幕府，建立天皇制新政权。本章（标题是“Meiji Reform”）则指新政权建立后的一系列改革。——译者

② 尊王攘夷:以天皇为旗帜,压迫幕府宣布“攘夷”（废约、闭港、驱逐外国人），其实质是要推翻幕府。“尊攘派”大多迅速转变为主张“开港讨幕”的“讨幕派”。——译者

③ “改革派”：指幕府内部主张对外国开放、不触动“幕藩体制”，进行温和改革的开明派。——译者

的发言权。强大的外样大名[1]成了倒幕派的先锋,他们想通过“王政复古”取代德川氏而统治日本，只要求换一下当权者。农民们盼望多保留一些自己收获的稻米，却讨厌“改革”。武士阶层则希望保持俸禄，并能挥刀上阵建立功勋。在财政上支持王政复古派军队的商人们，希望推行重商主义，却从未指责过封建制度。

77 1868年，倒幕势力取得胜利，宣告王政复古，“双重统治”结束。当时，以西方的标准来看，胜利者要推行的乃是一种极为保守的孤立主义政策，但新政府一开始就采取了相反的方针。它成立后不到一年，就取消了大名在各藩的征税权。它收回了“版籍”[2],把原按“四公六民”分成中交给大名的“四成”收归政府。但这种剥夺不是无偿的，政府发给每个大名与其正常收入一半左右相当的俸禄额，同时，还免去他们抚养武士和公共建设的费用。武士亦和大名一样，从政府领取俸禄。在以后的五年中，又从法律上废除了等级间的不平等及作为等级、地位的服饰等外观标志，甚至下令“散发”[3]。贱民被解放了。废除

① 强大的外样大名：“外样”（旁系、非嫡系），指原来与德川家康敌对，“关原之战”（1600年）后臣服德川家康的大名。以萨摩、长州、土佐、肥前等“西南强藩”为代表。——译者

② 收回“版籍”：史称“版籍奉还”。版：领地。籍：户籍。收回“版籍”，则“藩主”不再是领主。——译者

③ 指“散发脱刀令”，1871年公布。准许自由剪发，废除佩刀，以破除旧习，提倡“文明开化”。——译者

了禁止土地转让的法令。撤除了各藩之间的关卡。取消了佛教的国教地位。到 1876 年，又把大名和武士的俸禄折成偿还期为 5—15 年的秩禄公债一次发给，[①] 其数额则按每个人在德川时代所领取的固定俸禄额而定。这一笔钱使他们有可能创办新式的非封建性企业。“这是早在德川时代已经证迹俱在的商业金融巨子与封建土地贵族的那种特殊结合的最后确立。”[②]

新生的明治政府的这些重大改革是不得人心的。在当时，78
一般人对 1871—1873 年的侵略朝鲜（“征韩”）远比对这些措施更有普遍的热诚。明治政府则不仅没有动摇其彻底改革的方针，并且否决了侵略朝鲜的计划。政府的施政方针与绝大多数为建立明治政府而奋战者的愿望强烈对立，以致在 1877 年，这些对立派的伟大领导人西乡隆盛组织了大规模的反政府叛乱[③]。他的军队代表了尊王派维持封建制度的全部愿望，明治政府则在“王政复古”实现后第一年就背叛了这种愿望。政府招募了一支由一般平民组成的义勇军，击溃了西乡隆盛的士族军队。不过，这次叛乱也足以证明当时政府所激起的国内不满有

① 此处原著及日译本均不确。应为“一次发给相当 5—14 年俸禄额的秩禄公债”（自第六年起每年抽签还本付息，30 年内付清）。——译者

② 诺曼：《日本近代国家的诞生》第 96 页。（此处中译文采自该书中译本：《日本维新史》第 97 页。姚曾廙译，商务印书馆 1962 年版。——译者）

③ 指“西南战争”。参阅第 33 页“西乡隆盛”注。——译者

多么强烈。

农民的不满也同样强烈。从1868年到1878年，即明治最初十年间，至少爆发了190起农民起义。直到1877年，新政府才缓缓举步，减轻压在农民身上的重税，所以，也难怪农民们感到新政府眼中丝毫没有他们。农民们还反对建立学校、征兵制、丈量土地、散发令、给贱民以平等待遇、官方对佛教的极端限制、改用阳历，以及其他许多改变他们久已习惯的生活方式的措施。

那么，是什么人使这个“政府”进行了如此激烈的、不得人心的改革呢？是封建时代日本那些特殊习俗就已经孕育
79 了的下级武士和商人的“特殊联盟”。这些武士作为大名的心腹家臣磨炼了政治手段，经营和管理着各藩的垄断企业，如矿山、纺织、造纸等；而这些商人则购买了武士身份，并在武士阶层中普及了生产技术知识。这种武士和商人的联盟迅速把那些富于信心的干练人才推上前台，为明治政府出谋划策并组织实施。不过，问题并不在于他们出身于哪个阶级，而在于他们为什么能如此精明能干并且敢于实践。19世纪后半叶刚刚脱离中世纪的日本，其国力之衰弱犹如今日之泰国，却能产生一批洞察形势的领导人，成功地推行了一个最需要政治手腕的大事业，超过任何民族所曾尝试。这些领导人的长处和短处都来源于传统的日本人的民族特性，本书的主题就是要探讨这种民族特性过去如何，现在又如何。这

里，我们只能暂先了解一下明治政治家是如何完成这一事业的。

他们从来没有把自己的任务看成是意识形态的革命，而是当作一项事业。他们心中的目标就是要使日本成为世界上一个有地位的强国。他们并不是偶像破坏者，既没有把封建阶级骂得一无是处，也没有剥夺其财产，而是诱之以厚禄，使他们转而永远支持政府。他们终于改善了农民的境遇。其所以晚了十年，与其说是出于从阶级立场上拒绝农民对政府的要求，毋宁说是由于明治初期国库的匮乏状况。

不过，执掌明治政权的那些精明强干的政治家，拒绝一切
废除等级制的思想。“王政复古”使天皇位居顶峰，废除了将军， 80
简化了等级制。王政复古后的政治家又废除了藩，消除了忠于藩主和忠于国家之间的矛盾。这些变化并没有从根本上否定等级制的习惯，只是提供一个新的秩序。那些被称为“阁下”的新领导人为了向国民推行他们的卓越政纲，甚至加强了中央集权的统治。他们交替使用施加压力和给予恩惠的办法，恩威并施，以求贯彻目的。但是，在公共舆论不赞成改用太阳历、设立公共学校及废除对秽多等贱民的不平等待遇等时，他们丝毫也没有想去迎合。

自上施予的恩惠之一就是1889年天皇赐给人民的《大日本帝国宪法》。它给予人民在国家中的地位，并设立了议会。这部宪法是“阁下”们在对西方各国宪法进行研究批判之

后，精心拟定的。不过，宪法起草者“采取了一切预防步骤，以防止人民的干涉和舆论的侵扰”①，负责起草宪法的机构②是隶属于宫内省的一个局，因而是神圣不可冒犯的。

明治的政治家们非常清楚自己的目的。1880年，宪法草

《大日本帝国宪法》发布

① 见诺曼：《日本近代国家的诞生》第188页。此语引自一位日本学者的著作，他是援引金子坚太郎男爵的话。（英文版原注误为88页，日译者订正为188页。——中译者）
中译者补注：这段译文见诺曼此书中译本《日本维新史》第187页注②。金子坚太郎（1853—1942年）：福冈藩士出身。1871年在哈佛大学学习法律、政治。归国后历任东京大学讲师、伊藤内阁总理秘书官。曾参与起草宪法，后位农商务大臣、司法大臣。晚年任枢密院顾问官。

② 指制度取调局。——日译者

拟者伊藤博文公爵[①]派遣木户（孝允）[②]侯爵前往英国，就日本目前遇到的问题，听取斯宾塞（Herbert Spencer）[③]的意见。经 81
过漫长的交谈，斯宾塞写了意见寄致伊藤。关于等级制，斯宾塞写道，日本在其传统习俗中有一个无与伦比的、国民福利的基础，应当加以维护、培育。他说，对长辈的传统义务，尤其是对天皇的传统义务，是日本的一大优点。日本将在“长辈”的领导下稳步前进，并可克服很多个人主义国家中无法避免的种种困难。[④]这封信肯定了明治政治家们的信念，他们对此十分满意。他们力图在现代世界中保持日本那种“适得其所”的优点。他们不想破坏等级制习惯。

① 伊藤博文（1841—1909 年）：长州藩“足轻”（步卒）出身。1863 年潜赴英国，旋归国参加倒幕，任“奇兵队”力士队长。新政府成立后迅速擢升，担任中枢要职。1871 年任“岩仓具视使节团”副使赴欧美考察。后主持制宪。1885 年后任枢密院议长、帝国议会议长、内阁总理大臣等。1906 年任朝鲜统监。1909 年被朝鲜爱国志士刺杀。——译者

② 伊藤博文一行赴欧是在 1882 年。在此五年前，1877 年，木户孝允已死，因此，木户不可能承担此任。这里当系金子坚太郎男爵之误。金子奉伊藤之命，率随员中桥德五郎、木内重四郎、水上浩躬、太田奉三郎等，于 1889 年携英文本日本宪法前往欧洲，征求专家意见，并会见了斯宾塞。见金子坚太郎：《帝国宪法之由来》（收入国家学会编：《明治宪政经济史论》，大正八年刊），第 40 页。——日译者

③ 斯宾塞（1820—1903 年）：英国著名进化论社会学家，所著《社会学原理》，中译文由严复译出，名为《群学肄言》。——译者

④ 斯宾塞这封信，在小泉八云（Lafcadio Hearn）所著 *Japan: An Attempt of Interpretation*（《试说日本》）中曾引用。——日译者
Lafcadio Hearn：即小泉八云。见本书第 327 页注。——译者

赫伯特·斯宾塞（1820—1903年）

不论是政治、宗教或经济，明治政治家们在各个活动领域中都明确规定国家和人民之间“各安其分”的义务。其整个安排与美国、英国截然不同，以致我们经常会忽视最基本的要点。当然，上面有强有力的统治，无须服从公众舆论的指挥。政府掌握在等级制上层人物手中，绝不包括选举产生的人物。在这一阶层中，人民没有丝毫发言权。在1940年，政府最高层的组成者都是一些可以随时“谒见”天皇的重臣、天皇身边的顾问，以及以天皇御玺任命的官员，后者包括阁僚、府县知事、法官、各局长官及其他高官。由选举产生的官员是无法达到等级制中
82 这样高的地位的。由选举产生的议员，对遴选、任命内阁成员及大藏省或运输省局长就更说不上有什么发言权。普选产生的

众议院代表国民的意见，虽然有对政府高官提出质询或批评的某种特权，但对任命、决策或预算等则没有丝毫真正的发言权。也没有法律的创议制。众议院还受到由不经选举产生的贵族院的制约；贵族院议员中贵族占半数，另有四分之一由天皇敕选。贵族院对法律的批准权与众议院几乎相等，这就又规定了一种等级性的控制。

帝国议会贵族院图（绘制：丰原周延）

这样就保证日本政府中的高级职位都掌握在“阁下”们手中。但是，这绝不意味着日本在“各安其分”的体制下没有自治。在所有亚洲国家中，不管在何种政治体制下，上面的权力总在向下伸展，而在中途与下面的地方自治权碰上。不同国家之间的差异则在于民主范围达到什么程度，负多少责任，地方的领导是否能对整个地方共同体负责，或者会不会被地方势力所垄断以致损害公众利益。德川时代的日本就像中国一样，最小的单位约五至十户，后来被称作“邻组”[①]，这是居民中最小的责任单位。这一“邻组”的组长，对组内事情有领导权，保证组
83 内成员行为端正，遇有可疑行为必须报告，发现在逃犯则要交给政府。明治政治家们最初废除了这一套，但后来又恢复并称之为“邻组”。在市镇中，政府有时积极培植“邻组”，但在今日农村中则几乎已经不起什么作用。[②]较之更为重要的单位是“部落”[③]。部落既没有被废除，也没有被作为一个行政单位编入政府体系。它是国家权力尚未涉及的领域。这种由十五户左右的人家组成的部落，直至今日，每年更换部落长，仍在发挥着组织的机能。部落长的任务是：“管理部落的财产；监督部落对遇丧或遭受火灾的家庭给予援助；安排耕作、盖房、修路等公共作业的适当日程，遇有火警则负责振铃；休息日则敲钟击梆，以示通告。”[④]日本的部落长，与其他亚洲国家不一样，不负责征收其共同体的国家赋税。因此，他们不必肩此重负。他们所处的地位也没有什么矛盾，是在民主责任范围内起作用。

① 德川时代称“五人组”。——译者

② 著者此语不确。战时日本法西斯统治者利用邻组、村会、町会对居民控制很严。经常开会，甚至要求会前宣读“宣战”大诏，遥拜皇宫。——译者

③ 部落：贱民及其后裔集中居住的村落。明治维新后，“贱民”的身份虽在法律上被废除，但其后裔（“部落民”、“特殊部落”）仍遭歧视。——译者

④ John F. Embree, *The Japanese Nation*（约翰·恩布里:《日本民族》），第 88 页。

近代日本行政机构正式承认市、町、村的地方行政。[①] 由公选的“长者”们推选一位头头，代表本地区与代表国家的中央政府或府县公署交涉办事。在农村，这个头头常常是一位老居民，一位拥有土地的农民家族中的成员。当了村长后，经济上多少要受些损失，却相当有权势。他与长者们共同负责管理 84 村里的财政、公共卫生、学校，特别是财产登记和了解每个人的情况。村公所是个相当繁忙的地方，它负责管理国家拨来的小学教育补助费，征集由本村负担、数额远比国家补助费要大的教育经费并监督其开支，管理村落共有财产及其租赁、土壤改良和植树造林，以及登记一切财产买卖，而财产买卖也必须在村公所正式登记后才算合法。村公所要求本村每个居民必须及时登记其住址、婚姻、子女出生、过继和收养、前科以及其他资料。对于每户家庭，也都要保管同样的材料。任何地方都可以把此类材料从该地提供给那个人的原籍村公所并记入他的册籍。一个人在申请就业或接受审判，或因其他需要证明其身份时，他必须给他的原籍市、町、村公所写信，或者自己亲自回去，取得一份本人材料的副本，交给有关方面。所以人们是绝不轻易冒险给自己或家庭留下不好的记录的。

因此，市、町、村负有巨大责任。这是一种共同体的责任。1920 年代，日本出现了全国性政党。这在任何国家都意味着会

① 市町村制：町，相当于“镇”“街”。——译者

有“执政党”与“在野党”的交替。但即使在这种情况下，地方行政机构却丝毫不受影响，仍然由“长者”们领导，为共同
85 体服务。不过，地方行政机构在以下三个方面没有自治权。这就是：一切法官均由国家任命，警官和教员都是国家雇用人员。由于日本的民事诉讼几乎一直是通过调停或仲裁来解决的，所以法院在地方行政中几乎不起什么作用。倒是警官更重要一些，每逢有临时集会，他们必须到场。但是，这种任务是不常有的，多数时间用在记录有关居民身份和财产上。政府常常把警官从一处调到另一处，以保持其局外人地位，避免地区性联系。学校的教员也常有调动。国家对学校的规定十分严密。日本和法国一样，每个学校在同一天都用同样的教科书，上同样的课。每个学校每天早晨都在同一时间，在同样的广播伴奏下，做着同样的早操。市、町、村共同体对学校、警察和法院，不能行使自治权。

上述的日本政府机构，几乎没有一点不与美国政府机构大相径庭。在美国政府机构中，大选中选出来的人持有最高的行政、立法权，地方的管理则由在地方指挥下的警察和法院来执行。然而，日本的政府机构在形式上与荷兰、比利时等西欧国家丝毫没有两样。例如，荷兰就与日本一样，一切法律都由女王的内阁负责起草，国会实际上从未制定过法律。甚至町、市长在法律上也规定由女王来任免，因此女王在形式上的权力之
86 广泛，直达地方事务，超过1940年以前的日本。虽然女王实

际上总是认可地方的提名，但必须女王任命则是事实。警察和法院直接对君主负责，这在荷兰也是如此。但是，在荷兰，任何宗派团体都可以自由创办学校。而日本的学校制度则几乎全部照抄法国。运河的开凿、围海造田及地方开发事业，在荷兰大体皆是地方自治体的任务，而不是政治选举产生的市长或官员们的任务。

日本政府机构和西欧各国之间的上述真正差异，并不在于形式，而在于其职能。日本人依靠古老的恭顺习惯，这是在过去的经验中熔铸，并以道德体系和礼仪来体现的。依靠这套习惯，国家可以指望，只要那些“阁下”们在其位、谋其政，他们的特权就会得到尊重。这并不是因为他们的政策得到拥护，而是因为在日本，越过特权界限就是错误。在政府的最高层，“人民的舆论”是完全没有地位的。政府只是要求“国民支持”。当国家的权限越过自己的范围而干涉地方事务时，其裁决也会受到尊重。对于发挥各种内政机能的国家政府，美国人感到是一种少不了的孽障。日本人则不然，在他们眼里，国家是近乎至善的。

不但如此，政府还十分注意承认国民意志的“适得其所”。在合法的公众舆论领域，即使是为了国民自身的利益，日本政府还是努力恳求人民同意。这样说绝非过分。比如，负责振兴农业的官员在改良旧式农耕法时，恰如美国爱达荷州的同行们 87
一样，很少使用权力来硬性推广。在鼓励建立由国家担保的农民信用合作社、农民供销合作社时，政府官员总是要和地方名流多次交谈，并听从他们的决定。地方上的事必须由地方解决。日本人的生活方式是，分别分配适当的权力并规定其行使范围。与西方文化相比，日本人对“上级”更加尊重——从而也给他们以较大的行动自由，但“上级”也必须严守自己的本分。日本人的格言是：“万物各得其所，各安其分。”

与政治相比，明治政治家在宗教领域中制定了更为离奇的制度。当然，他们仍然是实践日本人那条格言。国家把一种宗教置于管辖之下，奉之为民族统一与优越性的特殊象征，其他信仰则听凭个人自由。这种受到国家管理的宗教，就是国家神道。由于它被视为民族象征而赋予特殊尊敬，就像在美国之尊敬国旗一样。因此，他们说国家神道不是宗教。所以，日本政府可以要求全体国民信奉国家神道，却并不认为违反西方的宗教信仰自由原则。就好像美国政府要求人们对星条旗敬礼一样。这只不过是忠诚的象征。因为“不是宗教”，日本可以在学校里教神道而无须担心西方的非难。在学校里，国家神道成了神代①以来的诸神和“万世一系”的历代天皇统治的崇拜。国家神道受国家支持、国家管理。而对其他宗教信仰，佛教、基督教固不用说，甚至其他教派的神道或祭祀

① 神代：诸神统治的神话时代。在日本，指神武天皇即位以前的时代。神武天皇，传说中的日本第一代天皇，于公元前 660 年即位。——译者

神道，也都听任个人意愿，几乎和美国一样。这两种不同领域甚至在行政上和财政上都是分开的：国家神道受内务省神祇局管理，它的神官、祭祀、神社等费用均由国库开支；一般祭祀神道以及佛教、基督教各派则由文部省宗教局管理，其经费靠教徒自愿捐赠。 88

由于日本政府对这个问题的上述正式立场，人们虽不能说国家神道是庞大的“国教会”，但至少可以说它是庞大的机关。11 万多座神社遍布各地，从祭祀天照大神[①]的伊势大神宫直到特别祭典时司祭神官才进行清扫的地方小神社。神官系统的全国性等级制与政府系统并列，从最低层的神官到各郡、市和府、县的神官，直到最高层被尊为“阁下”的神祇官。这些神官，与其说他们是领导民众进行祭祀，不如说他们是替民众举行仪式。国家神道和我们平常到教堂去做礼拜毫不相似。因为它不是宗教，法律禁止国家神道的神官宣讲教义，也就不可能有西方人所了解的那种礼拜仪式之类。代之而行的则是，在频繁的祭祀日里，町、村代表参拜神社，立在神官面前。神官举起一根扎着麻绳和纸条的“币帛”，在他们头上来回挥动，为他们

① 天照大神：日本神话说，混沌之初，有伊邪那岐命（男）和伊邪那美命（女）两位大神，创造日本列岛，又结合而生诸神。最后生“三贵子”：天照大御神（治理高天原）、月渎命（治理夜之国）、速须佐之男命（治理海原）。“伊邪那”，意思是“招”、“引”。“岐”、“美”，是性别的美称。命，即“尊”。——译者

供奉天照大神的伊势神宫正门

伊势神宫

祛邪。然后，神官再打开神龛的内门，扯开嗓子尖声呼叫，召唤众神降临，享用供品。神官祈祷，参拜者们按身份排列，毕 89
恭毕敬地供上自古至今视为神圣的小树枝，树枝上垂着几根细长的纸条。然后，神官再度尖声喊叫，送回众神，关闭神龛内门。在国家神道的大祭祀日里，天皇要亲自为国民致祭，政府各部门放假休息。但这种祭祀日与地方神社的祭祀日、佛教的祭祀日不一样，不是群众的祭祀节日。后者属于“自由”领域，不在国家神道范畴之内。

在这一“自由”领域，日本人进行各种符合自己心意的教派和祭祀活动。佛教非常活跃，至今仍是绝大多数民众的宗教，各种宗派有不同的教义和开山祖师。即便是神道，在国家神道之外，也有不少教派。其中有些教派早在20世纪30年代政府推行国家主义以前，已经成为纯国家主义的堡垒。另有一些教派是一种精神治疗，常被比作“基督教科学”。有的信奉儒家教义，有的则专门从事神灵显圣和参拜圣山神社活动。老百姓的祭祀节日多数不属于国家神道。在这种节日里，老百姓涌至神社，每个人都漱口祛邪，拽绳、打铃、击掌，召唤神灵降临。接着，他们恭恭敬敬地行礼，礼毕再次拽绳、打铃、击掌，送回神灵。然后，离开神社殿前，开始这一天的主要活动，就是在神社院子里小摊贩上购买珍品玩物，看相扑、祓术[1]以及有 90

① 相扑：角力，摔跤。祓术：降魔、驱妖之术。——译者

小丑插科打诨逗笑的神乐舞。有位曾在日本居住过的英国人，说他每逢日本祭祀节日就不免要想起威廉·布雷克的一节诗[①]：

> 如果教堂给我们几杯啤酒，
> 和那温暖我们灵魂的欢乐之火，
> 我们将会终日唱诗祈祷，
> 绝不会想离经叛教。

除了极少数专门献身宗教的人以外，宗教在日本绝不会使人感到严峻。日本人还喜欢远途朝山拜庙，这也是愉快的休假。

明治政治家就是这样谨慎地划定国家在政治中的权能范围和国家神道在宗教中的职能范围。至于其他领域，他们都交给人民，但对认为与国家直接有关的事，作为新等级制的最高官员，他们则保证加以控制。在创建陆海军时，他们也有类似的问题。像其他领域一样，他们在军队中也废除了旧式的等级制，而且比在老百姓中废除得更彻底。他们甚至在军队中废除了日本式的敬语，[②]虽然实际上保留了某些旧习。军队职阶的晋升不

---

① 出自 *Songs of Experience*（《经验之歌》）组诗中“The Little Vagaband”（“小流浪汉”）中的一节。——日译者

② 著者此语不确。战前日本“皇军”并未废除敬语，只不过为避免烦琐复杂，另作规定。《军队内务条令》规定：军人“起居、容貌及语言等须与军事操练相吻合”。由此形成军队特有的语言。著者对“皇军”中“民主”、“平等”的叙述也与实际不符。——译者

是看家庭出身，而是凭个人的能力，其实行的彻底是其他领域少见的。唯其如此，军队在日本人中声誉很高，而且显然当之无愧。这确实是新军队赢得民众支持的最好办法。加之，排、连单位大多由同一地区的乡邻编成，和平时期服兵役大都离家 91
不远，这不仅意味着士兵与地方上保持联系，而且每个人在军队服役的两年期间，军官和士兵、老兵和新兵的关系，代替了武士与农民、财主与穷人的关系。军队在许多方面起到促进民主的作用，在许多方面是真正的人民军队。在大多数其他国家中，军队都被作为赖以维持现状的巨大力量。日本则不一样，军队非常同情小农阶级，这种同情曾一再激起军队向大金融资本家及企业家抗议。

对于建立起这样一支人民军队的一切后果，日本政治家并不见得赞成。他们并不认为在这种层次确保军队在等级制中的最高地位是适当的。但他们在最高层采取了措施。这些措施并没有写入宪法，却保留了军部首脑对政府保持独立性的公认惯例。比如，陆海军大臣与外务省及内政各省大臣不同，有权直接谒见天皇从而能够以天皇的名义强制推行他们的措施，无须向文官内阁成员通报或协商。他们还可以阻止自己不信任的内阁的成立，其办法只需拒绝委派陆海军将领入阁即可。没有高级现役军官担任陆海军大臣，任何内阁都无法组成，因为文官 92
或退役军官是不能担任此职的。同样，对于内阁的任何行动，军部如果不满，只需召回他们在内阁中的代表就可以迫使内阁解体。在这个最高决策阶层，军部首脑绝不容许任何人干涉。如果还需要进一步的保证，那么宪法中有一条规定：如果帝国议会否决政府所提的预算草案，政府将自动执行前一年度的预算。尽管外务省做了保证，关东军仍然武装占领了满洲，这只是军部首脑趁内阁意见不一致、决策未定之机，支持当地司令官的一个例子。对于军部，也像在其他领域一样，凡属有关等级特权，日本人都倾向于接受一切后果，这并不是由于他们同意该项政策，而是由于他们在特权问题上不赞成逾越界限。

“三菱”创始人岩崎弥太郎

在工业发展方面，日本所走的是一条与任何西方国家都不可比拟的道路。这里也是由“阁下”们安排步骤，制定准则。他们不仅制订计划，而且由政府创办并用财政补助他们认为需要的企业。这些企业由政府官僚组织、管理。他们聘请了外国技术专家，并派人出国学习。而当这些企业，如他们所说，“已经组织完备，业务发达”之时，政府就把它们卖给私人公司。这些官办企业逐渐以“低廉得荒谬的价格”[①]，卖给那些经过挑 93
选的金融巨子，即以三井、三菱两家为中心的著名财阀。[②]日本政治家认为，工业发展是攸关日本民族存亡的大事，不能相信供求法则和自由企业。但这一政策又绝不是来自社会主义的教条。获得厚利的正是那些财团。日本所完成的，是以最小的失败和浪费来建立它最需要的企业。

① 诺曼：《日本近代国家的诞生》，第 131 页。此处讨论以诺曼富于启发性的分析为基础。

② 出售官营企业：除资源和盈利特别丰厚的高岛、三池两座煤矿售价高于投资外，24 个官营企业中的 20 个企业投资 1400 多万日元，售价 450 多万日元。——译者

三井家：江户时代特权大商人（“豪商”），经营“吴服”起家，扩及汇兑、高利贷，持续二百多年。明治维新时期支持天皇军倒幕，成为新政府的财政支持者，发展为“政商”、大财阀。——译者

三菱：创始人岩崎弥太郎（1834—1885 年）。1870 年代在当权者支持下成立三菱商会、三菱汽船公司，在侵台战争、西南战争等承包军事运输供应，成为“政商”，又扩及金融、重工业，成为与三井齐名的大财阀。——译者

通过这些办法，日本修改了“资本主义生产阶段的出发点和正常顺序”。①它不是从生产消费品和轻工业起步，而是一开始就兴办关键性的重工业。兵工厂、造船厂、炼钢厂、铁路建设等都被赋予优先权，飞速达到了高水平的技术和效率。当然，这些企业并没有全部转让给民间财阀，庞大的军事企业仍然掌握在政府官僚手中，并接受政府的特别财政补助。

在政府给予优先权的产业领域内，小工商业者和非官僚经营者是没有他们的“应有地位”的。只有国家和受国家信任而在政治上享有特权的大财阀，才能在这个领域活动。但正如日本生活的其他领域一样，产业界也有自由领域。那就是用最少的资本并且最大限度地利用廉价劳动力来经营的各种“剩余”
94 产业。这些轻工业没有现代技术也能生存，今日仍然存在。它们在美国人习称的“家庭血汗工厂”中活动。一个小本制造商买进原料后，先贷给一个家庭工厂或只有四五个工人的小工厂加工，收取产品后再贷出原料、收取产品，如此几经反复，最后把产品卖给一般商人或出口商。在 20 世纪 30 年代，日本工业雇佣人员中有百分之五十三以上是在这种职工不超过五名的小工厂或家庭工厂里工作的。②这些职工大多受到古老的学徒

① 诺曼：《日本近代国家的诞生》，第 125 页。（中译引文采自该书中译本第 126 页。——译者）

② 据 Miriam S. Farley, *Pigmy Factories*（《侏儒工厂》）一书所引上田教授的估计。载 Far Eastern Survey, VI（1937），第 2 页。

制中家长式庇护，在大城市的许多家庭中，还可以看到不少身背婴儿的母亲在干计件零活。

在日本生活方式中，工业的双重性与在政治宗教领域中的双重性一样，都具有重大意义。这就仿佛是，当日本政治家决定需要有一个与其他领域中的等级制相匹敌的财界贵族制时，他就为他们创办一批战略性企业，挑选一批在政治上有特权的商人家族，使他们与其他等级建立联系，获得“适当地位”。在日本政治家们的计划中，从来没有想要削弱政府与这些在保护政策下获利的财界寡头的联系，不仅给他们利润，而且给他们很好的地位。从日本人传统的对金钱和利润的态度来说，财界贵族难免不受民众的攻击，政府则尽量努力按照公认 95
的等级制观念来扶植这些贵族。不过，这种努力并未完全成功。因为财阀仍不断受到所谓少壮派军官团体和农村方面的攻击。但是事实的真相仍然是，日本舆论攻击的矛头所向并不是财阀，而是“成金”[①]大户。所谓“成金”，常被译作“暴发户”（nouveau riche），但这个词并未能准确表达日本人的感情。在美国，“nouveau richc”的含义严格说来是“新来者”（newcomers）的意思。他们之所以会遭人嘲笑，是因为他们不善交际，还没

① 成金：日本将棋中，步卒进入对方阵地就翻个身，成为“金将”，叫作“成金”。类似中国象棋的“过河卒子强当车”。此处比喻暴发致富。如“船成金”、“铁成金”（以船、铁暴富）等。——译者

有修养。然而，他们这种缺点却被感动人心的致富抵消了。他们从破木屋中起家，从骡前马后变成累资巨万的油田巨子。但在日本，“成金”一词来自将棋，意思是一个步卒突然变成了女王。它像“名士”一样横冲直撞，神气十足，但在等级制上，它根本无此权利。人们都认为“成金”是靠诈骗、剥削致富的，对“成金”者极尽指责，与美国人对“白手起家者”的态度，简直相距霄壤。日本在等级制中对巨富授予应有的地位，并与之建立联盟。但如果这种财富不是在这一领域中获得的话，日本的公共舆论就会猛烈攻击。

总之，日本人在构筑世界秩序时，经常考虑到等级制。在家庭以及人际关系中，年龄、辈分、性别、阶级决定着适当的行为。在政治、宗教、军队、产业等各个领域中，都有十分周到的等级划分，无论是上层还是下层，一逾越其特权范围，必
96 将受惩罚。只要“各得其所，各安其分”得以维持，日本人就会毫无不满地生活下去。他们就感到安全。当然，在最高幸福受保护这个含义上，他们也时常不“安全”。他们感到“安全”是由于视等级制为合法。这是日本人人生观的特征，正如对平等与自由企业的信赖是美国人生活方式的特征一样。

但是，当日本人要把这种“安全”的公式向外输出时，就遭到惩罚了。等级制与日本国内老百姓的思想很吻合，因为等级制培育了那种思想。在那个世界里，人们的野心只能是那种世界所能塑造的野心。但是，等级制绝不是能输出的玩意。那

些大言不惭的主张，在别的国家看来，实在是狂妄至极，甚至比狂妄还要恶劣，以至万分愤慨。而日军官兵到了各个占领国，看到当地居民根本不欢迎他们时，一直十分吃惊。日本不是给了他们一个地位了吗？尽管很低，但总是整个等级制中的一个地位嘛；等级制，对低层的人来讲，不也是很理想吗？于是，日本军事部门接连拍摄了几部战争中的影片，描写中国人对日本人的“爱情”。比如，痛苦绝望、自暴自弃的中国姑娘与日本士兵或日本工程师相爱，找到了幸福等。这类电影和日本人纳粹式的征服行动实在是距离太远，只能是无用的。他们不能用自己的标准来要求别的国家。他们的错误就在于他们认为能够如此。他们没有认识到，他们自己心甘情愿地满足于“各安其分”的日本道德体系是不能指望别的国家接受的。其他国家并没有这种道德体系。它是地道的日本产品。日本的作家们把 97
这种伦理体系视为当然，因而不加论述。然而，要了解日本人则必须先从论述这种伦理体系入手。

98

第五章　历史和社会的负恩者

在英语中，我们常说我们是“heirs of the ages”（历史的继承者）。两次世界大战和严重的经济危机，多多少少减弱了讲这句话时的自信。但这种变化并没有增加我们对过去的负债感。东方各民族的观点则与此相反，总自认是历史的负恩债者。他们那些西方人称之为崇拜祖先的行为中，其实很大部分并不是真正的崇拜，也不完全是对其祖先，而是一种仪式，表示人们承认对过去的一切欠有巨大的恩债。不仅如此，所欠的恩债不仅是对过去，而且在当前，在每天与别人的接触中增加所欠的恩债。他们的日常意志和行为都必须发自这种负债感。西方人极端轻视对社会欠债，尽管社会给他们以很好的照顾、教育、幸福生活，包括他们的降临人世。因此，日本人总感到我们的动机不纯正。在日本，品德高尚的人不像我们美国，他们绝不说不欠任何人的恩情。他们绝不轻视过去。在日本，所谓“义”
99 就是确认自己在各人相互有恩的巨大网络中所处的地位，既包括对祖先，也包括对同时代的人。

东西方之间如此巨大的差异，讲起来十分简单，但是要想了解这种差异在实际生活中所造成的后果就很困难了。我们却必须了解这种差异在日本的情况，否则既无法理解我们熟知的日本人在战争中那种极端自我牺牲精神，也无法了解日本人那种在我们看来毫无必要的易怒态度。欠债使人非常容易动怒，日本人证明了这一点。它也使日本人肩负巨大的责任。

中文和日文当中都有许多词汇表示英语中的“obligation”（义务）。这些词汇不是同义词，其特殊含义也无法译成英文，因为它们所表达的观念对我们是陌生的。日文中相当于“obligation”，表示一个人所负的债务或恩情的词，从最大到最小，都称作“恩”。其用法，可译成一连串英文，从“obligation”（义务）、“loyalty”（忠诚）直到“kindness”（关切）、“love”（爱），但这些词都不免歪曲了原意。如果“恩”的含义确实是“爱”或甚至是“义务”，那么日本人也可以说“受孩子的恩”，但这种用法在日本根本是不可能的。“恩”也不意味着忠诚。在日文中，忠诚是用其他词来表示的，那些词绝不是“恩”的同义词。“恩”这个词有许多用法，其中有一个意思是共通的，就是承受的负担、债务、重负。一个人接受上辈、上级的恩，如果不是从上辈、上级或者至少是从同辈受恩，那就使接受者有一种不快的自卑感。日本人说“我受某人之恩”，就等于说“我 100
对某人负有义务”，并且把这位债主、施恩者称作“恩人”。

八公义犬像

“不忘记恩”，也可以是一种真诚相待的流露。日本小学二年级教科书中，有一个小故事，题目叫“不忘记恩”[1]，就是这个意思。这是少年修身课教材中的一段故事：

哈齐是一条可爱的小狗。它出生不久，就被一个陌生人带走了。它在那个人家里像小孩一样受到疼爱。因此，它那弱小的身体也强壮了起来。主人每天早晨上班时，它总陪送到车站，傍晚下班回家时，它又去车站迎接。

不久主人去世了。哈齐也许不知道，它每天都在寻找主人。照例到那个车站，每当电车到站，它就注视人群中

① 指“八公义犬”故事，出自秋田县，据说此义犬被批准埋在车站前并竖碑立像。“哈齐”（はち，义为“八”。一胎生八狗，此狗第八）。——译者

有没有它的主人。

岁月就这样流逝，一年过去了，两年过去了，三年过去了，甚至十年过去了，但仍然可以看到那已经长大、衰老的哈齐，每天在车站前寻找着它的主人。[①]

这个短故事的道德含义就是：爱的别名正是忠诚。一个孝顺母亲的儿子可以说是不忘母恩，也就是说他对自己的母亲怀有像哈齐对主人那种的赤诚。“恩”这个词不单纯指他对母亲的爱，而是指他对母亲所欠的一切，包括襁褓时期母亲的哺育照顾，孩提时期母亲所做的牺牲以及成年后母亲为他所做的一切，总之，包括母亲在世时他对她所负的一切恩债。“恩”也意味着对所欠恩债的回报，从而就有爱的意思，但其本义是负债。我们美国人则认为爱是不受义务的约束，而是自由给予的。 101

恩，在用之于第一位和最大的恩债，亦即“皇恩”时，是在无限忠诚的意义上使用的。这是对天皇的恩债，每个人必须以无比感激的心情来恭受。他们认为，自己有幸生在这个国家，安居乐业，万事称心，就不能不想到天皇所赐的恩典。在整个日本历史上，一个人一生中的最大恩主就是他那个生活圈内的最高上级。这个人物随着时代而变化，曾经是各地的地头[②]、封

① 寻常小学校用修身课本第 2 册，昭和十年十二月发行。——日译者
② 地头：封建时代为领主管理庄园的家臣。——译者

建领主或将军，现在则是天皇。最重要的，似乎还不在于谁是最高上级，而在于几百年来“不忘记恩”这种习性在日本人习性中占有最高地位。近代日本用尽一切手段使这种感情集中于天皇一身。日本人对自己生活方式的一切偏爱都增加了对“皇恩”的感情。战争时期，以天皇名义发给前线部队的每一支香烟都强调每个士兵所领受的“皇恩”。出征前士兵所领的每一口酒就更加是一种“皇恩”。他们说，神风队员自杀式的攻击就是报答皇恩。为守卫太平洋上某些岛屿而全部“玉碎”（全体战死或自杀）也被说成是在报答浩荡无际的皇恩。

人们也从身份比天皇低的人那里受恩。当然也接受了父母
102 之恩。这正是使父母有权支配子女的、东方著名的孝道的基础。其说法也是讲孩子对父母欠有恩债，必须努力偿还。因此，子女必须竭力服从父母，而不是像德国那样（德国也是一个父母对子女拥有权力的国家），家长必须尽力迫使子女服从。日本人对这一东方式孝道的解释是非常现实主义的。对于父母的恩，他们有这么一句谚语，大意是“养儿方知父母恩”，意思是：“自己成了父母，才知道欠父母多少恩债”，亦即双亲之恩是实实在在的，是每日每天对儿女的照顾和操劳。日本人的祖先崇拜只限于父辈及尚在记忆中的祖辈。这就更使日本人重视那些年幼时实际照料过自己的人。当然，无论在哪种文化中，人都有一个离不开双亲照料的幼年，必须由父母供给衣、食、住，才能长大成人，这是千真万确的。日本人深感美国人轻视了这一

点。就像有位作者所说："在美国，牢记父母之恩就是要对父母好，如是而已。"当然，没有人能让孩子背上"恩"，但是，对孩子的悉心照料乃是对自己孩提时代所受父母恩债的一种回报。人们像父母当年那样照顾自己的孩子，甚至照顾得比那更好，这就部分地报答了父母之恩，对孩子的义务只不过从属于"父母之恩"。

日本人对老师、主人负有特殊之恩。他们都是帮助自己成 103
长起来的人。他们对自己有恩，将来也可能在他们有困难时要答应他们的请求，或者对他们身后的亲属给予特别照顾。人们必须不遗余力地履行这种义务，而且这种恩债并不随着时间而减轻，甚至时间越久越重，像是形成一种利息。受一个人的恩，这是一件大事，就像日本人常说的："难以报恩于万一"。这是一个重负，"恩的力量"，这句话通常被认为是超过本人意愿的正当权利。

上述恩债的伦理原则的顺利运用，全靠每个人都能把自己看作巨大的负恩债者，自觉履行义务而无怨言。前面，我们已经了解到，日本的等级制是怎样彻底组织起来的。伴随着等级制，并被认真遵守的那些习惯，使日本人高度重视道德上的恩债，以至西方人无法想象。如果把上级看成是善人，这是比较容易做到的。日语中"爱"这个词很有意思，它证明上级确实被认为是"爱"其下属的。日语中的"爱"，相当于"love"。在 19 世纪，传教士在翻译基督教中的"love"时，认为日语中

唯一能表达此意的，只有“爱”这个词。他们在翻译《圣经》时，用了这个词表达上帝对人类的爱以及人类对上帝的爱。但是，
104 “爱”这个词在日文中特指上级对下属的“爱”。西方人也许会觉得这种“爱”其实是“庇护”（paternalism）之意，但在日语中，它的意思则不仅是“庇护”，而是一种亲爱之情。在现代日本，“爱”这个词在严格的意义上，仍然用于对下级，但也许由于基督教用语的影响，更由于官方努力打破等级界限，这个词现在也用于同辈之间。

尽管文化的特殊性使日本人易于接受背负恩债，但在日本，乐于受恩仍非寻常。他们不喜欢随便受恩而背上人情债。他们常常谈及“使人受恩”，译成英文，最接近的词句是“imposing upon another”。但在美国，“imposing”含有强求别人的意思。而在日本，“让人受恩”则表示给别人一些东西或者帮别人的忙。对日本人来讲，猝然受到生疏者的恩惠是最讨厌的事。因为他们知道，在与近邻和老等级关系打交道中，受“恩”所带来的麻烦。如果对方只是一个熟人或与自己接近的同辈，他们会对此不高兴。他们宁愿避免卷入“恩”所带来的麻烦。日本人对大街上发生的事故一般不大理睬，并不只是因为缺乏主动性，而是因为他们认为，除了官方警察以外，任何人随便插手都会使对方背上恩情。明治维新以前，有一条人人熟知的法令：“遇有争端，无关者不得干预。”在这种情况下，如果不是有明确的职责而出面帮助，会遭人怀疑是不是想从中捞点什么好

处。既然知道帮助别人会使当事人感到“受恩”，人们便都不积极乘机插手，反而慎重对待。对于卷入“恩”，日本人是十分小心的。哪怕是一支烟，如果与递烟的人过去并无交往，那就会感到不舒服。在这种情况下，表示谢意的最礼貌的说法是：“真过意不去”（日语是“気の毒”，原意是为难的感情、难受之情）。有一个日本人向我解释说：“在这样的情况下，直截了当地表示你感到为难还要好受一些。因为你从来未想到要为对方做什么事，因此对受恩感到羞耻。”因此，“真过意不去”（気の毒）。“気の毒”这句话有时译作“Thank you”（谢谢。谢谢您的烟），有时又译作“I am sorry”（很抱歉，很遗憾），或者译作“I feel like a heel”（我感到实在不好意思）。这些意思都有，但又都不贴切。

日语中有很多类似“Thank you”的说法，表达受恩时的不安心情。其中含义最清楚，并被现代都市大百货公司采用的是“谢谢”（ありがとう，有難う），其本意是“这可太难得了”（Oh, this difficult thing）。日本人常说的这句话在这里是说，顾客上门购货，给商店带来了巨大而难得的恩惠，是一种恭维之词。在接受别人礼物及许多其他场合中也都使用。另有几种一般表示感谢的词句，则像“気の毒”（真过意不去）一样，是表示受恩惠时的为难心情。小店主经常挂在嘴上的是“すみません，済みません”。这个词（すみません）的本意是：“这怎么得了呢？”即“我受了您的恩。但在目前经济安排下，我永远无法

106 偿还，感到非常遗憾”。这个词在英语中被译成“Thank you”（谢谢）、“I' m grateful”（十分感激）或“I' m sorry”（对不起）、“I apologize”（很抱歉）。譬如在大街上，一阵风吹走你的帽子，别人给你捡了回来，在这种场合用这句话最合适。当那人把帽子给你时，作为礼节，你在接帽子时应当表示自己内心的不安：“这个陌生人现在施恩于我，我却无以报答，深感内疚。我只有道歉，才能稍许好受一些。‘すみません’（这如何得了）也许是日本道谢语中最普通的。说这句话就是承认：‘我受了他的恩，接过帽子并不能结束此恩，但我却没办法，因为我俩是萍水相逢。’”

在日本人看来，还有一个更强烈表示负恩心情的词，就是“かたじけない”（诚惶诚恐）。这个词的汉字写作“辱ない”“忝ない”[①]，兼有“受辱”与“感激”两层意思。日文辞典解释这个词时说：你受到了特别的恩惠，因而感到羞愧和耻辱，因为你不配接受如此之恩，因而你用这个词表示你受恩时的羞愧感。而羞愧（耻），如同我们下一章要讲的，日本人对此极为敏感。日本的老派店员在向顾客道谢时，仍使用“かたじけない”（诚惶诚恐），顾客买货要求赊账时也说“かたじけない”。这个词在明治以前的小说中，是经常出现的。身

① “忝”“辱”来自古代汉文，乃受恩者自谦，如“辱蒙关照”、“愧不敢当”；“忝在同僚”之类。——译者

份低的小姑娘被领主选中为妾时要向领主说“かたじけない”（诚惶诚恐），意思是说：“我十分羞愧，配不上受此恩宠，对您的仁慈，我感到受宠若惊。”同样，因决斗被当局赦免无罪 107
的武士，也要说“かたじけない”，表示“我蒙受如此大恩，简直没脸见人。我不应该如此自作自践，我万分后悔，向您表示深切的谢意”。

上述各种说法雄辩地说明了“恩的力量”，比任何其他概括或总结都要好。人们在受恩时常怀矛盾情绪。在公认的社会人际关系中，“恩”所内含的巨大债感推动着每个日本人竭尽全力以偿还恩债。但是，恩债感又是很难受的，因而也很容易产生反感。对于这种反感，日本最著名的作家夏目漱石[①]在其名著《哥儿》这本小说中做了生动的描述。小说的主人公幼年是在东京长大的，起初在一个小镇上当教员，很快就感到自己的同事大多平庸之辈，实在合不来。但其中有位年轻教师和哥儿的关系还不错，他戏称这位新朋友为“豪猪”。有一天，他俩在一起，“豪猪”请他喝了一杯冰水，破费了一钱五厘，约相当于零点二美分。

① 夏目漱石（1867—1916年）：日本著名文学家。原名金之助，号漱石。东京帝国大学英文专业毕业。1900年赴英留学。1903年归国后任大、中学教师并从事创作。主要小说作品有《我是猫》《哥儿》，长篇三部曲《春分之后》《行人》《心》，以及《三四郎》《后来的事》《门》等。另有《伦敦塔》《幻影之盾》《一夜》《文学论》等随笔和文艺论集。有全集。——译者

夏目漱石（1867—1916年）

后来不多几天，有位教师在哥儿面前挑拨，说“豪猪”在背后讲他坏话。哥儿相信了这位搬弄是非者的话，马上想到“豪猪”给的那杯冰水之“恩”：

> 虽然只是一杯冰水，接受这种表里不一的家伙的恩，实在有损我的面子。虽然只是破费了他一钱五厘，但一钱也罢，五厘也罢，接受这种骗子的恩，我死了也于心不安。……受别人之惠，默不作声，就表明我尊重对方，看
> 108 得起他的人品。我喝的那杯冰水，本来自己付钱就可以了，他却硬要争着付，弄得我心里总感到负疚，这可是金钱买不到的。我虽无权无势，却有独立人格。要我低头接受别

人恩情，那就等于要我付一百万元的回敬。

我让“豪猪”破费了一钱五厘，真觉得等于对他回敬了一百万元。

第二天，他把一钱五厘丢到“豪猪”的桌子上。因为，不算清这一杯冰水的恩债，就无法处理这两个人之间的关系，即“豪猪”背地里讲他坏话的问题。也许他们会扭打起来，但必须先把那个“恩”了结，因为那已不是朋友之间的“恩”。

对这些鸡毛蒜皮的小事如此过敏，如此易于受到刺激，在美国只能在染有流氓习气的青少年的犯罪记录或精神病患者的病历中才能找到。但在日本却被视为一种美德。也许日本人认为哥儿那种极端举动，在日本人当中也不是那么多吧。那也不过是多数日本人马马虎虎罢了。日本评论家在谈到“哥儿”时，说他是“一个生性耿直，纯似水晶，为正义而不惜战斗到底的人”。实际上，夏目漱石曾说“哥儿”是他自己的化身，评论家们也常如此公认。这本小说描绘了一个崇高的美德——受人之恩者应把自己的感谢看成具有“百万元”的价值；只有这样想，并且这样行动，才能摆脱负债者的处境。他只能接受“看得起的人”的恩。“哥儿”在愤怒中，把“豪猪”的恩和自己多年所受老奶奶的恩做了比较。这位老奶奶对他十分溺爱，总觉得他家里没有一个人看重他，时常私下给他 109

拿些糖果、彩色铅笔等小礼物。有一次一下子给了他三块钱。“她对我始终如此关怀，使我非常内疚。”当老奶妈将三块钱递给他时，他感到“耻辱”，但却当作借款收了下来。然而几年过去了，仍未归还。那么，为什么没还呢？针对受到“豪猪”恩惠的感受，他自我独白道：“那是因为我把她看成是自己的一部分了。”这一独白有助于我们了解日本人对于恩的反应。也就是说，无论夹杂多么错综复杂的感情，只要“恩人”实际上是自己，也就是在“我的”等级组织中占有某种地位，或者像风刮落帽子、帮人拣起之类自己也能做到的事，或者是崇敬我的人，那就可以心安理得。如果不符合这些条件，“恩”就会成为难堪的苦痛。这种“恩债”，不论多么轻微也要感到难过，这才是正确的态度。

每个日本人都知道，不论任何情况，过重的恩都会惹出麻烦。最近，有本杂志的“答询专栏”就有一个很好的例子。这是《东京精神分析杂志》的专栏，颇像美国杂志上的“失恋者信箱”。下面的一则答询，毫无弗洛伊德的色彩，纯粹是日本式的。有位上了年纪的男性写信咨询：

> 我是一个有三个儿子和一个女儿的父亲。十六年前老伴去世了，为了儿女，我没有续弦。孩子们也把我这一举动看成是一种美德。如今孩子们一个个都结婚成家了。八年前儿子结婚时，我退居到离家二三条街远的一幢房子里。

说来有点不好意思，三年以来，我同一个夜度娘（是被卖到酒吧里当过妓女的）发生了关系。听了她的身世，我十 110 分同情，花了一小笔钱，替她赎了身，将她带回家，教她礼仪，安顿在我家做佣人。那姑娘具有强烈的责任感，而且相当节俭。然而，我的儿子、儿媳、女儿、女婿都为此而看不起我，把我视若外人。当然，我并不责怪他们。这是我的过错。

那姑娘的父母似乎不知道我和姑娘的事，给我来信让我把女儿送还，说她已经到了当嫁之年。我同她父母见了面，说清了情况，她父母虽然贫穷，却并不贪财图利。他们同意她女儿留下来，权当她已死了。那姑娘也愿意守在我身边，直到我去世。但是，我俩年龄相差犹如父女，因此，我也曾想把她送回家。我的儿女们则认为她是看上了我的财产。

我多年生病，恐怕最多也只能再活一二年。我该怎么办？十分希望得到您的指教。最后我要说明一点，那姑娘以前虽一度沦落风尘，但那全是生活所迫。她的品质是纯洁的，她父母也不是唯利是图的人。

负责解答这一问题的医生认为，这是一个明显的例子，即这位老人把对子女的恩看得太重了。他说：

你说的是一件极为常见的事，……

在进入正题之前，请允许我先说一下，从来信看，你好像希望从我这儿得到你所希求的答案，这使我感到有些不愉快。当然，对您长期的独身生活我深表同情。可是，你却想利用这一点让子女们对你感恩戴德，并使自己当前的行为正当化，这我是无法同意的。我并不是
111 说你是个狡猾的人。不过，你是个意志薄弱的人。如果你离不开女人，那么你最好向你的子女们说清楚自己必须和女人共同生活，而不应该让孩子们因你长期独身生活而感到对你欠恩。你过分强调对他们的恩，他们自然会对你有反感。说到底，人的情欲是不会消失的，你也不可避免。但是，人应该战胜情欲。你的孩子们希望你战胜情欲，是因为他们希望你生活得像他们头脑中的理想父亲。然而，他们失望了，我很理解他们的心情，虽然他们是自私的。他们结了婚，在性欲上得到了满足，却拒绝父亲的这种要求。你当然是这样想的，而子女们却有另外的想法（像我前面所说的）。这两种想法是想不到一块的。

你说那姑娘和姑娘的父母都很善良，那只不过是你的一厢情愿。人们都知道，人的善恶是由环境、条件决定的。不能因为他们眼下没有追求好处，就说他们是“善良”的。做父母的会让女儿嫁给一个行将就木的老头当小老婆？那

太愚昧了。如果他们打算嫁女为妾，那一定是想得到一笔好处，你以为不是那样，那完全是你的幻想。

你的子女担心那姑娘的父母在盘算你的财产，我毫不奇怪。我认为确实是这样。姑娘年轻，也许不会有这种念头，但她的父母则一定会有。

你现在有两条路可走：

1 做一个“完人”（毫无私欲而无所不能），彻底同那姑娘一刀两断。这你也许做不到，因为你的感情不会答应。

2“重新做一个凡人”（抛弃一切矫揉造作），粉碎你子女们心目中把你当作理想形象的幻觉。

至于财产，你应尽快立一份遗嘱，决定分给那姑娘和 112
自己儿女的份额。

最后，你不要忘记自己已是耄耋之人，从你的笔迹我可以看出，你正在变得孩子气了。你的想法与其说是理性的，不如说是感性的。你说是把姑娘救出深渊，实际是想让她做“母亲”的替身来照顾你。婴儿没有母亲是不能生存的。所以我劝你走第二条路。

这封信讲了许多关于恩的道理。一个人一旦选择了让别人（哪怕是自己的子女）感受重恩的做法，那他要想改变这种做法，就必须牺牲自己。他应该明白这一点。而且，不管他做出多大牺牲为儿女施恩，日后，他也不应以此居功，利用它来“使自己当前的行为正当化”，如果那样想，那就错了。孩子们对此感到不满是“很自然的”。因为他们的父亲未能始终如一地贯彻初衷，他们“被出卖”了。在孩子们需要照顾的时候，父亲为他们牺牲了一切，现在孩子们长大成人，就应该特别照顾父亲——做父亲的人如果这样想，那就太荒谬了。孩子们不但不会那样想，反而只会意识到所欠的恩，而“自然地反对你”。

对于这种事情，美国人就不会做出这样的判断。我们以为，为失去母亲的儿女而牺牲自己的父亲，在晚年应当受到孩子们的感激，而不会认为孩子们反对他是“很自然的”。为了像日本人那样看待这件事，我们不妨把它看作一种钱财上的往来，因为在这方面，我们美国人也有可比的类似态度。如果
113 父亲正式把钱借给孩子并要求他们到时偿还本息，那么我们完全可能对那位父亲说：“孩子们反对你是很自然的”。在这个意义上，我们也就能够理解为什么日本人接受别人的烟卷后，不是直截了当地说声：“谢谢”，而是说“惭愧”。我们也可以理解，为什么日本人在讲到某人向某人施恩时会感到讨厌。至少我们可以对“哥儿”把一杯冰水之恩看得如此重大而会有所理解。但是，我们美国人是不会在这类事件上用金钱标准来衡量的，诸如，冷饮店里的一次偶然请客；父亲对早年丧母的孩子们的长期自我牺牲以及义犬“哈齐”的忠诚之类。而日本人却这样做。我们重视爱、关怀、慷慨仁慈的

价值，越是无条件越可贵。而在日本则必然附有条件，接受了这类行为就成为欠恩者，恰如日本谚语所说："天赋（非凡）慷慨，始敢受人之恩。"[①]

① 此谚语很难复原为日文，也许是指"情けは人の為ならず"（施恩并非为别人）之类。——日译者

114

第六章　报恩于万一

“恩”是债务，而且必须偿还。但在日本，“报恩”被看作与“恩”全然不同的另一个范畴。在我们的伦理学中，这两个范畴却混在一起，形成中性词汇，如 obligation（义务、恩义）与 duty（义务、任务）之类。日本人对此感到奇怪，感到不可理解，犹如我们对某些部落在有关金钱交往的语言中不区别“借方”与“贷方”感到奇怪一样。对日本人来讲，称之为“恩”，一经接受，则是永久常存的债务；“报恩”则是积极的，紧如张弦，刻不容缓地偿还，是用另一系列概念来表达的。欠恩不是美德，报恩则是懿行。为报恩而积极献身之时就是行有美德之始。

美国人要想理解日本人的这种德行，一个有效的办法就是经常把这种德行与金钱交易做比较，并且要看到其幕后对不偿还的制裁。犹如我们在财务交往中都要求履行合同，谁要是巧取豪夺，我们绝不宽容。你对银行有债务，就必须偿还，不能

还不还随便。债务人不仅要还本，还必须付息。这些，与我们 115
对爱国、爱家庭的看法是非常不同的。对我们来讲，爱是一种感情，不受任何约束而自由给予，这才是最高尚的。爱国心意味着把我们国家的利益看得高于其他一切；在这种含义上，除非美国受到敌国的武装攻击，爱国心颇被视为某种毫不顾己，与凡人皆有弱点的人性不大相容。我们美国人没有日本人那种基本观念——一个人呱呱坠地，就自然地背上了巨大的债务。我们认为，一个人应该同情、援助贫困的双亲，不能殴打妻子，必须抚养子女。但是，这些既不能像金钱债务那样斤斤计较，也不能像做生意成功那样获得回报。但在日本，这些却被看作像美国人眼中那种金钱债务一样，其背后有强大的约束力，就像美国人的应付账单或抵押贷款的利息一样。这些观念不是只在紧要关头（如宣战、父母病危等）才需加以注意，而是时刻笼罩心头的阴影，就像纽约的农民时刻担心抵押、华尔街的投资者卖空脱手后看到行情上涨心情不安。

日本人的义务及其对应义务一览表 116

一、恩：被动发生的义务。“受恩”、“蒙恩”，这类恩都是从被动立场接受的义务。

皇恩——受于天皇之恩。

亲恩——受于父母之恩。

主恩——受于主人之恩。

师恩——受于师长之恩。

一生从各种接触中所接受的“恩”。

注：所有对自己施恩的人都是自己的“恩人”。

二、“恩”对应（义务）：

一个人必须“偿还”这些债务，向“恩人”“回报”。亦即，这类义务是从主动偿还立场看待的。

（一）义务——无论如何偿还都是无法全部还清的，而且在时间上也是无限的。

忠——对天皇、法律、日本国家的责任。

孝——对双亲及祖先（含对子孙）的责任。

任务——对自己的工作的责任。

（二）义理[①]应当如数偿还的债，在时间上也不是无限的。

1. 对社会的义理

对主君的责任

对近亲的责任

① 日文“义理”一词，因含义复杂，难以用英文单词对译。原著使用了日文原音：“Giri”。我们曾译作“情义”。现在看来，并不确切。这次修订改用日文汉字“义理”，不另翻译。——译者

对他人的责任　自某人处得到“恩”，比如接受金钱，接受好意，工作上的帮助（如劳动互助）等。

对非近亲（如伯父、伯母、表兄妹、堂兄妹等）的责任　不是指从这些人身上得到什么“恩”，而是由于出自共同祖先。

2. 对自己的名声的义理　相当于德语的“名誉”（die Ehre）

受到侮辱，或遭到失败，有“洗刷”污名的责任，亦即报复或复仇的责任。（注：这种“摆平”不被看作侵犯）

不允许自己（专业上）失败和无知的责任。

遵守日本人礼节的责任，亦即遵循一切礼节、严守身份、在不如意时克制感情等。

日本人把恩分为各具不同规则的不同范畴：一种是在数量上和持续时间上都是无限的；另一种是在数量上相等并须在特定时间内偿还的。对于无限的恩，日本人称之为“义务”，亦即他们所说的“难以报恩于万一”。这种义务包括两类：一类 117
是报答父母的恩——孝，另一类是报答天皇的恩——“忠”。这两者都是强制性的，是人人生而具有的。日本的初等教育被称为“义务教育”，这实在是太恰当了，没有其他词能如此表达其“必修”之意。人的一生中的偶然事件可能改变义务的某些细节，但义务则是自动加在一切人身上并超越一切偶然情况的。

上述“义务”和“义理”都是无条件的。这样，日本人就使这些道德成为绝对性的东西，从而就与中国那种对国家的责任和孝道概念产生差别。7 世纪以来，日本一再从中国引进伦理体系，“忠”、“孝”原来都是汉文。但是，中国人并没有把这些道德看成是无条件的。在中国，忠孝是有条件的，忠孝之上还有更高的道德，那就是“仁”，通常被译作“benevolence”（慈善、博爱），但它的含义几乎包罗了西方一切良好的人际关系。父母必须具有“仁”。统治者如果不“仁”，人民可以揭竿而起，反对他。“仁”是忠义的先决条件。天子之所以能享有帝位，是因为他在施仁政。文武百官也是如此。中国的伦理学把“仁”作为检验一切人际关系的试金石。

中国伦理学的这一前提，日本从未接受。伟大的日本学者朝河贯一在论及中世纪两国的这种差异时写道：“在日本，这些观点显然与天皇制不相容，所以，即使作为学术理论，也从
118 未被全盘接受过。”① 事实上，“仁”在日本是被排斥在伦理体系之外的德目，丧失了它在中国伦理体系中所具有的崇高地位。在日本，“仁”被读成“jin”（仍用中文的汉字）。“行仁”或“行仁义”，即使身居高位也不是必须具备的道德。由于“仁”被

① *Documents of Iriki*（《入来院文书》）第 380 页，1929 年。（《入来院文书》是鹿儿岛县萨摩郡入来旧城主的关系文书。美国耶鲁大学朝河贯一教授辑刊，作为一般武家法制的性质及其变迁之例证。——日译者）

彻底排斥在日本人伦理体系之外，致使“仁”形成具有“法律范围以外之事”的含义。比如提倡为慈善事业捐款、对犯人施以赦免等。但它显然是分外的事，不是必须如此。

“行仁义”，还有另外一种“法律范围以外”的含义，即是在地痞流氓之间通用的道德标准。德川时代，那些以杀人越货为生的恶棍（武士佩双刀，十分威武，而无赖则只佩单刀），就是这样“行仁义”的。一个恶棍如果向另一个不属于自己同伙的恶棍请求窝藏，后者为避免前者同伙将来寻衅报复，便把他藏了起来，这就是“行仁义”。在现代用法中，“行仁义”的地位更加低下，常常只在议及应受惩罚的不良行为时使用。日本报界写道：“下等劳工至今仍在行什么仁义。对此，必须加以严惩。警察应对此严加取缔，禁止那些至今仍盛行于日本各个角落里的仁义。”毫无疑义，这里所指的就是那种流氓、黑帮社会中盛行的“强盗的荣誉”。尤其是现代日本的那些小规模的工头，他们像19世纪末到20世纪初美国码头上的意大利籍包工头padrone那样，与一些不熟练的工人订立非法契约， 119
承包工程，从中揩油。这些在日本也被称作“行仁义”。中国的“仁”的概念，在此已被贬抑得无以复加了。① 日本人就是

① 日本人在使用“知仁”一词时，与中国的用法多少相近。佛教劝人“知仁”，意即大慈大悲、博爱。但正如日本辞典所说：“知仁，与其说是指行为，毋宁是指理想的人。”——日译者

这样全部篡改并贬抑中国体系中最重要的德目，而且没有其他足以代替“仁”来制约“义务”的德目。从而，孝道在日本就成了必须履行的义务，甚至包括宽宥父母的恶行或无德。只有在与对天皇的义务冲突时可以废除孝道，此外，无论父母是否值得尊敬，是否破坏自己的幸福，都不能不奉行孝道。

日本现代电影中有这样一个故事：有位母亲经营着一家规模颇为可观的餐馆，手头亦很富裕。她的儿子是个乡村学校教师，已经成了家。有一年，农村大灾，一对农民父母，为了挽救一家人的性命，想把正在上学的女儿卖到妓院去。这位教师为救自己的学生，向村人筹集了一笔款子替她赎身。然而，这位教师的母亲却把这笔钱从儿子那里偷走。儿子知道钱是母亲偷的，却不得不自己承担惩罚。他的妻子发觉了真相，写下了遗书，说丢钱的责任全在自己，然后怀抱婴儿投河自尽。事件宣扬出去后，母亲在这一悲剧中应负的责任却无人过问。儿子在尽了孝道之后，只身前往北海道，磨炼自己的人格，以求日
120 后坚强地经受类似考验。这位儿子是个品德卓绝的英雄。我这个美国人认为，悲剧的全部责任者显然是那个偷钱的母亲。然而，我的那位日本朋友却强烈反对我这种美国式判断。他说，孝道常常会与其他道德发生冲突。如果电影中的主人公稍微聪明一点，也许能找到一个无损于自尊心的调和办法。但是，他如果为此而谴责母亲，哪怕只是在心里谴责，他的自尊心是不可能不受损害的。

青年人结完婚就背上了沉重的孝道义务，小说或现实生活中到处都是这样的例子。除了少数“摩登”人物之外，一般良家子弟的婚姻对象都要由父母通过媒人来选择。关心挑选一个好媳妇的，不是儿子本人，而是他的家庭。其原因不仅是涉及金钱，主要是因为那媳妇将载入家谱，生出男孩，传宗接代。一般惯例是媒人安排一次仿佛偶然的机会，让年轻的男女主角在各自父母的陪同下见面。但并不交谈。有时父母会为儿子安排一桩有利益的婚姻，女方父母可得钱财；男方则可与名门望族联姻。也有男方父母看中姑娘人品的。善良的儿子必须报答父母之恩，不能违抗父母之命，结婚以后，报恩义务仍然继续。如果他是长子，则要继承家业，和父母一起生活。众所周知，婆婆总是不喜欢媳妇的，她总要挑媳妇的毛病，纵然儿子和媳
妇很和睦，极愿与媳妇生活在一起，婆婆也可以把媳妇赶回家， 121
解除婚姻关系。日本的小说和自传中，有许多这种故事，不仅描写妻子的苦难，也强调丈夫的痛苦。当然，丈夫是遵守孝道，顺从决定而解除婚约的。

有位“摩登”日本妇女，现住在美国。她在东京时曾收留一个被婆婆赶出来的年轻孕妇。这个儿媳被迫与悲痛难抑的年轻丈夫诀别。当时，儿媳身患疾病，遭此打击，非常悲痛，却并未责怪丈夫，她的心逐渐倾注在即将出生的婴儿身上。谁知孩子刚生下来，婆婆就带着俯首帖耳的儿子来要婴儿。当然，婴儿是属于婆家的；婆婆把孩子带走后，随即送进了孤儿院。

上述种种行为都包括在孝道之内，都是子女必须偿还的、受之于父母的债务。而在美国，这些都会被看成是个人正当幸福遭受外来干涉的例子。日本人则不能把这种干涉视为“外来的”，因为他们把“恩”视为第一前提。这些故事，就好像美国故事中描述那些诚实的人，不论经受如何难以置信的苦难也要还清欠债一样，歌颂日本这些品德高洁者，说他们赢得了自尊，并证明其坚强意志足以忍受特殊磨难。然而，这种磨难，无论如何崇高，也自然会留下憎恶和愤懑。令人注意的是亚洲地区关于“最可恨者”的谚语。比如，在缅甸是“火灾、洪水、
122 盗贼、知事（官吏）、坏人”；在日本却是“地震、打雷、老头（家长、父亲）”。

日本的孝道和中国的不一样，其范围不包括几百年前的祖先世系，也不包括所衍生的庞大宗族。日本人的祖先崇拜只限于近祖。祖坟墓碑上的文字，每年都要见新，但如果是现存后代已无记忆的祖先，其墓碑也就无人过问了，家里佛龛上也没有他们的灵位了。日本所重视的孝道对象，只限于记忆中的祖先；他们注重的是现时现地。许多专著都论述到，日本人缺乏抽象思辨和构想非现实形象的兴趣。与中国对比，日本人的孝道观恰好印证了这种论点。他们这种观点的最大、最重要的现实意义就在于，孝道义务限于现存者之间。

不论在中国或日本，孝道不仅是对双亲和祖先的尊敬与服从。对子女的照顾，西方人的说法是出自母亲的本能和父亲的

责任感；东方人则认为出自对祖先的孝道。关于这一点，日本是非常明确的，回报祖先之恩的办法就是把自己受到的照顾转移给儿女。日语中没有特指“父亲对子女的义务”的专门词汇，所有这类义务全都包括在对父母及祖父母的孝道之内。孝道嘱咐家长履行下列所有义务：扶养子女、让儿子或弟弟接受教育、管理财产、保护那些需要保护的亲戚以及其他无数类似的日常 123
义务。日本制度化家庭的严格限制也严格限制了具有这种义务的人数。按照孝道的义务，儿子死后，父母要抚养儿子的遗孀和儿女。同样，万一女儿丧夫，也要收养女儿及其子女。但是，对丧偶的外甥女、侄女的收养与否，就不在“义务”之列了。如果收养，那也完全是履行另一种义务。抚养、教育自己的子女是“义务”，如果抚养、教育侄甥辈，习惯上是合法地把他们过继为自己的养子。如他们仍然保持侄甥的身份，那么，让他们接受教育就不是叔伯辈的“义务”了。

对于贫穷的直系亲属的援助，孝道也不要求必须出于敬意和慈爱。被收养在某一家庭中的年轻寡妇，被称为“冷饭亲属”，因为她们吃的只是冷饭剩菜。那个家庭中的人谁都可以指使她，而且，对于有关她自己的一切决定，她只有唯唯诺诺地服从。她们是穷亲属，她们的子女也是一样。在特殊情况下，她们也会受到较好的待遇，但这并不是那家的家长有“义务”必须善待她们。兄弟之间也没有义务要互相“友爱地”履行义务，即使彼此都承认势如水火，但只要哥哥履行了对弟弟的义务，就仍能得到赞扬。

婆媳间的冲突最为激烈。媳妇是作为外人进入这个家庭的。
124 她必须熟悉婆婆的喜好，并学习顺从婆婆的脾气。在许多情况下，婆婆会毫不客气地宣称这个媳妇根本就配不上自己的儿子。此外，我们也可以推测，婆婆相当妒忌媳妇。但是，正像日本的谚语所说："可恨的媳妇照样生出可爱的孙子"，因而婆媳之间也总有孝道存在。媳妇在表面上总是无限温顺的。然而，这些温柔可爱的媳妇，随着世代的变迁，都会变成苛刻、唠叨、吹毛求疵的婆婆，与自己以前的婆婆一样。她们年轻做媳妇时，无法任性，但并未因此就真的成为温顺的人。到了晚年，她们就仿佛把多年积压的怨气发泄到媳妇头上。今天，日本的姑娘们公开谈论最好嫁给一个不继承家业的男子，这样就不必与霸道的婆婆一起生活了。

"尽孝"并不意味着在家庭中必然获得慈爱。在有些文化中，这种慈爱是大家庭中道德的基石，但在日本却不然。正如一位日本作家所指出的那样："日本非常重视家庭，正因为如此，他们不大重视家庭中的每位成员及成员相互间的家族纽带。"① 当然，实际情况不一定完全如此，但大致是这样。这里的关键在于义务的担负和偿还，年长者责任更大，责任之一就是监督

① 引自 Nohara, K., *The True Face of Japan*（野原：《日本的真面目》），London，1936，第 45 页。

年轻人，要求他们做出必要的牺牲。即使他们不愿意，也必须 125
服从长辈的决定，否则，就是没有履行“义务”。

日本的孝道中还有一个特点，即家族成员之间可以看到相
当露骨的相互怨恨。这种现象在与孝道同等的“义务”——即对
天皇尽忠这一重大义务中，是根本不存在的。日本的政治家把
天皇奉为神圣，使之与人间喧骚的现实生活完全隔离。这种安
排实在是太巧妙了。只有这样，天皇才能起到统一全国国民，
一致为国家效力的作用。说天皇是国民之父是不够的，因为父
亲在家庭中虽然可以要求子女尽一切义务，却“可能是个不值
得尊重的人”。天皇必须是远离一切世俗杂虑的圣父。对天皇
尽忠是一种最高的道德，它必须成为一种对幻想出来的、一尘
不染的、“至善之父”的虔诚仰慕。明治初期政治家在考察西
方各国之后写道：那些国家的历史都是统治者与人民之间冲突
的历史，这不符合日本精神。回国后，他们在宪法中写道，天
皇“神圣不可侵犯”，对国务大臣的任何行为都不负责任。天
皇是日本国民统一的最高象征而不是负责的国家元首。约近
七百年来，天皇从未作为实际统治者发挥作用，因此，让天皇
继续充当后台主角是不难的。明治政治家唯一要做的工作就是
让全体日本人在思想上对天皇绝对忠诚，确立这种最高的道德。
在封建时代，日本人的“忠”是对世俗首领——将军的义务。
这一漫长的历史警告明治政治家：在新体制下，要实现他们的 126
目标——日本精神的统一，他们必须干些什么。在以往几个世

纪中，将军兼任大元帅和最高执政，尽管其下属对他也尽忠，但阴谋推翻其统治以至杀害其生命者屡见不鲜。对将军的忠诚常常与对封建主君的忠诚相冲突，而且对主君的忠往往要比对将军的忠更有强制性。因为对主君的忠诚建立在直接的主从关系上，相形之下，对将军的忠诚就难免要淡薄些。在动乱时期，侍从武士更是为逼迫将军退位、拥立自己的封建领主而作战。明治维新的先驱及其领导者高呼“忠于天皇”的口号向德川幕府进行了长达百年的斗争，而天皇则深居九重，每个人都可以按其意愿来塑造天皇的形象。明治维新正是这种尊王派的胜利，也正是由于把“忠”的对象从将军转移到象征性的“天皇”，1868 年的事件才有理由称之为“王政复古”。天皇继续隐居幕后。他赋予“阁下”们以权力，而不亲自管理政府或军队，也不亲自决定政策。仍然是一些顾问——他们是经过更好的挑选的——执掌政务。真正的根本性变动是在精神领域，因为，“忠”已变成每个日本人对神圣首领——最高主祭者和日本统一与永恒的象征——的报恩。

“忠”的对象之所以能够轻而易举地转移到天皇，毫无疑
127 问，古老的民间传说，即皇室是天照大神的后裔，起了很大的作用。但这一传说中的神学观点并不像西方人所想象的那么重要。实际上，那些完全否定这种神学观点的日本知识分子并未因此而对必须忠于天皇有任何怀疑，甚至接受天皇神裔论的一般群众，其理解也不是西方人设想的那样。“神”（カミ）在英

文中被译成“god”，但其词义则是“至上”，即等级制的顶峰。在人与神之间，日本人并不像西方人那样有巨大的鸿沟。每个日本人死后都将变成神。在封建时代，“忠”被献给毫无神格的等级制首领。在把“忠”的对象转移至“天皇”的过程中，一个非常重要的因素就是整个日本历史上，只有一个皇室，万世一系，继承皇位。尽管西方人会说这种万世一系的说法乃是欺人之谈，因为，皇位的继承规则与英国、德国均不一样，但这种指责是无用的。日本的规则就是日本的规则，根据这一规则，皇统就是“万世不坠”的。中国有史以来经历了三十六个朝代的更替，日本则没有。它虽然经历了各种变迁，但社会组织并未瓦解，其模式一直未变。明治维新以前一百年间，反德川势力利用的正是“万世一系”这个论据，而不是天皇神裔理论。他们说，既然“忠”应当献给等级制的最高者，那么就只能献给天皇。他们把天皇抬到了国民最高主祭者的地位，这种角色并不必然意味着神性。这比神裔说更加重要。

近代日本做了种种努力，使“忠”的对象转向具体的人并 128
且特指天皇本人。明治维新后的第一代天皇[1]，是一位杰出、威严的人，他长期在位，自然地成为臣民瞻仰的国体象征。他极少在民众面前出现。仅有的几次出现，都隆重布置仪式，极尽

① 此指明治天皇睦仁（1852—1912年），16岁登基，在位44年（1868—1912年）。——译者

崇敬。群众匍匐在他身前，没有丝毫声响，没有一个人敢于抬头正视。二楼以上的窗户全部严密遮蔽，以保证任何人都不得从高处俯窥天皇。他与高级顾问的接触也同样是等级制的。日本没有天皇召见执政官员的说法，而是少数有特权的“阁下”们，“受赐拜谒天皇”。他从不对有争议的政治问题发布诏书。所发的诏敕内容都是有关道德、节俭或者是某项问题解决后的安抚民心。当他即将驾崩时，整个日本几乎成了一座大寺院，所有的老百姓都在为他虔诚祈祷。

庆应四年（1868 年）明治天皇即位画像

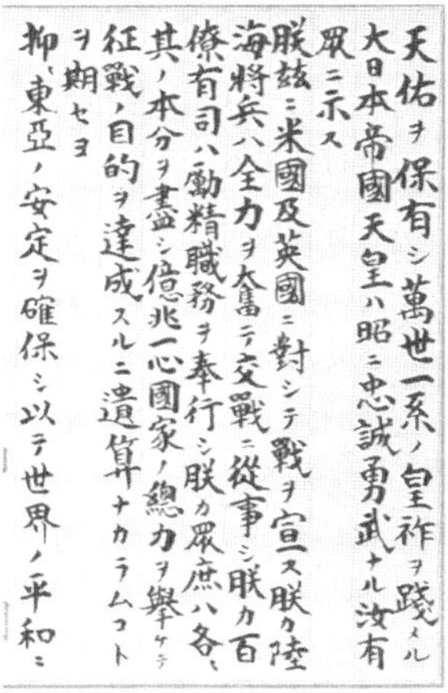
天佑ヲ保有シ萬世一系ノ皇祚ヲ踐メル
大日本帝國天皇ハ昭ニ忠誠勇武ナル汝有
衆ニ示ス
朕茲ニ米國及英國ニ對シテ戰ヲ宣ス朕カ陸
海將兵ハ全力ヲ奮テ交戰ニ從事シ朕カ百
僚有司ハ勵精職務ヲ奉行シ朕カ衆庶ハ各〻
其ノ本分ヲ盡シ億兆一心國家ノ總力ヲ擧ケテ
征戰ノ目的ヲ達成スルニ遺算ナカラムコト
ヲ期セヨ
抑〻東亞ノ安定ヲ確保シ以テ世界ノ平和ニ

《宣战诏书》(1941 年 12 月 8 日)“承天之佑，万世一系，
大日本帝国天皇诏尔忠诚勇武有众：朕兹对美国和英国宣战……”

经过这些方式，天皇成了超越国内一切政治纠纷的象征。就像美国人对星条旗的忠诚，超越一切政党政治一样，天皇是“神圣不可侵犯”的。我们对国旗安排了某种仪式，我们认为这种仪式对人是完全不适用的。而日本人却充分利用天皇这个最高象征的人的价值。人民可以敬爱天皇，天皇也可做出反应。老百姓听说天皇“关心国民”时会感动得热泪盈眶。“为了使 129
陛下放心”，他们可以献出自己的生命。在像日本文化这种完全建立在人际关系之上的文化中，天皇作为忠诚的象征，其意义远远超过国旗。教师在受训时，如果说人的最高义务就是爱国，他就会被指责不够，必须说是对天皇报恩。

“忠”在臣民与天皇之间构成了双重体系。一方面，臣民向上直接对天皇，其间没有中介，他们自己用行动来使“陛下安心”；另一方面，天皇的敕令，又是经过天皇与大臣之间的各种中介者之手，层层传到他们耳朵的。“这是天皇御旨”，这一句话就可以唤起“忠”，其强制力要超过任何现代国家的号召。罗里（H. Lory）曾描述这么一件事，在一次平时军事演习中，一位军官带队出发时下令，不经他许可不能喝水壶里的水。日本的军队训练，非常强调能在极困难条件下，连续行军五六十英里。那一天，由于口渴和疲劳，有二十个人倒了下去，其中有五人死亡。打开死亡士兵的水壶一看，里面的水一滴也未尝。“那位军官下了命令，他的命令就是天皇的命令。”①

在民政管理中，“忠”强制一切，从丧葬到纳税。税吏、警察、地方征兵官员都是臣民尽忠的中介。按照日本人的观点，遵守法律就是对他们的最高的恩——“皇恩”的回报。这一点与美国的风习形成最强烈的对照。在美国人看来，任何新法律——
130 从有关停车的尾灯标志到所得税，都是对个人事务中的个人自由的干涉，都会在全国激起愤慨。联邦法律更受到双重怀疑，因为它干扰各州的立法权，认为它是华盛顿官僚集团强加于国民的。许多国民认为，对那些法律，无论怎样反对，也不能满

① Lory, Hillis, *Japan's Military Masters*（洛里·希利斯，《日本的军事教官》），1943 年，第 40 页。

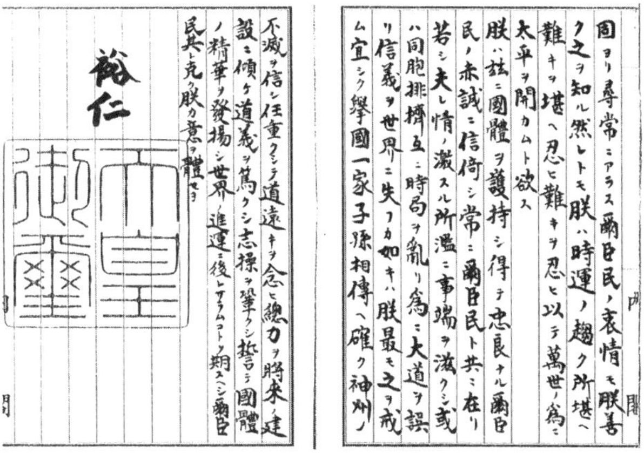
固ヨリ尋常ニアラス爾臣民ノ衷情モ朕善ク之ヲ知ル然レトモ朕ハ時運ノ趨ク所堪ヘ難キヲ堪ヘ忍ヒ難キヲ忍ヒ以テ萬世ノ為ニ太平ヲ開カムト欲ス

朕ハ茲ニ國體ヲ護持シ得テ忠良ナル爾臣民ノ赤誠ニ信倚シ常ニ爾臣民ト共ニ在リ若シ夫レ情ノ激スル所濫ニ事端ヲ滋クシ或ハ同胞排擠互ニ時局ヲ亂リ為ニ大道ヲ誤リ信義ヲ世界ニ失フカ如キハ朕最モ之ヲ戒ム宜シク擧國一家子孫相傳ヘ確ク神州ノ不滅ヲ信シ任重クシテ道遠キヲ念ヒ總力ヲ將來ノ建設ニ傾ケ道義ヲ篤クシ志操ヲ鞏クシ誓テ國體ノ精華ヲ發揚シ世界ノ進運ニ後レサラムコトヲ期スヘシ爾臣民其レ克ク朕カ意ヲ體セヨ

裕仁

天皇御璽

终战诏书

“朕深察世界大势与帝国现状，欲以非常之措施收拾时局，兹告尔忠良臣民”“敌方新使用残虐炸弹，频杀无辜，残害何极实不可料。如继续交战，终不仅招致我民族之灭亡，亦将破坏人类之文明”“朕于兹得以维护国体”“并常与尔等同在”

足国民的自尊心。因此，日本人认为美国人是无法无天，我们则说他们是缺乏民主观念的驯民。两国国民的自尊心与彼此不同的态度有联系，也许这种说法更符合实际。在美国，自尊心是与自己处理自己的事联系在一起的；在日本，自尊心则是与对施恩者报恩联系在一起的。这两种习俗各有各的难处：我们的难处在于，即使对全国有利的法规，也很难被接受；他们的难处在于，人们一生都处于负恩重压的阴影之下。也许，每个日本人都能在某些场合找到既不触犯法律，又能回避苛求的办法。他们还赞赏某种暴力、直接行动和私人报复，而这些却是美国人不赞成的。然而，尽管有这些保留条件以及其他可以列举的保留条件，“忠”对日本人的支配力仍然是无可怀疑的。

当 1945 年 8 月 14 日日本投降时，“忠”在全世界显示了难以置信的威力。许多对日本有体验或了解的西方人士都认为
131 日本不可能投降。他们声称，幻想那些分布在亚洲和太平洋诸岛上的日军会和平地放下武器，简直是过于天真。日军的许多部队还没遭受过地区性的失败，他们还确信自己的战争是正义的。日本本土各岛，到处都是誓死顽抗者。占领军——其先头部队只能是小部队——如果前进至舰炮射程以外，就有被残杀的危险。在战争中，日本人是什么事都干得出来的！他们是好战的民族。这类美国分析家没有考虑到“忠”的作用。天皇说了话，战争就结束了。在天皇的声音尚未广播之前，顽强的反对者们围住皇宫，试图阻止停战诏书的宣布。① 但一旦宣布，他们就全都服从了。不论是在满洲或爪哇等地的前线司令官，或者是本土的东条们，没有一个人反对。我们的军队在机场着

① 1945 年 8 月 6 日和 9 日，美国在日本两次投掷原子弹。9 日午夜，天皇在皇宫防空洞召开御前会议。陆海军首脑和少数主战派仍然反对投降。12 日，陆军大臣和参谋总长电令全军：“纵使食草啖泥，潜伏野处，也要断然作战……” 14 日上午，天皇决定于次日正午向全国广播“终战诏书”。陆军省几名军官得知后，于 14 日刺杀近卫第一师团长，图谋劫夺“终战诏书”录音带，事败自杀。——译者

陆后，受到了礼貌的欢迎。外国记者中有一个人这样写道：早晨着陆时还手指不离手枪，中午时就把枪收了起来，傍晚便悠闲地上街采购日用品了。日本人现在是用遵守和平的办法使"陛下安心"了。而在一个星期前，他们还发誓要奋身用竹枪击退夷狄来使"陛下安心"呢！

这种态度并没有什么不可思议，除非那些西方人，他们不承认支配人类行为的情绪是会变化的。有些人宣称，日本民族只会灭绝，别无其他出路；另一些人则主张，只有自由主义者掌握政权，推翻现政府，日本才能得救。这两种分析，如果说的是一个全力以赴、全民支持，进行总体战的西方国家，那还可以理解。但是，他们以为日本的行动方针与西方国家基本 132
相同，这就错了。甚至在平安无事地占领日本几个月之后，有些西方人士还在预言，一切机会均已失去，因为日本没有发生西方式的革命，或者说因为"日本人不懂得他们已经被打败"。这种说法是西方的社会哲学，是以西方的真理标准为基础的。但是，日本不是西方国家，它没有采用西方各国那种最后的力量：革命。它也没有用消极破坏等办法来对抗占领军。他们使用自己所固有的力量，即能够在战斗力未被完全摧毁以前，就要求自己把无条件投降这一巨大代价作为"忠"。在他们看来，这种巨大的代价仍然是有价值的，他们获得了最珍视的东西，他们有权力说：这是天皇的命令，即使是投降的命令。也就是说，即使投降，最高的法律仍然是"忠"。

133

第七章 “义理最难承受”①

日本人常说，“义理最难承受”。一个人必须报答“义理”，就像必须报答“义务”一样。但是,“义理”所要求的义务和“义务”所要求的义务分属不同的系列。英语中根本找不到与“义理”相当的词。人类学家从世界文化中所发现的一切奇特的道德义务范畴中,“义理”也是最奇特的一个。它是日本所特有的。“忠”与“孝”是日本和中国共有的道德规范，日本对这两个概念虽有些改变，但与其他东方各国所熟悉的道德性要求仍有某种渊源类似点。“义理”则既与中国儒教无关,也非来自东方的佛教。它是日本独有的范畴，不了解义理就不可能了解日本人的行为方式。日本人在谈及行为的动机、名誉以及他在本国所遇到的各种麻烦时，都经常要说到“义理”。

① 原文为 The Repayment ‘Hardest to Bear’（回报最难承受），现根据日译本译为“义理最难承受”。——中译者

在西方人看来，“义理”包含一系列混杂的义务（参阅本书第127—129页表格）：从报答旧恩直到复仇。难怪日本人不想向西方人解释“义理”的含义，就连他们自己的辞书 134
也很难对这个词下定义。有一本日语辞典的释义（按我的翻译）是：“正道；人应遵循之道；为免遭世人非议做不愿意做的事。”这当然无法使西方人得其要领，但“不愿意”一语却指明：“义理”与“义务”显然有别。“义务”，不论其对个人要求如何艰巨，至少总是指对其骨肉近亲，或者对代表其祖国、其生活方式及其爱国精神的最高统治者所应尽的一系列责任。这种牢固的联系是与生俱来的，因而理应履行。尽管“义务”中的某些特定行为也会使人“不愿意”，但“义务”的定义中绝不会有“不愿意”做的意思。对“义理”的报答则充满内心的不快。在“义理”的领域中，负恩者的难处是无以复加的。

“义理”有显然不同的两类。一类我称之为“对社会的义理”，按字面解释就是“报答义理”，亦即向同伴报恩的义务；另一类我称之为“对名誉的义理”，大体上类似于德国人的“名誉”，即保持名誉不受任何玷污的责任。“对社会的义理”可以大体描述为履行契约性的关系，它与“义务”的区别在于后者是履行生而具有的亲属责任。因此，“义理”的范围包括在法律上的姻亲，而“义务”的范围则只包括直系亲属。岳父、公公称作“义理”上的父亲，岳母、婆婆称作“义理”上的母亲。

姻兄弟、姻姐妹也称作“义理”上的兄弟、姐妹。这一套称谓既适用于对配偶的亲属，也适用于对亲属的配偶。在日本，婚姻当然是家庭与家庭之间的契约关系。对配偶的家庭终身履行
135 契约性义务，就是“履行义理”，其中最沉重的是对安排此项契约的父母的“义理”。年轻的儿媳对婆婆的“义理”尤其沉重，恰如日本人所说，儿媳居住的家庭不是她出生的家庭。丈夫对岳父的义务要不同一些，但也很可怕。因为岳父有困难时，女婿必须借给钱，还要履行其他契约性义务。如同一位日本人所说:“儿子成人后侍奉自己亲生母亲是出于爱母之情,这不是‘义理’”。凡是发自内心的行动都不能说是“义理”。对姻亲的义务则不能含糊，不论多大代价，必须履行，以免遭受世人谴责，说“此人不懂‘义理’”，这种谴责是令人害怕的。

日本人对姻亲义务的态度在“入赘养子”上看得最清楚。他像女人结婚那样入赘到妻家。一个家庭如果有女无儿，就要为一个女儿择婿入赘以延续“家名”[1]。养子要在原户籍中取消自己的名字，改从岳父的姓氏。他进入妻子的家庭，在“义理”上从属于岳父母，死后葬入岳父家的墓地。这些和一般妇女结婚完全一样。为女儿择婿入赘的原因也许不单是因为自家
136 没有男孩，常常是为了双方利益，即所谓“政治联姻”。有时女家虽然贫穷，但“门第”高贵，男方带着钱去女家以换取在

① 家名：即家族之姓氏。——译者

等级制上提高身份。有时是女方家庭富裕，有力量培养女婿上学，女婿接受这一恩惠，代价是离开自己家庭到妻子家去。有时是女方的父亲为了得到一个未来的公司合营者。不管是哪种情况，入赘养子所承受的“义理”都是特别沉重的。因为，在日本，把自己的名字列入别人家庭户籍是件严重的事。在封建时代的日本，这就意味着，在战争中他必须为养父而作战，即令杀其生父也在所不辞，以证明自己是新家族的一员。在近代日本，凭入赘养子的“政治联姻”所造成的强大的“义理”上的约束力，以最沉重的约束，把青年束缚在岳父的事业或养父家的命运上。尤其是在明治时代，这种事情有时对双方都有利。但社会上对入赘养子一般都非常嫌恶。日本人有句谚语是：“有米三合，绝不入赘。”日本人说这种嫌恶感也是出之于“义理”。如果美国也有这种风俗，美国人嫌恶时会说：“这不是男子汉大丈夫干的”，而日本人却不这样说。总之，履行“义理”是件为难的事，是“不愿意”做的。因此，“为了义理”这句话，对日本人来说，最能表达那种负担沉重的人际关系。

不仅对姻亲的义务是“义理”，甚至对伯父母和甥侄的义务也属于同一范畴。对这类比较近亲的义务也不列入孝行范畴，
这是日本和中国在家族关系方面的一个重大差异。在中国，很 137
多这类亲属，以及比这还远的亲属也分享共同资源。但在日本，这类亲属则是“义理”关系，亦即“契约上”的关系。日本人指出，救助这类亲属绝非他们曾有何恩，而是为了报答他们的

共同祖先的恩。抚养自己的孩子虽也出于同样的动机，但这却是一种当然的“义务”；而对远亲的帮助，虽然动机同属报答共同祖先，却列入“义理”范畴。当必须帮助这类亲属时，人们就像援助姻亲一样地说：“我是为‘义理’所牵连。”

义经与弁庆

与对姻亲的“义理”相比，大多数日本人更重视的重大传统“义理”，是武士对主君及其同伴的关系。这种关系是重视名誉的人对其上级及同辈所尽的忠诚。很多传统文化作品颂扬这种“义理”性的义务，视为武士的德行。在德川氏未统一全国以前的日本,这种德行之重大在人们心目中超过当时的“忠”，即对将军的义务。在 12 世纪，源氏将军要求一位大名引渡他所庇护的敌对领主，那位大名写的回信至今保存。他对自己的“义理”受到非难表示强烈愤慨，甚至拒绝以忠的名义背叛“义理”。他写道：“对于公务，余个人无能为力，但武士重名誉，武士之间的‘义理’乃永恒之真理”，也就是说，它超越将军 138
的权力。他拒绝对“所尊敬者背信弃义”。[①] 古代日本这种超越一切的武士德行，在历史故事中广泛流传至今，经过润色，改编为能乐、歌舞伎剧及神乐舞蹈。

源义经将军

其中最著名的是关于一位力大无敌的浪人（没有主君，依

① 见 Kanichi Asakawa：*Documents of Iriki*（朝河贯一：《入来院文书》），1929 年。

靠自己谋生的武士）、12世纪的豪杰弁庆的故事[1]。他除了一身神奇的力气之外，别无可资。他寄身僧院，使僧侣惊恐。他斩杀过往武士，收集刀剑，以筹措封建武士所需行装。最后，他向一位貌似武艺平常的年轻领主挑战，却遇上劲敌，发现这位青年乃是源氏后裔，正策谋为其家族恢复将军地位。这位青年就是日本人极端崇拜的英雄源义经[2]。弁庆向义经表示热诚的“义理”，为义经立下无数功勋。但在最后一次敌众我寡的战斗中，他们被迫率领家臣逃跑。他们化装成为建立寺院而化缘的僧侣，走遍日本全国。为了避人耳目，弁庆装扮成领队，义经则身着同样服装混在一行人之中。沿途每遇敌方布置的缉捕，弁庆就拿出编造的一卷寺院募捐簿来念诵以求蒙混过关。但在
139 最后时刻，尽管义经衣着卑微，却无法掩饰其贵族气质，由此引起敌方怀疑。他们把一行人叫回来。弁庆立即用计，消除敌方对义经的怀疑：他借口一点小事打义经的耳光。敌方却误信为真，疑团全消。因为，如果这位和尚真是义经，家臣是绝不敢动手打他的。如此违背“义理”是不可想象的。弁庆的不敬行为挽救了这一行人的性命。到达安全处所之后，弁庆立即跪

① 弁庆（？—1189年）：镰仓初期僧人，源义经的忠臣，武勇超群，战功显著。传说“衣川之战”中以死殉源义经。——译者

② 源义经（1159—1189年）：日本中世纪著名武将。源赖朝异母弟，号源九郎。在源（源赖朝）平（平氏集团）争霸战争中战功显著。后与赖朝矛盾，举兵，兵败自杀。其故事日本家喻户晓，被视为悲剧英雄。近年，日本NHK将其改编为长篇电视剧。——译者

在义经脚下，请义经赐死。主君仁慈地赦免了他。

这些古老故事讲的是“义理”发自内心、未受丝毫嫌恶之念玷污的时代，为近代日本构筑了一个黄金时代的梦想。这些故事告诉他们，在那个时代，“义理”没有丝毫“不愿意”做的因素。如果“义理”与“忠”相冲突，人们可以堂堂正正地坚持“义理”。当时，“义理”是一种人们珍视的直接人际关系，而又具有封建性装饰。“懂义理”的含义就是终身忠于主君而主君也以诚报答。“报答义理”，就是把生命献给受其深恩的主君。

这当然是一种幻想。日本封建时代的历史表明，有许多武士的忠诚被敌方大名所收买。而且，更重要的是，如下章所述，如果主君对家臣有所侮辱，家臣当然可以照例弃职而去，甚至与敌人勾结。日本人对颂扬复仇和颂扬捐躯尽忠，同样津津乐道。两者都是“义理”。尽忠是对主君的“义理”，对侮辱进行 140
复仇则是对自身名分的“义理”。在日本,这是一块盾牌的两面。

不过，古代关于忠诚的故事，对今日日本人已只是令人兴奋的梦想。因为，现在“报答义理”，已经不是对自己合法主君的忠诚，而是对各类人履行各种义务。今日涉及“义理”的语言充满了嫌恶之情，常常强调是舆论压力迫使人们违背心意而不得不履行。他们说：“这门亲事完全是出于义理”，“我录用那个人完全是出于义理”，“我会见他完全出于义理”，如此等等。他们还常常说“受到义理纠缠”,这句话在辞典中译成“I am obliged to it”（我被迫这样做）。他们说“他用义理强迫我”，“他用义理逼我”，这些以及其他类似惯用语的意思都是说，某些人凭借以往所施的恩情迫使讲这类话的人做不愿意做或不想做的事。在农村、在小商店的交易中、在上层财阀社会里、在日本内阁，人们都“受义理的强迫”，“为义理所迫”。一个求婚者可以凭借两家关系深或交易深来强求某人做自己的岳父；还有的人也会用同样的手段取得农民的土地。迫于“义理”的人也觉得不能不答应。他说：“如果不帮助恩人，世人会说我不懂义理。”这些说法都有“不愿意”、“只是为了情面”的含义，恰如辞典解释的那样：“for mere decency’s sake”。

“义理”的准则是必须回报，这是严格的规定，不是只像
141 摩西十诫那样一组道德准则。一个人迫于“义理”，有时竟不得不无视正义。他们常说：“为了义理，我不能坚持正义”。而且，“义理”的准则与所谓“爱邻如己”也毫不相干。它并不要求一个人应当真心主动地对人宽容。他们说，人之所以必须履行“义理”是因为“如果不这样做，世人就会说他‘不懂义理’，就会在人前蒙羞受辱。”总之是因为担心世人舆论而不能不遵行。实际上，“对社会的义理”在英语中常常被译为“conformity to public opinion”（服从舆论）。在辞典中还把“因为是对社会的义理，只好如此”这句话译作“people will not accept any other course of action”（世人不会承认其他办法）。

把“义理领域”中的规矩与美国人关于偿还借款的规矩

进行比较，最有助于理解日本人的态度。美国人对于接到别人信件、接受别人礼品以及获得适时的劝告等情分，并不认为必须像偿还银行借款或付清利息那样严格。美国人在金钱交易中，对不能偿付者的惩罚就是宣布他失败破产，这是十分严峻的惩罚。日本人则把不能报答“义理”的人视为破产，而生活中的每一接触都涉及某种“义理”。这就意味着，美国人毫不介意、根本想不到会涉及义务的那些细小言行，日本人都要一一慎重对待；这意味着终年在复杂环境中谨小慎微，唯恐有失。

日本人对“社会的义理”的观念还有一点与美国人借债还 142
账相似，这就是对“义理”的报答在思想上也是毫厘不爽，等量对待。在这一点上，“义理”和“义务”完全不同。“义务”无止境，不论如何做也不可能完全报答。“义理”则不是无止境的。在美国人看来，日本人对旧恩的态度几乎是滴水之恩，涌泉相报，日本人则不那样看。我们对日本人的馈赠习惯也感到奇怪，譬如，每年两度，每个家庭都要包装一些礼品作为六个月前所受馈赠的答礼；女佣人家里年年寄东西来作为感谢雇用的谢礼。但是，日本人忌讳比所受馈赠更重的回礼——“赚礼”，认为这是不名誉的事情，会说送礼者是“用小虾钓大鱼”，很不好听。报答“义理”时也是如此。

只要可能，人们都记录相互之间的来往，不论是劳务还是物品。在农村，这些记录有些由村长保管，有些由组[1]内一个人保管，有些则由家庭或个人保管。送葬时习惯带“奠仪”。除此之外，亲戚还要送各种色布以供制作送葬的幡。近邻们都来帮忙，女的下厨房，男的制棺、挖墓穴。在须惠村，村长有一本账簿记录这些事情。对死者家庭则是一份珍贵的记录，因为它记录了邻居们送了什么礼，帮了什么忙，名册所记名单也
143 是这一家在别家死人时，必须还礼的依据。以上是长期的相互礼尚往来。此外，还有村中葬礼短期的礼尚往来，和一些庆宴一样。丧主对帮忙制作棺材的人要用饭款待，而帮忙者也要给丧主送些大米以为膳食之资。这些大米也载入村长记录。举行庆祝宴会时，客人们也大都要带来一些米酒，作为宴会饮料。无论出生或死亡，还是插秧、盖房、联欢会，“义理”的交换都要仔细记录下来，以备日后回报。

关于“义理”，日本人还有一点与西方借债还账相似。那就是如果逾期未报，就会像利息那样增长。埃克斯坦（Eckstein）博士叙述过他与一位日本制造商的交涉经过，这位商人曾给埃

① 原文为“Work-party”，可能译自日文的“结”（有的地方叫“契约”、“同业”），指农村插秧、盖房、冠婚葬祭等繁忙时的换工互助及由这类关系结成的集体。——日译者

克斯坦博士提供去日本的旅费，让他去收集野口英世[①]的传记资料。埃克斯坦博士回到美国撰写传记，定稿后寄给日本，却既没有收到回执，也没有收到来信。博士自然担心：是不是书中有些地方触怒了这位日本人。他发出了好几封信，仍然没有回音。几年之后，这位制造商给博士打来电话说他正在美国。不久，他带着几十棵日本樱花树到埃克斯坦博士家拜访。这份礼品实在可观。这就是因为回报延误太久，必须送厚礼。这位日本人对埃克斯坦博士说：“您当时大概不是要我立刻回报吧！”

野口英世（1876—1928年）

① 野口英世（1876—1928年）：细菌学者、医学、理学博士。福岛县农家子，在医学实践中自学成才。1900年赴美国。初以研究毒蛇引起重视。1904年进入洛克菲勒研究所，1911年培育梅毒菌苗成功，闻名世界。后研究黄热病病原体被感染，死于美国。其家乡耶麻郡翁岛村建有纪念馆。日元新币印有野口头像。——译者

144 迫于“义理”的人往往因时间拖长而偿付加重。例如，某人向一位小商人求援，因为他是这位商人童年时代的老师的侄子。而这位学生在年轻时无法报答老师，他在“义理”上的负债就在流逝的岁月中逐渐增加。于是，这位商人就“不得不”答应帮忙，以偿还对老师的这笔欠债，“以免遭世人非议”。

第八章　洗刷污名 145

对名分的"义理",就是使名声不受玷污的义务。这种"义理"由一系列德行构成，在西欧人看来，有的互相矛盾，但对日本人来说则是完全统一的。因为这类义务不是报恩，不属于"恩的范围"，不涉及往日受恩于别人的问题，而是保持自身名誉的行为。从而，其内容包括：遵守"各得其所，各安其分"的各种烦琐礼仪的要求，能够忍受痛苦，在专业及技能上维护自己的名声。对于名分的"义理"，还要求消除毁谤或侮辱，因为毁谤会玷污名誉，必须洗雪，必要时也许要对毁谤者进行报复，甚或自己自杀。在这两个极端之间可以有多种方针，但绝不能淡然置之。

我所说的"对名分的义理"，日本人并未单独另起名称，只把它描述为报恩范围以外的"义理"。这一特点只是分类的基础,并不是说"对社会的义理"是对善意关切的回报,而"对 146
名分的义理"则突出地包含报复。西方语言中把上述两者区分为感激与报复两个对立的范畴，日本人对此则无所谓。为什么一种德行不能既包括对他人善意的反应，又包括对他人恶意或轻蔑的反应呢？

日本人就是这样认为的。一个正派的人对恩惠和侮辱都同样感受强烈，都要认真回报。他们不像我们那样，把两者区别开来，一种称之为侵犯，另一种称之为非侵犯。在他看来，只有“义理”范围之外的行为才能称作侵犯。只要是遵守“义理”，洗刷污名，就绝不能说他犯了侵犯之罪，他只不过是算清旧账。他们认为，只要受到的侮辱、毁谤及失败未得到报复，或者未被雪除，“世界就不平衡”。一个正派的人就必须努力使世界恢复平衡。这是人的美德，绝不是人性中的罪恶。在欧洲历史上某些时代，对名分的“义理”，包括像日语中那种把感谢与忠诚结合在一起的表达方式，曾经是一种西方道德。在文艺复兴时期，尤其是在意大利，曾经盛极一时。它与古典时期西班牙的 el valor Español（西班牙的勇敢）和德意志的 die Ehre（名誉）颇有共同之处，甚至与一百多年前欧洲流行的决斗行为中的潜意识也有某些相似。无论在日本，还是在西欧各国，凡是这种重视雪除名誉污点的道德观占优势的地方，其道德的核心总是超越一切物质意义的利益。一个人越是为了“名誉”牺牲其财产、家庭及自己的生命，就越被认为是道德高尚的人，它
147 成为道德定义本身的一部分，是这些国家经常提倡的“精神”价值的基础。它确实给他们带来了巨大的物质损失，很难以利

害得失来衡量。正是在这一点上，这种名誉观与充斥于美国人生活中的激烈竞争和公开对抗形成明显的对照。在美国某些政治或经济交往中，对保有也许并无限制，但获得或保持某种物质利益则一定是一种战争。至于像肯塔基山中居民之间的械斗，那只是例外，那里盛行的名誉习俗属于"对名分的义理"范畴。

不过，任何文化中"对名分的义理"以及随之而产生的敌意和伺机报复，绝不是亚洲大陆道德的特点。它不是所谓东方气质。中国人没有这种特点，暹罗人、印度人也没有。中国人把听到侮辱和诽谤就神经过敏看作是"小人"，也就是道德水平低下的人的特征。不像日本把对名誉的敏感看作高尚理想的一部分。在中国的伦理观中，一个人突然开始使用不正当的暴力来肆意报复所遇侮辱是错误的。如此神经过敏，他们觉得可笑。他们也不会下决心用一切善良与伟大的行动来证明诽谤是无根据的。在暹罗人身上根本看不到对侮辱如此敏感。他们像中国人一样，宁愿让诽谤者处于尴尬地位，也不设想自己的名誉遭到伤害。他们说："容忍退让是暴露对方蛮横无理的最好办法。"

要理解"对名分的义理"的完整意义，必须通盘考虑日本 148
各种非侵犯性的道德。复仇只是在特定场合要求的这类德行之一，此外还包括稳静的、克制的行动。一个自重的日本人必须坚忍和自我克制，这是他"对名分的义理"的一部分。妇女分

胜海舟

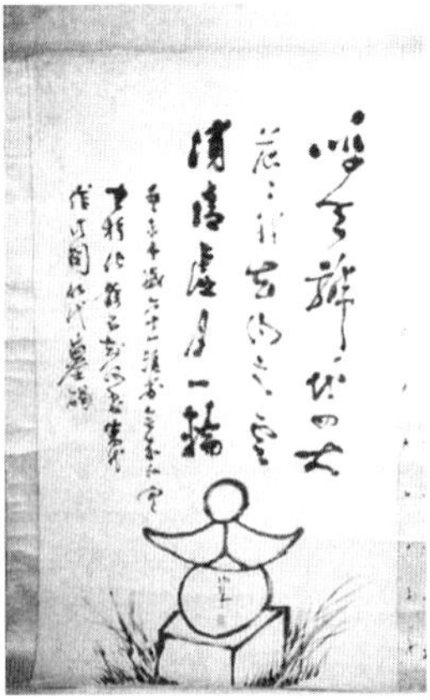

海舟书画

娩时不能大声喊叫，男人对于痛苦和危险必须处之泰然。当洪水冲到日本的村庄时，每个持重的日本人必须带好必需品，觅妥高地，不能乱喊乱跑，张皇失措。秋分前后台风暴雨袭来时，也能看到同样的自我克制。这种行为是每个日本人所具有的自尊心的一部分，即使他不能完全做到。他们认为，美国人的自尊心不要求自我克制。日本人的这种自我克制中还具有位高则任重的含义。在封建时代，对武士的要求比对庶民要高，对平民虽不是那么严格，仍是一切阶级的生活准则。如果说，对武士要求能忍耐极端的肉体痛苦，那么对庶民则要求能极端顺从地忍受持刀武士的侵犯。

关于武士的坚忍，有很多著名故事。他们必须能忍耐饥饿，这是无须说的小事一段，他们奉命要做到即使饿得要死，也必须装出刚刚吃完饭的样子，并且要用牙签剔牙。俗谚说："雏禽求食而鸣，武士口含牙签。"在这次战争中，这句话成了士兵的格言。他们不能向痛苦屈服。日本人的态度恰似那少年兵回答拿破仑的故事："受伤了？不，报告陛下，我被打死了！"武士临死前不能显露出丝毫痛苦，要毫不畏缩。1899 年去世的胜伯爵[①]说——他虽出身于武士家庭，但家境已赤贫如洗。小时候睾丸被狗咬伤，当医生给他做手术时，父亲把刀戳在他鼻梁上说："一声也不许哭；要是哭，我就叫你死，要不愧为一个武士。" 149

"对名分的义理"，还要求其生活与身份相适应。缺少这种"义理"，就丧失了自尊。德川时代的《取缔奢侈令》对各类人的衣着、财产、用品几乎都做了详细规定。按照身份而生活就意味着接受这种规定并视之为自尊的组成部分。对这种按世袭阶级地位做出规定的法律，美国人将大吃一惊。在美国，自尊是与提高自己的地位联系在一起的。一成不变的取缔奢侈令是否定我们这个社会的基础的。德川时代规定，某一等级的农民可以给他的孩子买某种布娃娃，而另一等级的农民则只能买其

① 胜海舟（1823—1899 年）：日本近代海军建立者。1855 年入长崎海军传习所从荷兰教官学航海术。1860 年任咸宁丸舰长渡海赴美。历任幕府海军卿、陆军总裁。戊辰战争中与西乡隆盛和谈成功，使江户"无血开城"。后任新政府海军卿、元老院议官、枢密院顾问官等。——译者

他种类的布娃娃。我们对这类法律会感到不寒而栗。但在美国，我们凭借其他规定也有同样的结果。我们心安理得地承认这种事实，即工厂主的孩子可以有一列电动火车，而佃农的孩子有一个用玉米棒做的娃娃就心满意足了。我们承认收入的差异，并认为这是合理的。争取获得较高的薪金已成为我们自尊体系
150 中的一部分。既然布娃娃限于收入的高低，那并不违背我们的道德观念。有钱的人就可以给孩子买高档布娃娃。而在日本，有钱会令人疑惑，守本分才让人放心。即使在今天，穷人和富人一样，都以遵守等级制的习惯来保持其自尊。这在美国是无法理解的。法国人托克维尔（Tocqueville）在18世纪30年代就在前引著作[1]中指出了这一点。生在18世纪法国的托克维尔，尽管对平等制的美国给予好评，但他仍对贵族生活知之甚深，十分钟情。认为美国虽有其美德，却缺少真正的尊严。他说："真正的尊严在于各安其分，不卑不亢，自王子以至农夫，皆可以此自许。"托克维尔一定能理解日本人的态度，即认为阶级差别本身并没有什么不体面。

在对各民族的文化有客观研究的今天，人们认为"真正的尊严"可以由不同民族做出不同定义，恰如他们对屈辱做出不同解释一样。有些美国人叫嚷，只有由我们推行平等原则，日

① 托克维尔前引书：即《论美国的民主》，参阅本书第51页及注①。——译者

本人才能获得自尊。这些人其实是犯了民族自我中心主义的错误。如果这些美国人确如他们所说，真的希望有一个自尊的日本，他们就必须认清日本人自尊的基础。我们可以承认，（正如托克维尔那样）这种贵族制度的“真正尊严”正从近代世界中消逝，并且相信，另一种更优异的尊严正在取而代之。日本无疑也将如此。但在今天，日本只能在它自身的基础上重建其自尊，而不是在我们的基础上重建。而且，它只能用它自己的方式来纯化自身。

“对名分的义理”，除了“守本分”之外，还要履行其他多 151
种义务。告贷者借款时也许要把“对名分的义理”抵押给债主。直至二三十年前，借款者一般都要向债主表示：“如果还不了债，我愿在大庭广众面前受人耻笑。”实际上，即使还不起债，他也不会真的公开受辱。因为日本没有当众揭丑这种惩罚。但是，当新年来到，债务必须偿还之时，无力还债的人会用自杀来“洗刷污名”。至今，除夕之夜仍有一些以自杀挽回名誉之事。

所有各种职业上的责任也与“对自身名分的义理”有关。在特殊情况使一个人成为众矢之的、备受责难时，日本人的要求常常是很奇怪的。比如，有许多校长会因学校遭火灾而引咎自尽。他们对火灾毫无责任，只因火灾使挂在学校中的天皇御像受惊。也有些教师为抢救天皇御像，冲入火中而被烧死。他们的死，证明他们对“名分的义理”的高度重视和对天皇的“忠”。至今仍有流传说，有些人在庄严捧读《教育敕语》或《军人敕谕》

时，偶尔读错，竟然自杀以洗刷污名。在当今天皇治下，也有人曾因一时不慎，误把自己的孩子起名“裕仁”（当今天皇的御名，在日本必须避讳，绝不能说），因而自杀并杀死其子。

152 在日本，作为一个专业工作者，对其专业上“名分的义理”要求十分严格，但却不一定靠美国人所理解的高度专业水平来保持。教师说：“教师名分的义理，不允许我说不知道。”意思是，即使他不知道青蛙的属类，也必须装作知道。即使只靠在学校学了不多几年的基础教英语，也不能容忍别人来订正他的错误。“教师名分的义理”所特指的正是这种自我防御。实业家也是这样。“实业家名分的义理”决定他不能向任何人透露他的资产已经枯竭，或者他为公司制订的计划已经失败。外交家在“义理”上也不能承认自己外交方针的失败。有关“义理”的上述含义都是把一个人与他的工作高度地等同起来，对某人的行为或能力的任何批评，就自然地变成对他本人的批评。

日本人这种对失败和无能等不名誉的反应，在美国也同样会不断出现。我们都知道，有些人一听到诽谤就气得发狂。但是，我们美国人却很少像日本人那样高度戒备自我防御。如果一位教师不知道青蛙的种属，即使他可能掩饰自己的无知，但他总会认为，老实承认无知比硬装自己知道要好一些。如果实业家对他创设的方针不满，他会认为可以再下达另一种新的方针。他不会认为，必须坚持自己一贯正确才能保持自尊；他也

不会认为，如果承认自己错误，就必须辞职或退休。可是，在 153
日本，这种自我防御则非常根深蒂固。因而不能当面过多地说别人专业上的失误，这既是一般礼节，也是一种明智。

这种敏感性在与人竞争而失败时尤为显著。比如，就业时别人被录用了，或者本人在竞争考试中落选了，失败者就会因失败而“蒙羞”。这种羞耻感有时会成为发奋的强烈动力，但更多的则变成危险的沮丧。他或者丧失自信心，忧郁不振，或者怒发冲冠，或者兼而有之。他的努力于是受到挫折。对美国人来说特别重要的是，应当认识到：竞争在日本不会产生如同在美国的那种社会上可取的效果。我们把竞争看作是好事而高度依赖它。心理测验证明，竞争刺激我们做出最出色的努力。在竞争的刺激下，工作效率就提高。而当我们自己一人单独工作时就达不到有竞争者在场时的成绩。但在日本，测验的结果正好相反。这种现象在少年期结束后尤为明显。因为日本的儿童们把竞争多半看作是游戏，并不怎么在意。在青年和成年人中，一有竞争，工作效率就降低。人们单独工作时，进步较快，错误减少，速度也提高。一旦与竞争对手在一起，就既出错误，速度也迅速下降。当他们用自己的成绩来衡量自己的进步时， 154
他们干得最好；如果与别人对照测试，就不是这样。几位日本实验者对竞争状态下成绩不佳的原因做了正确的分析。他们说，如果一个项目采用竞争的方法，被测试者的思想就会集中于担心失败，因而工作受到损失。他们对竞争对手异常敏感，仿佛是对自己的一种侵犯，因而注意力转到与侵犯者的关系上，而不是专心从事工作。①

测验表明，接受这种测验的学生，想到可能失败而蒙羞，心理影响极大。正如教师、实业家各自要保持其专业上“名分的义理”一样，他们也十分重视学生对“名分的义理”。竞赛中失败的学生团队会因失败的耻辱而采取非常的行动。赛艇运动员会手握船桨扑倒在船上而大声号啕，失败的垒球队员会聚成一团失声痛哭。在美国，我们会说这些家伙器量太小。我们的礼节是，败者应该说对方优秀，因而获胜。应该是败者向胜者伸手致意。不管怎么讨厌赛输，我们也看不起那种因赛输而情绪冲动的人。

日本人常常想出一些巧妙办法来避免直接竞争。日本小学
155 中竞争机会之少是美国人想象不到的。日本的教师们奉命必须教育每一个儿童提高成绩，不能为学生提供机会使他们与其他孩子去比较。日本小学里没有留级重读一年的制度，同时入学的儿童，一起学习全部课程，一起毕业。小学生成绩表上记载的是操行品质，而不是学业成绩。一旦竞争无法避免，比如中学入学考试之时，其紧张状况是无法理解的。每一位老师都知

① 测验报告见 Ladislas Farago, *The Japanese: Character and Morale*,（L. 法拉格：《日本人：性格与意志》誊印版）。为 Committee for National Morale（国民意志委员会）而作，该会地址：9 East 89th street, New York（纽约，东 89 街 9 号）。

道一些孩子们因没考上而企图自杀的故事。

这种尽量减少直接竞争的做法，贯穿于日本人的全部生活。美国人的最高指示是在同辈竞争中取得优异成绩，而以“恩”为基础的伦理则极少容许竞争的余地。他们的等级制体系有烦琐规定，把直接竞争控制在最低程度。家族制度也限制了竞争，因为从制度上说，父亲与儿子不像美国那样有竞争关系，他们可能互相排斥，但不是竞争。日本人看到美国家庭中儿子与父亲在使用汽车及照顾母亲或妻子方面互相竞争的情况时，是以惊诧的语气进行评论的。

在日本到处都有中介人，这种习俗是日本人防止两个竞争者直接对峙的明显办法之一。一个人因失败而感到羞耻时，随时都需要有个中介人。因而，在提亲、找工作、退职以及无数 156
日常事务中，中介人都起着作用。中介人为当事者双方传达对方的意见。或者在诸如结婚之类的重要交往中，双方各自都请中介人，他们先做细致交涉，然后再分别向各方汇报。用这种方式间接进行交往，当事者就不至于听到在直接谈判中必然会招致憎恶或伤及名分“义理”的要求与责难。中介人也会因发挥了这种重要作用而获得众望，并以其成功手段博得社会的尊敬。谈判顺利则中介人脸上增光，由此而使顺利签订协议的机会增多。中介人还以同样方式帮助求职者探听雇主意图，或将雇员的辞职意图转告雇主。

为了避免造成羞辱以至引起有关名分的“义理”问题，日本人制定了各种礼节以求缓和，把事态控制在最低限度，其范围远不止直接竞争。日本人认为，主人迎接客人必须换上新衣并待以一定的礼节。因此，访问农家时，如果农民还穿着劳动服，那就必须稍待片刻。在没有换上适当衣服并安排好适当礼节以前，那个农民将毫无迎见之表示。主人甚至会若无其事地在客人所等待的同一房间更衣打扮，直到打扮齐整以前，简直就像他不在这个现场。在农村，有男青年在夜阑人静、姑娘们已经
157 就寝时访问姑娘的习俗。对男青年的求爱，姑娘们既可以接受，也可以拒绝。但男青年则要用手巾蒙上脸面，以便遭到拒绝后第二天无须感到羞耻。这种化装并不是为了不让姑娘们认出是谁，它只不过是鸵鸟式的办法，日后不必承认他本人曾受辱。另外，日本人还有一种礼节性要求，就是对任何计划，除非确有成功把握，尽可能置之不闻不问。媒人的任务之一是要在婚约完成以前，让未来的新娘、新郎会面相亲。他要用尽各种办法使这种会面成为一种偶然相逢。因为，如果在这个阶段就公开了介绍的目的，那么万一谈不妥，就会损害一方或双方家庭的名誉。相亲时年轻的男女分别由父亲或母亲或双亲陪同，媒人必须扮演主人（或女主人）的角色。最方便的办法是安排他们参观每年例行的菊展或赏樱，或者去著名的公园、娱乐场所，这样双方就“偶然”“碰”到一起。

通过以上的方法以及其他许多方法，日本人避免因失败而引起的耻辱。虽然他们强调有义务在受辱时要洗刷污名，但在

实际生活中，这种义务使他们在处理事情时尽可能不致感到受辱。这一点，同太平洋诸岛上与日本同样重视洗刷污名的部族相比，具有显著的差别。

在新几内亚及美拉尼西亚①从事园艺的原始民族中，遇到侮辱就定要愤怒，这成为部族及个人行动的主要推动力。他们 158
在举行部族宴会时，必须让一个村的人议论另一个村子，说他们穷得连十个客人也请不起，是吝啬鬼，把芋头和椰子都藏起来；他们的首领们是批蠢货，连宴会都组织不起来等等。于是遭到挑战的村子就炫耀豪奢和大方，使得来客惊异，以洗刷其污名。提亲及经济上的交易也是如此安排。双方交战时也是这样，敌我双方在搭弓射箭之前，必须互相詈骂。不管是多么琐细的事情，他们也得把它当作非拼一死战不可。这对采取行动是一大动力，而这些部族往往具有很大的活力。但是没有人说这些部族崇尚礼节。

与此相反，日本人却是尚礼的模范。这种显著的尚礼也正可估量他们会如何极力限制那些必须洗刷污名的事端。他们诚然把“因受辱而发愤”看作取得成功的最好的刺激，却极力限制此类事态的发生，认为只应在特定场合或消除此类事态的传统手段被某种力量抑制而无法奏效时才会发生。日本在远东取

① 美拉尼西亚（Melanisia）：亚洲西南太平洋岛屿中，黑人居住的岛屿统称Melanisia，即“黑人群岛”。——译者

得统治地位以及它最近十几年来推行对英美的战争政策，无疑起到了很大的作用，这是事实。但是，西欧人关于日本人对侮辱敏感和热衷复仇的许多议论，用之于新几内亚那些喜欢利用
159 侮辱的部族，比用之于日本更加适当。西欧人对日本在战败后将如何行动的许多预测之所以往往不能切合实际，正是因为他们没有认识到日本人对名分的“义理”所加的特殊限制。

美国人不应当因日本人尚礼而低估他们对诽谤的敏感。美国人随便评论人，视同游戏。我们很难理解，日本人对轻微的批评也当作大事。日本画家牧野芳雄在美国出版的英文自传，生动地描述了一个日本人对“嘲笑”做出的典型反应。他写这部传记时已在美国和欧洲度过了他大部分的成年时代，但其感受之强烈却好像仍然生活在他的故乡——爱知县的农村。他是一位颇有地位的地主的幼子，在幸福的家庭中受到无比的宠爱。幼年期即将结束时，母亲去世。不久父亲破产，为了偿还欠债，变卖了全部家产。家庭败落了，牧野身无分文，无法实现自己的宏愿，其中之一就是学习英语。他来到附近的教会学校当门房，为的是学英语。直到18岁，除了附近几个乡镇以外，他未出过远门，却决心要到美国去。

> 我拜访一个我最信赖的传教士，向他表明了自己想去美国的意思，指望他也许会告诉我一些有用的知识。可是非常失望，这位传教士喊道：“什么？你想到美国去？”

传教士的夫人也在房间里，他们俩一块儿嘲笑我！霎时间，160
我似乎觉得脑子里的血全部流到了脚底下。我在那里默默地站了两三秒钟，连一声“再见”也没说，就回到自己的房间。我自言自语道：“一切全完了！”

第二天一早我就离开了。现在我要说一说原因。我总坚信：世界上最大的犯罪就是对人**不诚恳**，而嘲笑人则是最不诚恳的。

对人们的发怒，我常常原谅，因为有时脾气不好是人的本性。人们向我撒谎时，我一般也能原谅，因为人性很脆弱，在面对困难时常常不够坚强，不敢讲真话。对无根据的流言蜚语、背后谈论，我也能原谅，因为人们遇到别人说闲话时，难免不陷进去。

甚至对杀人犯，我也可以酌情体谅。但对嘲笑，则无可原谅，因为只有内心不诚恳，才会嘲笑无辜者。

请允许我对两个词讲一下我自己的定义。杀人犯：杀害某人肉体的人；嘲笑者：杀害他人心灵的人。

心灵远比肉体宝贵，因此，嘲笑是最恶劣的罪行。那一对传教士夫妇实在是要残害我的心灵，我心中感到巨大的创痛，我的心在叫喊“你为什么……！？”①

① Makino Yoshio, *When I was a child*（牧野芳雄：《我的童年》），1912年，第159—160页。

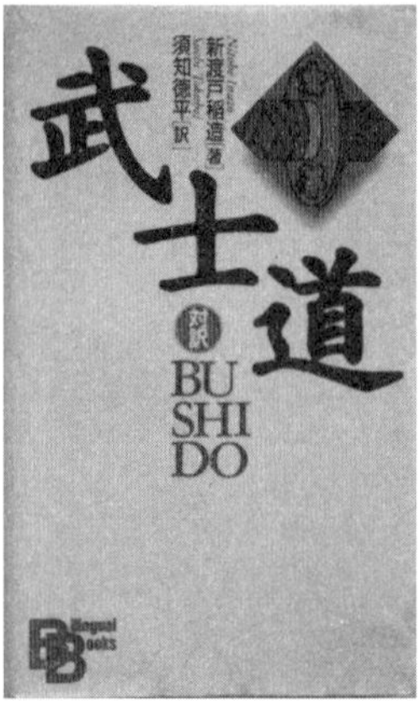

新渡户稻造著《武士道》封面

新渡户稻造（1862—1933 年）

第二天早晨，他把全部东西打成一个包袱，背着走了。

他感到“被残害了”，一个身无分文的乡村少年想去美国161 学画，却遭到传教士的不信任。他的名分被玷污了，只有实现他自己的目的才能雪除污名。既然已经遭到传教士的嘲笑，他就只能别无选择，离开这里，并且证明他有能力到美国去。他指责传教士时所使用的英文字眼是“insincerity”（不真诚、不诚恳）。这使我们感到奇怪，因为在我们看来，那位美国人的惊奇是十分符合“sincere”（诚实、正直）的含义的。而牧野先生则是按日本人的含义来使用这个词的。日本人对那种蔑视别人以至不屑挑起争吵的人，认为是不诚实、不诚恳。这类嘲笑是放肆的，毫无顾忌的，是对人不诚恳的明证。

“甚至对杀人犯，我也可以酌情体谅。但对嘲笑，则无可原谅”。既然“原谅”不是对嘲笑的正确态度，那么唯一可行的办法就是报仇。牧野来到了美国，也就洗刷了污名。在遭到侮辱或失败的情况下，“复仇”是一件“好事”，在日本传统中占有很高的位置。为西欧人写书的日本人，常常使用生动的比喻来描写日本人对待复仇的态度。新渡户稻造这位最富于博爱思想的日本人，在其 1900 年所著书中写道：“复仇具有某些足以满足正义感的东西，我们的复仇观念就像数学中必须使方程式的两边相等那样严密，否则，我们总感到心事未了。”[①] 冈仓由三郎在题为《日本的生活与思想》这本书中，把报仇与日本一种独特的习惯做比较后写道：

> 所谓日本人的心理特异性，很多来自喜爱洁净及与之相联系的厌恶污秽。否则无法解释这种现象。我们被训练 162
> 成（实际情况如此）遇到侮蔑家庭名誉或者国家荣誉，就

① Nitobe, Inazo, *Bushido, The Soul of Japan*（新渡户稻造：《武士道：日本的灵魂》），1900 年，第 83 页。新渡户稻造（1862—1933 年）：日本教育家、农学家、政治家。出身高级武士家庭。就读于札幌农学校、东京帝国大学。三年后毕业于美国约翰·霍普金斯大学，后娶美国女子为妻。在德国获农业经济学博士。归国后历任京都帝国大学教授、东京女子大学第一任校长、贵族院议员等。所著《武士道》影响很大（我国有商务印书馆出版的中译本）。另著《农业本论》《修养》《自警录》等。——译者

> 视若污秽或疱疥，必须通过申辩洗刷干净，否则就犹如不能恢复清洁或健康。对日本公私生活中常见的报仇事例，不妨看作是一个喜爱洁净成癖的民族所进行的晨浴。①

他接着说，“日本人过着清净无尘的生活，犹如盛开的樱花，美丽而凝静。”换言之，“晨浴”就是洗净别人向你投来的污泥，只要你身上沾一点，就不贞洁。日本人没有这样一种伦理教育，即一个人只要自己不感到受辱，就不算受辱；他们不认为：“人必自侮而后人侮之”，亦即：别人对他如何无损于他的为人。

日本的传统经常公开提倡这种“晨浴”式的复仇理想。无数事例和英雄故事已经家喻户晓，其中脍炙人口的就是“四十七士”②的故事。这些故事被编入教科书、在剧场上演、拍成电影、写成通俗读物，已成为日本现有文化的一部分。

这些故事中很多是描写对偶然失败的敏感。例如，有一位大名让他的三个家臣去猜一把名刀的锻造者。三人提出了三个
163 名字，待至请来专家鉴别后，只有名古屋山三准确地说出这把刀是“村正”锻造的，另外两位鉴定错了的家臣感到受了侮辱，便要伺机杀掉山三。其中一个人趁山三熟睡之际用山三自己的

① Okakura, Yoshisaburo, *The Life and Thought of Japan*（冈仓由三郎：《日本的生活与思想》），伦敦，1913 年，第 17 页。

② 四十七士：参阅本书第十章中的相关内容（第 215—222 页）。——译者

刀去刺杀，但山三未被刺死。此后，狙击者矢志复仇，终于杀死山三，实现了“（对名誉的）义理”。

其他的故事是关于必须向自己的主君进行复仇。按照日本的伦理，“义理”意味着家臣必须终生忠于主君，同时也意味着，如果家臣感到受辱，也会一变而为仇敌。德川第一位将军家康的故事中就有这样的好例子。德川家康的一位家臣听说，德川曾在背后说他是个“会被鱼骨头卡死的家伙”，这是对武士尊严的侮辱，绝难容忍。于是，这位家臣发誓，至死不忘此辱。当时，德川家康刚刚奠都江户，着手统一全国，敌对势力仍在，大局尚未平稳。这位家臣暗中勾结敌方诸侯，策谋内应，纵火烧毁江户。他认为这样就实现了“义理”，向德川报了仇。西方人有关日本人的忠诚的议论，很多不合实际，其原因就在于他们不了解，“义理”不仅是忠诚，在特定条件下它也要求背叛。正如他们所说：“挨了打会成为叛徒”，受了侮辱也是一样。

日本历史故事中这两个主题：一个是有错误者向正确者进行报复；另一个是凡受辱必报复，即使对方是自己的主君。这 164
两个主题在日本文学作品中很常见，情节也多种多样。但是，如果考察一下当代日本人的身世、小说及实况，情况就很清楚，尽管他们在古代传统中非常崇尚复仇，在现实生活中则和西欧一样，复仇行为很少见，甚至比西欧还要少。这并不意味着人们的名誉观念日趋淡薄，而是意味着对失败和侮辱的反应已日益成为自卫性的而不是进攻性的。对耻辱仍然看得很重，但已

乔治·桑塞姆著《日本史》

乔治·桑塞姆著《日本文化简史》

更多地以自我麻痹来代替挑起争斗。明治维新以前，日本缺少法律，直接攻击的复仇可能性较大。到了近代，法律、秩序以及处理相互依存的经济难度，使复仇行为转入隐秘，或者把它针对自己胸膛。人们可以玩弄计谋向仇人进行报复而使对方毫无察觉，这多少有些像古代故事中，主人暗藏粪便于珍馐，以飨仇敌，唯一的目的就是要对方食而不察。客人竟毫未觉察。今天，就连这种隐秘的攻击也极为稀少，更多的是把攻击矛头指向自己。这里有两种抉择：一种是把它当作鞭策，激励自己去干“不可能”的事；另一种则是让它侵蚀自己的心灵。

日本人对失败、诽谤或排斥的反应很敏感，因而极易恼恨自己而不去恼恨别人。近几十年，日本的小说一再描写有教养

的日本人如何在极端狂怒与悲伤抑郁之间辗转不安。这些小说 165
中的主角厌烦一切，厌烦日常生活、厌烦家庭、厌烦城市、厌烦乡村。他们的厌倦并非由于未达到理想，亦即与理想的伟大目标相比，一切努力都渺小得可怜。它不是来自现实与理想的对立。日本人一旦有追求重大使命的远景，厌倦情绪就会消失，不管这个目标多么遥远，厌倦情绪也会消失得无影无踪。日本人所特有的这种厌倦是一种敏于感伤的疾病。他们把被摈斥的恐怖引向内心，不知如何自处。日本小说中描写的厌倦心理状态与我们熟悉的俄国小说不同。在俄国小说中，现实世界与理想世界的对立是小说主人公一切苦闷经验的基础。乔治·桑塞姆爵士（Sir George Sansom）[①] 曾经说过，日本人缺乏这种现实与理想的对立感。他这样说，并不是为了说明日本人厌烦的根源，而是为了说明日本人的哲学是怎样形成的，以及他们对人生的一般态度。的确，这种与西方基本观念的对立，已经远远超出此处所指的特殊事例范围，但与日本人的动辄忧郁却有

① 乔治·桑塞姆（George Bailey Sansom，1883—1965 年）：英国外交官、日本史专家。1904 年起长期在英国驻日使馆任领事、参赞。一战期间、二战期间曾在英国军事部门供职，在美国哥伦比亚大学任教授（1935—1936，1940—1942 年）。二战后任联合国远东委员会英国代表。著有 *National Grammar of Japan*（《日语语法》，1928 年）、*Japan: A Short Cultural History*（《日本文化简史》，1931 初版，1962 修订）、*The Western World and Japan*（《西方世界与日本》，1950 年），*History of Japan*（《日本史》，三大卷，1953、1961、1963 年）等。——译者

特殊关系。日本和俄国都是喜欢在小说中描写厌倦的民族，这和美国形成鲜明的对照。美国小说不大写这种题材。美国小说把书中人物的不幸归咎于性格缺陷，或残酷社会的虐待，而很少描写单纯的厌烦。美国小说描写一个人与环境不协调总有一个原因，作者总是让读者从道义上责备主人公的性格缺陷或社
166 会秩序中存在的弊端。日本也有无产者小说，谴责城市中可悲的经济状况以及渔船上的可怖事件。但是，正如一位作家说的，日本的人物小说所暴露的是这样一种社会，在那个社会里，人们情绪爆发时就像有毒的气体在飘荡。小说的主人公或作者都不认为有必要分析周围的环境或主人公的经历，以弄清阴云来自何处。它说来就来，说去就去，人们都容易伤感。古代英雄惯于向敌人进行攻击，他们则把这种攻击转而向内。在他们看来，他们的忧郁似乎没有明确的原因。虽然也不无找些事件当作原因，但这些事件留给人们的印象则至多不过是一种象征。

现代日本人施之于自身的最极端的攻击行为就是自杀。按照他们的信条是，用适当的方法自杀，可以洗刷污名并赢得身后好评。美国人谴责自杀，认为它只不过是屈服于绝望而自我毁灭。日本人则尊重自杀，认为它可以是一种光荣的、有意义的行为。在一定场合，从“对名分的义理”来说，自杀是最体面的办法。年关还不了债的人、因某种不幸事故而引咎自杀的官员、结合无望而双双殉情的恋人、以死抗议政府迟迟不对中国进行战争的爱国志士等等，都像没有考中的少年及避免当俘

虏的士兵一样，把最后的暴力对准自身。有些日本权威说，这 167
种自杀倾向在日本是新近出现的。是否如此，很难判断，但是统计表明，近年来观察者往往高估自杀的频率。按比例来说，19 世纪的丹麦和纳粹前的德国自杀人数比日本任何时代都要高。但是有一点可以肯定，日本人喜欢自杀这一主题，就像美国人大书特书犯罪一样，两者都为此感到同样的切身之感。与杀别人相比，他们更津津乐道自杀。借用培根（Bacon）的话来说，他们是把自杀当成最喜欢的“刺激性事件”（flagrant case）。议论自杀可以得到其他话题所不能得到的某种满足。

切腹仪式

近代日本的自杀与封建时代历史故事中的自杀相比，更加富于自虐性。在历史故事中，武士为了免受不名誉的死刑，按照朝廷的命令而自杀，恰如西方敌方士兵宁愿被枪杀而不上绞刑架或落入敌手遭受酷刑。武士被批准切腹，也恰如不名誉的普鲁士军官有时被允许秘密自杀一样。犯罪的普鲁士军官在知道除死之外，无法挽救名誉时，他的上级就在他卧室的桌上放两瓶威士忌酒和一把手枪。日本武士也是一样，死是注定了，只不过是选择死的方法。而近代的自杀则是主动选择死。人们往往把暴力转向自己，而不是残害别人。在封建时代，自杀行
168 为是一个人的勇敢和果断的终极宣告，今天则变成主动选择自我毁灭。最近四五十年间，每当日本人感到“世界混乱”、“方程式的两边不相等”、需要洗“晨浴”以洗净污秽的时候，他们越来越倾向于毁灭自己，而不是毁灭别人。

把自杀作为最后论据而争取获胜，虽然封建时代和现代都有，但在现代，也在向上述方向转变。德川时代有个著名故事，说的是幕府有一位年高德劭的顾问，担任将军监护人，曾经在其他顾问官和将军代理人面前，当众袒腹抽刀，准备切腹。这种威胁手段奏效了，他推荐的人继承了将军职位。他达到了目的，也没有自杀。用西方语言来说，这位监护人是在用“切腹”威胁反对派。在现代，这种抗议性的自杀行为已不是谈判手段而是为主义殉身，其出现多半是所提主张未被采纳，或反对某些已签字的协议（如伦敦海军裁军条约）以求留名史册。在这种场合，只有实实在在的自杀，才能影响舆论，不是摆摆架势进行威胁就能够奏效的。

在“名分的义理”遭受威胁时，把攻击矛头指向自己，这种倾向正在发展，但并不必然包含自杀这种极端手段。自我攻击有时表现为沮丧、消沉以及日本知识阶层中流行的那种典型的厌倦情绪。这种情绪之所以在这个阶层广泛蔓延，有充分的社会学原因。这是因为，知识分子过剩，他们在等级制中的地位很不稳定，只有极少数人能够满足其雄心壮志。特别是 20 169
世纪 30 年代，当局怀疑他们有“危险思想”，使他们愈加感伤。日本知识分子常把他们的抑郁归因于西方化造成的混乱，但这种说法并不对路。典型的日本人的情绪摇摆是从强烈的献身精神一变而为极端的厌倦。很多知识分子所曾蒙受过的这种心理毁损乃是日本传统方式的。20 世纪 30 年代中期，他们当中许多人也用这种方式摆脱厌倦情绪。他们抱着国家主义目标，把攻击矛头再次从自己内心转向对外。从对外发动极权主义侵略中，他们重新“发现自己”，摆脱恶劣心境，感到自己内部有一股新的巨大力量。他们相信，虽然在人际关系上不能做到，作为一个征服民族则能够做到。

现在，这场战争的结果证明了上述信念的错误，消沉再次成为日本人的巨大心理威胁。不管怎么想，他们很难克服这种心情。它根深蒂固。东京的一位日本人说:“再不用担心炸弹了，真是一个大解放。但我们不打仗了，也没有目标了。每个人都恍恍惚惚，干起活来心不在焉。我自己是这样，我老婆是这样，所有的日本人都像住医院的病号，干什么事都是慢腾腾的，茫

然若失。人们抱怨政府对战争的善后及救济工作进展缓慢。我
170 以为，这是因为那些官员的心情也和我们一样。”这种虚脱状态的危险性与法国解放后一样。在德国，投降后最初的6—8个月期间还没出现这个问题，日本则成了问题。美国人能够充分理解这种反应。但是令人几乎难以置信的是，与此同时，日本人对战胜国竟如此友好。几乎战争一结束，情况就十分明朗：日本人以非常善意的态度接受了战败及其一切后果。他们鞠躬致意、微笑招手，甚至以欢呼迎接美国人，既不抑郁，也不发怒。用天皇宣布投降诏书中的话来说，他们“忍所难忍”。那么，这些人为什么不着手重建家园？在占领条件下，他们有这种机会。占领军并没有占领每个村庄，行政事务的管理仍在他们手中。整个民族似乎都在欢笑招手迎接而对自己的事却漠然置之。然而，正是这个民族，在明治初年完成了复兴奇迹，在20世纪30年代倾注全力准备军事征服，他们的士兵在整个太平洋地区不顾一切，逐岛拼死作战。

这个民族确实丝毫未变。他们是以日本方式做出反应的。在顽强努力与消磨时光极端消沉之间，情绪摇摆不定，这对他们来说是很自然的。在当前，日本人的主要注意力是要维护战败的荣誉，而且他们认为采取友好态度能够达到这一目的。作
171 为一种派生的结论，许多日本人认为依赖美国是达到这一目的的最安全办法。由此他们很容易认为，做出努力反而会招致疑忌，还不如消磨时光。于是，消沉情绪蔓延。

但是，日本人绝不欣赏消沉。“从消沉中站起来”，“把别人从消沉中唤醒”，既是当前日本号召改善生活的经常性口号，也是战争期间广播中常用的词句。他们以自己的方式向消极无为做斗争。1946年春季，日本报纸连篇累牍地说：“全世界的目光正在注视着我们”，而轰炸废墟的瓦砾依然未清，某些公用事业仍处于停顿，这对日本名誉该是何等玷污！他们还埋怨那些无家可归的难民，说他们意志消沉，夜宿车站，让美国人看他们的可怜相。日本人颇能理解这些启发名誉心的呼吁。他们也希望倾注最大努力，以便将来能成为一个在联合国组织中占有重要地位的国家。那仍然是为了名誉，但方向则全然一新了。如果将来大国之间实现了和平，日本是能够走上这条自尊自重的道路的。

日本人持久不变的目标是名誉，这是博得普遍尊敬的必要条件。至于为了实现这一目标而使用的手段则根据情况而决定取舍。情况发生变化，日本人就会改变态度，这算不上道德问题。而我们热衷于“主义”，热衷于意识形态上的信念。即使失败，我们的信念也不变。战败的欧洲人到处都在组织地下活动。而 172
日本人则除少数极端顽固分子外，不需要组织抵制或在地下反对美国占领军的运动。他们不感到在道义上有坚持旧路线的需要。占领后不到几个月，美国人即使单身乘坐拥挤不堪的火车前往日本的穷乡僻壤，也不必为安全担心，并且受到曾经是国家主义者官员的有礼貌的接待，未发生过一次报复行为。我们的吉普车通过村子时，孩子们站立道旁高喊“Hello”（你好）、“Good-bye”（再见），婴儿自己不会招手，母亲就把着他的小手向美国兵挥动。

战败后日本人这种180度的转变，美国人很难理解是真实的。这是我们无法做到的。对于我们来说，甚至比俘虏营中日本俘虏的态度变化还要难以理解。因为俘虏们自认对于日本来说，他们已经死了。既然是“死人”，那我们就不知道他们会干些什么。在了解日本的西欧人士中，几乎没有一个人会预测到，日本俘虏的上述表面性格的变化也会出现在战后的日本公众之中。他们多数人都认为：日本“只知道胜利或失败”；而且在日本人眼里，失败就是侮辱，一定要以拼死的暴力进行报复。某些人则认为，日本的民族性使他们不可能接受任何媾和条款。这些日本研究者们不懂得“义理”。他
173 们在众多为保持名誉的各种抉择中，只挑出复仇与侵犯这种显著的传统程式。他们没有考虑到日本人还有采取另一种方针的习惯。他们把日本人关于侵犯的伦理与欧洲人的公式混为一谈。在欧洲公式中，任何个人或民族，如果进行战斗，首先必须确认其战争目的的永恒正义性，其力量则来自久蓄胸中的憎恨和义愤。

日本人则另外寻找侵略的根据。他们迫切要求在世界上赢得尊敬。他们看到大国是靠军事实力赢得尊敬的，于是力求与这些国家并立。由于资源缺乏，技术落后，他们不能不

采用比希律王[1]更加毒辣的手段。他们付出了巨大的努力，还是失败了，这对他们来说，意味着侵略到底不是赢得名誉之路。而“义理”则常有双重同等的含义，一方面是使用侵略手段，另一方面是遵守互敬关系。在战败之际，日本人从前者转向后者，而且显然不觉得心理上对自己有任何压力。目标仍然是为了名誉。

在历史上其他场合，日本也曾有同样的举动，往往使西方人迷惑不解。1862 年，长期的锁国帷幕刚刚拉开，一位名叫理查森（Richardson）的英国人在萨摩[2]遭杀害，萨摩藩是攘夷运动的策源地，萨摩武士傲慢好战在日本是闻名的。英国派了远征军进行惩罚，炮轰萨摩藩重要港口鹿儿岛。日本人在整个德川时代一直在制造武器，但都是仿造旧式的葡萄牙枪。鹿儿岛当然不是英国军舰的对手。但这次炮击却带来了意外惊人的后果，萨摩藩并没有誓死报复，反而向英国寻求友谊。他们亲眼看到敌人的强大，就要求向敌人请教。他们与英国建立了通商 174

① 希律王（Herod the Great）：犹太统治者（传说公元前 37 年至公元前 4 年在位）。以残暴著称。耶稣诞生时，他听说一新生婴儿（指耶稣）将成为未来的“犹太王”，搜索不得，竟下令在一夜之间将伯利恒城内及四境两岁以下男孩全部杀死。（见《新约·马太福音》第二章）——译者

② 应是生麦，位于横滨市。著者误以为是在萨摩。——日译者。
中译者按：当时是萨摩藩兵队列通过生麦村，理查森欲横穿队列，引起纠纷而被杀害。著者因此误以为在萨摩。

关系，并于次年在萨摩建立了学校。[①]据当时一位日本人描述，这所学校“教授西方的学术奥义，……因生麦事件而产生的友好关系日益发展”。[②]所谓生麦事件[③]就是英国惩罚萨摩并炮轰鹿儿岛港。

这并不是一个孤立的事例。与萨摩藩媲美，也以好战和激烈排外著称的另一个藩是长州藩。这两个藩都是培育“王政复古”领导者的温床。没有正式权力的朝廷曾发布一道敕令，限以 1863 年（阴历）5 月 11 日为期，命令将军把一切夷狄赶出日本国土。幕府没有理睬这道命令，而长州藩则反之。它从要塞向通过下关海峡的西方商船开炮。日本的火炮和炮药实在低劣，外国船只并未受损害。为了惩罚长州藩，西欧各国联合舰队迅速击毁了长州藩要塞，并索取三百万美元的赔偿，然而这

① 指“开成所”。——日译者。
中译者补注：开成所（1863—1868 年）是幕府的洋学机构，教授荷英法德俄各国语言和数理化天文地理等近代科学，培养了一批优秀洋学者。明治政府成立后改称“开成学校”，1877 年与其他机构组成东京大学。

② 见诺曼：《日本近代国家的诞生》，第 44—45 页及注㊇。（中译本第 47 页及注③）

③ 此处应称“萨英战争”，不应称“生麦事件”。萨英战争：1862 年 8 月生麦事件后，英国与幕府和萨摩藩谈判未成。次年 7 月，英舰七艘炮击萨藩的鹿儿岛。萨藩态度迅速转变。11 月，双方在横滨议和。此后，萨藩获得英国的支持。——译者

次炮击却带来了与萨摩藩同样奇妙的后果。[1] 诺曼论述萨摩事件和长州事件时写道："这些曾经是攘夷急先锋的藩发生了豹变，不管其背后的动机多么复杂，这种行动却证明了他们的现实主义和冷静态度，人们对此只能表示敬意。"[2] 175

这种善于适应情况的现实主义是日本人"对名分的义理"的光明面。像月亮一样，"义理"有其光明面和黑暗面。它的黑暗面使日本把美国限制移民法和伦敦海军裁军条约看作是对日本民族的极大侮辱，导致这场不幸的战争计划。它的光明面则使日本能够以善意的态度接受1945年的投降及其后果。日本仍然，是按其性格行事的。

近代日本的著作家及评论家在"义理"的各项义务中择其所需介绍给西方读者，称之为崇拜"武士道"，或曰"武士之道"。有理由说，这种介绍引起了某些误解。武士道这个正式名称是近代才有的。它不像"迫于义理"、"完全出于义理"、"为义理而竭尽全力"等格言那样有深厚的民族感情背景。它也不能包罗"义理"的复杂性和多样性。它是评论家出于灵感的创作。而且，由于武士道曾经是国家主义者和军国主义者的口号，随

① 下关：下关，亦称马关。1863年5月，长州藩"尊王攘夷派"对经过下关海峡的外国船只实行炮击。次年8月，英法美荷四国舰队炮击下关，登陆、破坏炮台。长州"尊攘派"失败后改变态度，转而采取"开港讨幕"战略。长州藩，亦称萩藩、山口藩，在今山口县境内。——译者

② 诺曼：《日本近代国家的诞生》，第45页。

着这些领导人的信誉扫地，武士道的概念也正在受到怀疑。这绝不意味着日本人今后不再懂“义理”。恰恰相反，现在正是西方人应当理解“义理”在日本的含义的更加重要的时期。把武士道等同武士阶级也是误解之源。“义理”是所有阶级共同
176 的道德。与日本其他一切义务及纪律一样，身份越高，“义理”的责任“就越重”，但所有阶层都要讲“义理”。至少日本人认为“义理”对武士的要求要比对平民高。外国观察者则似乎认为，“义理”对普通百姓要求最高，因为他们所得的回报较少。在日本人看来，只要在自己那个圈子里受到尊敬就是充分的回报，而“不懂义理者”仍然是受其同伴藐视和厌恶的“可悲者”。

第九章　人情的世界 177

日本的道德准则极端要求回报义务和自我约束，似乎坚决要把私欲谴责为罪恶并要求从内心根除。古典佛教的教义就是这样。但日本的道德准则对感官享乐十分宽容，这就更加令人惊异。日本是世界上有数的佛教国家之一，尽管在这一点上，其道德伦理显然与释迦及佛典对立。日本人并不谴责满足私欲。他们不是清教徒。他们认为肉体的享乐是件好事，是值得培养的。他们追求享乐，尊重享乐，但是，享乐必须恰如其分，不能妨碍人生重大事务。

这种道德准则使生活经常处于高度紧张状态。对于日本人容许感官享乐的后果，印度人比美国人更能理解。美国人不认为享乐必须学习，在他们看来，拒绝沉溺于感官享乐就是抵制已知的诱惑。但实际上，享乐像义务一样，也需要学习。在 178
很多文化中是不教享乐的，因而人们容易献身于自我牺牲的义务。甚至连男女之间的肉体吸引有时也受到极度限制，却几乎毫不威胁家庭的圆满生活。在这些国家中，家庭生活与男女爱情不同，是以另外一些考虑为基础的。日本人一方面培养肉体享乐，另一方面又规定不能把享乐当作严肃的生活方式而纵情沉溺。这样，日本人就使生活变得很难处理。他们把肉体享乐当作艺术一样加以培养，品尝个中趣味，又牺牲享乐，献身于义务。

日本人最喜欢的一种细致的肉体享乐是洗热水澡。从最贫穷的农民、最卑贱的仆人，到富豪贵族，每天傍晚都要浸泡在滚烫的热水中，这已成为生活常规之一。最常见的浴槽是木桶，下面烧炭火，水温可达华氏 110 度或更高。人们在入浴以前要洗净身体，然后全身浸入热水中，尽情享受温暖和舒适。他们在桶中抱膝而坐，状如胎儿，水浸至下腭。他们每天洗澡，其重视清洁与美国无异，但此中另有一番艺术情趣则是世界其他各国的洗澡习惯难以媲美的。用他们自己的话来说，年龄越大，情味越浓。

179 他们在洗澡上想尽办法节省费用和劳力，但入浴则绝不可少。在城镇中，有像游泳池那样大的公共浴池，人们可以到那里洗澡，并与偶遇者谈笑。在农村，几个妇女轮流在庭院里烧洗澡水，供几家人轮流入浴，洗澡时被人看见也不在乎。即使是上流家庭，入浴也必须遵守严格顺序。首先是客人，依次是祖父、父亲、长子，最后是家里最下等的佣人。出浴时浑身绯红，状如熟虾。然后阖家团聚，同享每日晚餐前的轻松愉快。

恰如酷嗜热水澡，视为一大享乐一样，他们也重视“锻炼”，其传统包括最严厉的冷水浴。这种习惯往往被称作“寒稽古”（冬炼）或称“水垢离”，至今仍很盛行，但已不是老传统方式。从前，必须在黎明前出去，坐在冰凉的山间瀑布之下。寒冬之夜，即使在无取暖设备的日本房间里往身上泼些冰凉的冷水，也是非同小可的苦行。帕西瓦尔·洛厄尔（Percival Lowell）记述了19世纪90年代盛行的这种习惯。那些志在获得医治疾病或能够预言的特别才能的人们——他们并不想去当僧侣或神官——在就寝前要进行“水垢离”，凌晨二时，“众神入浴”时要起床再做一次。早晨起床、中午及日落时也要各做一次。[①]那些急 180
于学习乐器或其他手艺以求谋生的人中尤其盛行黎明前的这种苦行。还有，为了锻炼身体，人们把身体裸露于严寒中。据说，练习写字的孩子们尤其要锻炼，哪怕把手指冻僵、长冻疮，说是特别有效。现代的小学里没有取暖设备，据说这对锻炼孩子们的意志大有好处，将来能够忍受人生各种艰苦。西方人则对日本孩子经常感冒和流鼻涕印象更深，因为这种习惯只能如此。

睡眠是日本人爱好的另一种乐趣，也是日本人最熟练的技能之一。他们不管什么姿势，也不论是在我们认为根本不能入睡的情况下都能舒舒服服地睡眠。这件事情使许多研究日本的西方学者惊奇不已。美国人几乎把失眠和精神紧张看成同义语，

① 见 Percival Lowell, *Occult Japan*（《神秘的日本》），1895年，第106—121页。

而按我们的标准衡量，日本人的性格是高度紧张的，可是他们却毫不费力就能熟睡。他们晚上睡觉很早。在东方各国很少发现有如此早睡的国民。村民们都是日落不久就入睡。我们的信条是为明天积蓄精力；他们早睡则不是如此，因为他们没有这种盘算。一位十分了解日本人的西方人写道："到了日本，你必须放弃那种认为今晚睡眠与休息是为准备明天工作的想法；你必须把睡眠与解除疲劳、休息、保养等问题分别考虑。"好
181 比一项工作提议一样，睡眠也是"自成一案，与任何所知生死之事无关"。[①] 美国人惯于认为睡眠是为了维持体力。我们大多数人，早晨一觉醒来，第一件事就是计算昨晚一共睡了几个小时。睡眠的长短告诉我们，白天可以有多少精力和多大效率。日本人睡觉则不是为了这些。他们就是喜欢睡觉，只要没人妨碍，他们就能高高兴兴地入睡。

同样明显，他们也能毫不吝啬地牺牲睡眠。准备应考的学生通宵达旦地用功，根本不考虑睡眠会使他更能应付考试。在军队训练中，睡眠完全服从于训练。杜德（Harald Doud）上校1934—1935年曾在日本陆军工作，在谈及与手岛大尉的一次谈话时说："平时演习中，部队连续三天两夜行军，除了十分钟小憩和短暂间歇可以打个盹以外，丝毫不能睡眠。有时士兵们边走边打瞌睡。有一个少尉熟睡过去，撞到路旁的木堆上，

① Watson W. Petrie, *The Future of Japan*（《日本的未来》），1907年。

引起大笑。”好不容易回到兵营，还是不能睡觉，都被分配去站岗或巡逻。我问：“为什么不让一部分人去休息呢？”大尉回答说：“噢，不用，他们都知道怎样睡觉，现在是要训练他们不睡觉。”① 这段话简洁生动地表达了日本人的观点。

像取暖、睡觉一样，吃饭既是享乐式的休息，又是一种严 182
格训练。日本人在余暇喜好烹调多种菜肴来品尝，一道菜只有一羹匙，色味都很讲究。但在另外情况下又强调训练。埃克斯坦（G. Eckstein）引用日本一位农民的话说：“快吃快拉是日本人最高德行之一”。②“吃饭不被认为是大事，……吃饭只是维持生命的需要，因此，应当尽快地吃完。对孩子们，尤其是男孩，总是尽量催他们快吃，而不像欧洲人那样，劝他们慢慢地吃”③（重点号是著者所加）。在训练僧侣的佛教寺院，饭前的感恩祈祷中，僧侣必须把食品看作良药④，意思是说，正在修行的人不应把吃饭看作享乐，而只应看作是必需。

---

① *How the Jap Army Fights*（《日军如何作战》连载于《步兵杂志》（*Infanfry Journal*），后以小册子出版），企鹅丛书，1942 年，第 54—55 页。

② G. Eckstein, *In Peace Japan Breeds War*（G.埃克斯坦：《和平中日本培育战争》）1943 年，第 153 页。

③ Nohara, K., *The True Face of Japan*（K. 野原：《日本的真面目》）伦敦，1936 年，第 140 页。

④《道元禅师清规》赴粥饭法中有这样一段话：“俟闻钟磬，合掌揖食，次作五思：一计功之多少，思彼来处不易；二思己德匮乏，不足以受供奉；三思防心远过，以遁世为宗；四思食如良药，为治疗枯骸；五思今受此食，以为成道。”——日译者

按照日本人的看法，强行绝食是测试意志坚强的良法。像去暖弃眠一样，绝食也表示能够忍受苦难，就像武士那样“（腹中饥饿时）口含牙签”。如果经受住绝食的考验，体力不仅不会因卡路里、维生素的缺乏而下降，反而会因精神胜利而提高。美国人认为营养与体力是一对一的对应关系，日本人则不承认
183 这一点。因此，才有东京广播电台对战时在防空洞内避难的人们宣传体操可以使饥饿者恢复体力和元气的事情。

《源氏物语》绘卷

浪漫主义的恋爱也是日本人培养的另一种“人情”。这在日本已成为习惯，尽管它与日本人的婚姻方式、家庭义务全然相反。日本小说充满了这类题材。和法国文学作品一样，书中的主角都是已婚者。情死是日本人喜欢阅读和谈论的话题。

10 世纪的《源氏物语》① 是一部描写爱情的杰出小说，与世界上任何国家当时发表的伟大小说相比毫不逊色。封建时代的大名及武士们的恋爱故事也同样具有浪漫色彩。它还是现代小说的主要题材。这与中国文学的差异是很大的。中国人忌谈浪漫主义的爱情和性的享乐，由此免去许多纠纷，家庭生活也相当平稳和谐。

在这一点上，美国人对日本人要比对中国人更加理解。但是这种理解仍然是肤浅的。我们对于性享乐的许多禁忌是日本人所没有的。日本人在这个领域不大讲伦理道德，我们则是要讲的。他们认为，像其他“人情”一样，只要把“性”放在人生的低微位置上就行。“人情”没有什么罪恶，因而对性的享受没有必要讲伦理道德。英美人认为日本人珍藏的画册有些是淫秽的，认为吉原（艺伎与妓女集中地）是悲惨的地方。对这种评论，日本人一直很重视。日本人开始与西方人接触 184
之初，就非常注意外国人这种评论，并且制定了一些法律，以使他们的习惯接近西方标准。但是，任何法律也不能消除文化上的差异。

①《源氏物语》：日本最早，也是世界最早的长篇小说。作者紫式部（978—约1018 年）。姓藤原，名不详（或云香子）。女歌人、文学家，后供职皇宫。紫式部是宫中女官名。《源氏物语》写于 11 世纪初，以降为臣籍的皇子光源氏为中心，写宫廷贵族生活和一夫多妻制下的女性。54 卷。是日本古典文学的代表作。我国有丰子恺中译本。——译者

有教养的日本人充分知道，他们并不认为那么不道德、猥亵的事，英美人却认为是不道德、猥亵。但是他们并没有充分意识到，我们的习惯态度与他们那种“人情不能侵入人生大事”的信条之间有巨大鸿沟。而这一点也正是我们难以理解日本人对待恋爱和性享乐态度的主要原因。他们把属于妻子的范围和属于性享乐的范围划得泾渭分明，两个范围都公开、坦率，而不是像美国生活中那样，一个可以公之于世，另一个则只能避人耳目。日本人对两者的区别是，一个是属于人的主要义务的世界，另一个则属于微不足道的消遣世界。如此划定范围，“各得其所”，这种办法使这两类活动对家庭中的模范父亲和市井中的花柳之徒都能分别适用。日本人不像我们美国人，他们的理想不是把恋爱与结婚看作一件事。我们所赞许的恋爱是以选择配偶为基础的，“相爱”就是我们结婚的最好理由。结婚以后，如果丈夫与其他妇女发生肉体关系，那就是侮辱他的妻子，因为他把理应属于妻子所有的东西给了别人。日本人则不这样看。
185 在选择配偶问题上，他们听命于家长，盲目地结婚。他与妻子的关系必须遵守清规戒律。即使在很融洽的家庭中，孩子们也看不到父母之间性爱的表现。正像一位现代日本人在某杂志中说的：“在我们国家里，结婚的真正目的是生儿育女，传宗接代，其他任何目的，只能歪曲结婚的真实含义。”

但是，这绝不意味着日本的男子只过这种循规蹈矩的生活。他们如果有钱就去另找情妇。与中国的重大差别是，他们不把自己迷恋的女人带到家里来作为家族的一员。如果那样，就会把两种应当分开的生活范围混而为一。他的情妇可能是精通音乐、舞蹈、按摩以及其他技艺的艺伎，也可能是妓女。不管是哪一种人，他都要与那种女子的雇主签订契约，以防止那个女人被遗弃，契约要保证给女方金钱报酬。他将为她另筑新居。只有当女人有了小孩，男人希望把这个小孩与自己的孩子一起抚养时，可以例外地把女人接到自己家里来。进门以后，这个女的不是妾，而是一个佣人。孩子们称正式夫人为“母亲”，不承认生母与孩子的关系。中国那种显然已成为传统习惯的东方式一夫多妻制与日本迥然不同。日本人对家庭义务与“人情”，甚至在空间上也是泾渭分明的。

只有上流阶级有钱蓄养情妇。多数男子则是不时与艺伎或 186
妓女玩乐。这种玩乐完全是公开的。妻子为出去夜游的丈夫梳洗打扮，妓院可以给他的妻子送账单，妻子照单付款，视为当然。妻子可能对此感到不快，但也只能自己烦恼。到艺伎处玩乐比到妓院花钱要多，但与艺伎玩乐一夕的费用并不包括性行为的过夜。他所享受的乐趣是欣赏训练有素、衣着入时、举止得体的美女的款待。如果要与某一艺伎进一步接近，男的就必须成为这位艺伎的保护人，签订契约，规定是他的情妇。或者男的魅力迷人，打动了艺伎而自愿献身。当然，与艺伎共度一夕之欢也绝不排除色情之事，艺伎的舞蹈、风趣、歌谣、仪态都是传统的，具有挑情性，而且故意表现上流夫人所不会表现的一切。这些都是“人情世界”中的事,对“孝的世界”是一种解脱。没有理由不去纵情享乐，但这两个领域则必须划分清楚。

妓女都住在烟花巷。有的人在与艺伎玩乐过后，如果余兴未尽，还可以再到妓院去。由于妓院费用低，钱少的人便满足于这种玩乐，而放弃艺伎。妓院外面都挂有妓女的照片，游客通常毫不避讳地在人前长时间地面对照片品评挑选。妓女的身
187 份低微，地位不像艺伎那么高。她们大都是因家境穷困而被迫卖给妓院，不像艺伎那样受过训练，懂得艺术。过去，在日本人还没有注意到西方人的非议、旧习惯未除之时，妓女亲自坐在人前，以没有表情的面容面对顾客，听其挑选肉体商品。现在则代之以照片。

一个男人可以挑选一位妓女，与妓院签订契约，作为她唯一的保护人,而妓女则成为其情妇。这种妇女受契约的保护。对于女侍或女店员则可以不签订契约而使之成为情妇，这种“自愿情妇”最无保障。她们才最接近通过恋爱与男对象结合,却被排除于公认的“义务世界”之外。当日本人读到美国关于年轻妇女被情人抛弃，“婴儿绕膝”，悲伤失意的故事或诗歌时，他们会把这些私生子的母亲与日本的“自愿情妇”视为等同。

同性恋也是传统“人情”的一部分。在旧时代的日本，同性恋是武士、僧侣等上层人物公认的一种享乐。明治时期，日本为了赢得西洋人的赞许，宣布许多旧习为非法，同性恋也规

定要惩处。但是，至今这种习惯却仍被认为是“人情之一”，不值得郑重对待，只是必须把它限制在一定范围，不能妨碍家 188
庭关系。因而不必担心会出现西方人所说的那种一个男人或一个女人“变成”同性恋者的危险，虽然有的日本男人自愿当职业男妓。对于美国存在着成年男子扮演同性恋的被动角色，日本人感到特别吃惊。在日本，成年男子选择少年为对象。对于成人来说，扮演被动角色认为有损人格。日本人有他们自己的界线（什么事可以做而不伤害自尊），不过他们的界线与我们的不同。

日本人对于自淫性享乐也不认为是道德问题。再没有其他民族像日本人那样有那么多的自淫工具。在这个领域内，他们也试图避免过于昭彰，以免外国人非议。但他们绝不认为这些工具是坏东西。西方人强烈反对手淫，欧洲大部分国家比美国还要强烈，这一点，在我们成年以前就已经印象很深。大人会悄声地告诉小男孩，手淫会得神经病、头发会秃掉等。母亲从孩子小时候起就监视着，发现这种事，就会非常严厉对待，施以体罚，甚至把双手缚住。或者说，这样会受上帝惩罚。日本的幼儿和少年没有这种体验，他们长大后也不可能与我们采取同样的态度。他们丝毫不觉得自淫是罪恶而认为是一种享乐，只须在严谨的生活中把它放在微不足道的地位，就能充分控制。

酗酒也是被允许的“人情”之一。对美国人发誓要绝对禁 189

《古事记》
国宝真福寺本书影

酒，日本人认为是西方的怪行奇想。对于我们地方上举行投票号召禁酒的运动，他们也这样看待。饮酒是一种乐趣，任何正常的人都不会反对，但它只是一种小消遣，因此正常的人也绝不会为它所困。按照他们的看法，正如不必担心会变成同性恋者一样，也不必担心会成为醉鬼，强制防止酒精中毒也确实没有成为日本的社会问题。喝酒是一种愉快的消遣，因此，家庭，以至社会都并不嫌恶醉酒的人。他不会胡来，也没有人认为他会打自己的孩子。一般常见的是，纵情歌舞，排除严格的礼仪束缚，无拘无束地畅饮。在城市的酒宴上，人们则喜欢坐在对方的膝盖上。

古板的日本人严格区别饮酒和吃饭。在农村的宴会上，如果谁开始吃饭，就意味着他不再喝酒。他已涉足于另一个“世界”，对这两个“世界”区别得很清楚。在自己家里，他有时也在饭后饮酒，但绝不会一边饮酒一边吃饭，而是先享受一种，再享受另一种。

日本人的上述“人情”观具有一些重要后果。它从根本上推翻了西方人关于肉体与精神两种力量在人的生活中互争雄长的哲学。在日本人的哲学中，肉体不是罪恶。享受可能的肉体 190
快乐不是犯罪。精神与肉体不是宇宙中对立的两大势力，这种信条逻辑上导致一个结论，即世界并非善与恶的战场。乔治·桑塞姆爵士写道：“在整个历史上，日本人都似乎缺乏这种认识恶的问题的能力，或者说在某种程度上不愿意抓住这个问题。”[①] 事实上，日本人始终拒绝把恶的问题看作人生观。他们相信人有两种灵魂，但却不是善的冲动与恶的冲动之间的斗争，而是“温和的”灵魂和“粗暴的”灵魂，[②] 每个人、每个民族的生涯中都既有应当“温和”的时候，也有应当“粗暴”的时候。并非注定一个灵魂要进地狱，另一个要上天堂。这两个灵魂都是必需的，并且在不同场合下都是善的。

甚至他们的神也显然如此兼具善恶两性。他们的最著名的

① 桑塞姆：《日本文化简史》，1931 年版，第 51 页。
② 即“和魂”与“荒魂”。——日译者

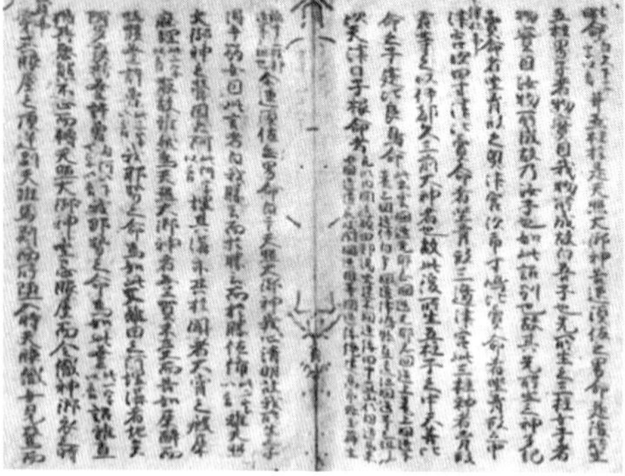

《古事记》

速须佐之男命乘胜胡闹原文

神素盏鸣尊[①]是天照大神（女神）之弟，是“迅猛的男神”。这位男神对其姐姐极为粗暴，在西方神话中可能把他定为魔鬼。天照大神怀疑素盏鸣尊到自己住房来的动机不良，想把他赶到屋外。于是，他放肆地胡闹，在天照大神的大饭厅里乱拉大便，而大神与侍者正在饭厅里举行尝新仪式[②]。他毁坏稻田的田埂，这是滔天大罪。最坏的，也是西方人最不可理解的是，他竟然在姐神的卧室的上端挖个窟窿，从中投入“倒剥皮”的斑驹。[③]

① 素盏鸣尊：即《古事记》中“三贵子”之一的速须佐之男命（参阅本书第81页天照大神注）。——译者

② 即尝新祭：新谷登场，先祭神祖而后食用。——译者

③《古事记》这一段的文字是：“（速须佐之男命）爬到天照大神机室上面，弄坏机室屋顶，把‘天斑马’倒剥了皮，从屋上扔了下来，天衣织女见了吃惊，梭子戳了阴部，就死去了。”（见周作人中译本第18页）——译者

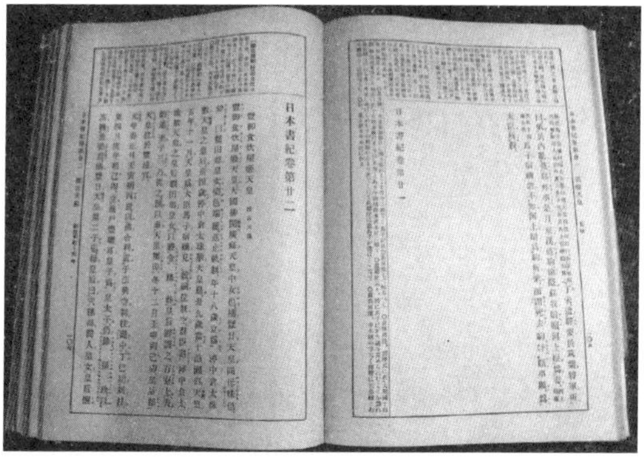

《日本书纪》

由于素盏鸣尊干了这些坏事，受到诸神的审判，被处以重刑，赶出天国，放逐到“黑暗之国”。[①] 可是，他仍然是日本众神中 191
一位招人喜爱的神，受到应有的尊敬。这样的神在世界神话中也常见，但在高级的伦理性宗教中，这种神则被排除在外，因为把超自然的东西划成两个不同集团，以分清黑白，更符合善与恶的宇宙斗争哲学。

日本人始终明确否认德行包含同恶进行斗争。正如他们的哲学家和宗教家们几百年来所不断阐述的，认为这种道德律不适合于日本。他们大声宣布，这正证明日本人道德的优越。他们说，中国人不得不树立一种道德律，即提高“仁”，亦即

① 即“根之国”。——日译者

《古事记传》

本居宣长

公正、慈爱的行为的地位，把它作为一种绝对标准。以仁为标准，一切有缺点的人或行为，就能发现其所不足。他们说，“这种道德律对中国人是好的，因为中国人的劣根性需要这种人为的约束手段。”18世纪伟大神道家本居宣长[①]就是这样说的。[②]近代的佛教家及国家主义指导者们也就同样的题目发表著述或举行讲演。他们说，日本人天生性善，可资信赖，没有必要与自己性恶的一半进行斗争，只需要洗净心灵的窗口，使自己的举止适合各种场合。如果它允许自身污秽，其污秽也容易清除，人的善性会再度生辉。日本的佛教哲学比其他任何国家的佛教都更加主张凡人皆可成佛，道德律不在佛经之中，而在于打开自己的悟性和清净无尘的心灵之扉。那么，何必自我怀疑心灵中的发现呢？恶不是人心生而具有的。基 192
督教圣经《诗篇》中说：“我是在罪孽里生的，在我母亲怀胎的时候就有了罪。”[③]日本人没有这种神学。他们没有关于人的堕落的说教。“人情”是大赐幸福，不应谴责。无论是哲学家

① 本居宣长（1730—1801年）：“町人”（商人）之子，原名小津富之助，后改名宣长，后又改姓本居。江户中期国学大师。所著《古事记传》被誉为“国学的体系化总论”。“国学”：研究日本古典文献（《古事记》《源氏物语》等）以探究、发扬日本民族精神之学。——译者

② 准确的出处找不到，但类似的说法很多，现略举二三例：“制斯道而正者，乃原道不正之故也”，云云（《古事记传·直毗灵》）。“法之所以无上之严，乃犯法者多之故也”（同前书）。“如彼中国人者，其心本恶，事乱本多，故事无巨细，皆详悉纲定，以防之也。”（《古事记传》）。——日译者

③ 见《旧约·诗篇》第51篇第5节。——译者

还是农民都不谴责人的情欲。

美国人听到这些似乎认为，它必将导致一种自我放纵的纵欲哲学。但是如前所述，日本人把履行义务规定为人生的最高任务。他们完全承认，报恩就是意味着牺牲个人欲望和享乐。他们认为，把追求幸福当作人生重大目标的思想是令人吃惊的、不道德的。他们认为：耽于行乐的幸福只是一种消遣而已。把这种幸福看作大事，以之作为判断国家和家庭的标准，那是不可思议的。人们履行“忠”、“孝”及“义理”的义务，要常常经受苦难，这是他们早已想到的。这虽然使人生艰苦，但他们有充分准备。他们经常放弃自己毫不以为是坏事的享乐，这需要有坚强的意志，而这种坚强意志正是日本人最称颂的美德。

与日本人这种见解相符合，日本小说和戏剧中，很少见到“大团圆”的结局。美国的观众一般都渴望看到结局。他们希望剧中人以后永远幸福。他们想知道剧中人的美德会得到回报。如果他们不得不为剧中人流泪，必定是因为主角的性格有缺点，
193 或者是他成了不良社会秩序的牺牲品。但是，观众更喜爱的是主角万事如意，一切圆满。日本的观众则含泪抽泣地看着命运如何使男主角走向悲剧的结局和美丽的女主角遭到杀害。只有这种情节才是一夕欣赏的高潮。人们去戏院就是为了欣赏这种情节。甚至日本的现代电影，也是以男女主角的苦难为主题。两个人互相爱慕却又不得不放弃所爱的人；或者他们幸福地结

婚了，但其中一方却不得不自杀以履行义务。或者是，妻子献出一切以挽救丈夫的职业生涯，勉励丈夫磨砺才艺以成为优秀演员，而在丈夫成名前夕，妻子却隐身市井，让丈夫自由享受新的生活；丈夫成名之日，妻子却贫病交迫，无怨而死去，如此等等。总之，无须欢乐结局，但求唤起对男女主角自我牺牲精神的惋惜和同情。剧中主角的苦难并不是由于上帝的裁判，而是表明：剧中人为履行义务忍受了一切，任何不幸、遗弃、疾病、死亡，都未能使他们偏离正道。

日本现代战争电影也表现这种传统，看过这些电影的美国人会说这些电影是他们所看到的最好的反战宣传。这是典型的美国式反应。因为这些电影通篇都只讲牺牲与苦难，看不到阅兵式、军乐队、舰队演习和巨炮等鼓舞人心的场面。不论是描写日俄战争还是描写中国事变[①],都是一个格调:泥泞中的行军，凄惨沉闷的苦战和胜负未卜的熬煎等。银幕上看不到胜利的镜 194
头，甚至看不到高喊“万岁”的冲锋，而是深陷泥泞、夜宿中国小镇，或是描写一家三代，历经三次战争而幸存者的代表，他们成了残废、瘸子、盲人。或者描写士兵死后，家中人集聚在一起悲悼丈夫、父亲，失去了生计维持者，仍然鼓起勇气活下去。英美式的骑兵队列那种动人场景在日本电影中是看不到

① 中国事变：七七事变后，日本官方把全面侵华战争称作“中国事变”，太平洋战争爆发后，改称“大东亚战争”。——译者

的。伤残军人的恢复健康也很少被写成剧本。甚至也不涉及战争的目的。对日本观众来说，只要银幕上的人物时时处处都在尽一切努力报恩，这就足够了。这样，这些电影在日本成为军国主义者的宣传工具。电影的制作者们知道，这些电影是不会在日本观众中激起和平反战情绪的。

第十章　道德的困境 195

日本人的人生观表现在他们的忠、孝、义理、仁、人情等德行规定之中。他们似乎认为，“人的义务的整体”像在地图上划分势力范围一样分成若干领域。用他们的话来说，人生是由“忠的世界”、“孝的世界”、“义理的世界”、“仁的世界”、“人情的世界”及其他许多世界组成的。各个世界都有自己的、特殊的、详细的准则，一个人对其同伴不是把他归之于一个完整的人格，而是说他“不懂孝”或“不懂义理”等。他们不像美国人那样用“不正派”来批评某人，而是明确指出他在哪个领域中行为不当。他们不用“自私”、“冷漠”之类的评语，而是明确指出在哪个特定领域违反准则。他们不诉诸绝对命令①和

① 绝对命令：来自德文 Katagorischer Imperativ，康德伦理学中的概念，或译作“无上命令”、“无待命令”。指任何时间、地点、条件，都必须遵守的一种行动准则。——译者

金箴[①]。一个得到赞许的行动总是与该行动所表现的世界相联系的。一个人"为了孝"而行动时是一种方式，而只是"为了义理"或者"仁的世界"行动时——在西欧人看来——就会完全是另一种方式。甚至各个世界的准则也会随着其内中情况的变化而可能要求采取很不相同的适当行动。对于主君的"义理"，在主君没有侮辱家臣以前，要求尽最大的忠诚；受到主君侮辱之后，就可以背叛主君。在1945年8月以前，"忠"要求国民对敌人作战直至最后一兵一卒。天皇一广播宣布投降，对"忠"的要求就发生了变化，日本人一变而对外来者表现出合作态度。

196 西方人对此很难理解。根据我们的经验，人是"按照其本性"而行动的。我们按照老实或不老实，合作或固执来区分绵羊与山羊。[②]我们把人加以分类后就指望他们的行动始终如一。他们不是慷慨大方，就是吝啬小气；不是主动合作，就是疑心深重；不是保守主义者就是自由主义者，两者必居其一。我们期望每个人既然信仰某种特定的政治思想，就应一贯反对相反的思想意识。根据我们在欧洲战场的经验，那里有"合作派"，[③]也有抵抗派，但我们不相信合作派分子在胜利后会改变立场。

① 指《圣经·新约》马太福音第七章第十二节："所以无论何事，你们愿意人怎样待你们，你们也要怎样待人。"——日译者

② 见马太福音第二十五章第三十二至三十三节："万民都要聚集在他面前，他要把他们分别出来，好像牧羊人分别绵羊、山羊一般，把绵羊安置在右边，山羊安置在左边。"——日译者

③ 合作派：指向法西斯妥协的投降派。——译者

而且，这种估计是正确的。在美国国内政争中，我们也承认，例如有新政派与反新政派，而且我们断定，在出现了新局势时，这两派也仍然会按其本性而行动。如果某一个人改变立场，比如，非教徒变成天主教徒，“激进派”变成保守主义者等，这种转变应当名之曰“转向”，并应建立起与此相适应的新人格。

当然，西方人这种关于行为完整性的信念未必都能得到证实，但绝对不是幻觉。在大多数文化中，不论是原始的，还是 197
开化的，男男女女都把自身描绘成为某一特定种类的人在行动。如果他们追逐权力，就会以别人服从其意志的程度作为衡量其成败的尺度。如果他企求受人爱戴，他就应与人接触，否则就要遭受挫折。他们会想象自己是严肃正直的人，或者具有“艺术家气质”，或者是优秀的家庭成员等。他们在其性格形成中一般都具有某种“完形、整体性”（Gestalt）[①]，这种“整体性”给人类的生存带来秩序。

日本人从一种行为转向另一种行为不会感到心理上的苦痛，这种能力是西方人难以相信的。我们从来没有体验过如此走极端的可能性。可是在日本人的生活中，矛盾——在我们看来就是矛盾——已深深扎根于他们的人生观之中，正如同一性

① “Gestalt”：出自格式塔心理学（也称“完形心理学”）。此学派兴起于德国（1912 年），强调人的认识中主观结构的作用和经验、行为、感知对象的整体性，运用于学习、设计、治疗等各方面。例如，对“学习”强调“顿悟”，批判流行的“试误”学说。——译者

扎根于我们的人生观之中一样。对西方人来讲，特别重要的是，应该认识到，日本人所划分的生活“世界”是不包括“恶的世界”的。这并不是说日本人不承认有坏行为，而是他们不把人生看成是善的力量与恶的力量进行争斗的舞台。他们把人生看作是一出戏，在这出戏中，一个“世界”与另一个“世界”，一种行动方针与另一种行动方针，相互之间要求仔细酌量平衡，每个世界和每个行动方针，其本身都是善良的。如果每个人都能遵循其真正的本能，那么每个人都是善良的。如前所述，他们甚至把中国的道德箴言看作是中国人需要那种道德的证明，证明了中国人的劣根性。他们说，日本人完全不需要那种包罗一切的伦理戒律。用前已引用的桑塞姆爵士的话来说，他们“不
198 愿意抓住恶的问题”。按照他们的观点，不从宇宙的高度，也能恰当地说明坏行为。每个人的心灵本来都闪耀着道德的光辉，犹如一把新刀，但如果不勤于磨炼就会生锈。这种“自身的锈”，如他们所说的，像刀上的锈一样，都不是好东西。因此，人必须像磨刀那样注意磨砺本性。但即使生了锈，心灵仍在锈的下边发光，只需加以研磨，使之脱锈生辉。

由于日本人的这种人生观，西方人很难看懂日本的民间神话、小说和戏剧，除非加以改写，像我们常做的那样，以求符合我们对性格一贯及善恶相斗的要求。但是，日本人不这样看。他们的评论则是围绕主人公陷入“义理与人情”、“忠与孝”、“义理与义务”的矛盾。主人公的失败是因为溺于人情而忽视了“义理”的义务，

或者是因为忠孝不能两全。他迫于“义理”而不能遵行正义，迫于义理而牺牲家庭。这些矛盾仍然是具有约束力的两种义务之间的矛盾。两者都是“善”的。对两者的选择犹如债务者该还债时面对多如牛毛的债务，他必须选择先偿还某些债务而暂时不管其他债务。但他还清一笔债务，并不能免除其他债务。

对故事主人公的这种看法，与西方人根本对立。我们认为故事中的主人公之所以是好人，正因为他选择了善的方面，并且与恶的一方进行斗争，如同我们所说的“有德者胜”，结局必须圆满， 199
善者应有善报。日本人则酷爱那种主角，他既拖欠社会的恩，又不能悖于名分，无法调和，只好一死了之。这类故事在许多其他文化中是教人们屈从于残酷的命运，在日本则反而成为启迪主动精神和坚忍意志的题材。主人公在竭尽全力完成其肩负的某种义务时忽视其他义务，但最后又和他们所忽视的“世界”进行清算。

日本真正的民族叙事诗是《四十七士物语》。[1] 它在世界文学中的地位虽然不高，却无比强烈地扣动日本人的心弦。每个

[1] 《四十七士物语》：“四十七士”，亦称“赤穗义士”。赤穗在今兵库县。“1703年”：角川《日本史辞典》记作1702年。略云：1701年3月，幕府将军为迎接天皇敕使，指派赤穗藩主浅野长矩为“驰走役”（负责接待）。幕臣吉良义央（礼式指导役）蓄意陷害，故作错误指导，致使长矩受辱。长矩愤而刺杀义央，违制，被令“切腹”，其领地被夺。浅野藩家老大石良雄等47名藩士宁愿成为“浪人”，矢志为主复仇，终于成功。其事迹颇类我国史书中的“游侠”。被编成净琉璃（三弦说唱）、歌舞伎、绘画、电影，广泛传布，总名“忠臣藏”（例如，战前日本著名导演沟口健二所编导的《元禄忠臣藏》等）。赤穗城和大石神社至今每年举行“义士节”等纪念活动。——译者

日本儿童都知道这个故事，不仅知其梗概，而且熟悉其细节。它不断传布、翻印并被拍成电影而广泛流传。四十七士的墓地长期成为著名圣地，成千上万的人前往凭吊致祭，凭吊者留下的名片使墓地周围变成一片白色。

《四十七士物语》主题是以对主君的“义理”为核心。在日本人心目中，它写的是“义理”与“忠”、“义理”与“正义”的冲突（在这类冲突中，当然是“义理”占胜）以及“单纯义理”与“无限义理”之间的冲突。故事发生在1703年封建制度鼎盛时期。按照近代日本人的想象，那时，男儿都是大丈夫，对“义理”绝不含糊，四十七位勇士为“义理”而牺牲一切，包括名
200 声、父亲、妻子、妹妹、正义（“義”），最后以自杀殉“忠”。

当时，各地大名定期觐见幕府将军。幕府任命两位大名主持仪式，浅野侯是其中之一。这两位司仪官都是地方大名，由于不熟悉仪式，不得不向一位身份很高的在幕府中枢任职的大名吉良侯请教。如果浅野侯家最有才智的家臣大石（故事的主角）在身边，是会帮助主君周密安排的，但恰巧他返回故乡。浅野不谙世故，没有向那位在幕府中枢的大名赠送重礼。另一位大名的家臣则通晓世故，在向吉良请教时不惜重金赠礼。于是，吉良侯就不屑于指教浅野，故意让他在举行仪式时穿上完全违反仪式的服装。举行仪式时，浅野侯按照吉良指示穿戴，发现自己受到侮辱，就拔刀而起，砍伤了吉良的前额，后被众人拉开。从“对名分的义理”来说，他因受辱而向吉良复仇是

一种德行；但在将军殿上拔刀动武则属不“忠”。浅野侯正当地履行了“对名分的义理”，但却必须按照规定“切腹”自杀，否则就不能说是“忠”。他回到宅邸，换上衣服，做好切腹准备，只等那最有才智、最忠诚的家臣大石回来。两人见面，久久定睛凝视告别，浅野侯早已如式端坐，乃以刀刺腹，亲手结束了 201
自己的生命。他死后，没有一位亲属愿意继承这位已故主君的家业，因为他不忠于幕府、受到谴责。浅野的封地被没收，家臣也成了无主的浪人。①

从“义理”的义务来说，浅野家的家臣有义务随其主君一起切腹。主君切腹是为了“名分的义理”。如果他们也从对主君的“义理”出发切腹，自然是对吉良所施侮辱的一种抗议。但是，大石心中暗想，切腹殊不足以表现他们的义理，而应当完成主君未竟之志。主君因为被其他家臣拉开，未能复仇。他们就应当杀死吉良，为主君复仇。但这样做则势必对幕府不忠。吉良是幕府的近臣，幕府绝不可能批准浪人复仇的行动。按一般惯例，策划复仇的人必须事先呈报计划，确定行动日期，在期限以前若不能完成复仇，就必须放弃。这项制度曾使若干幸运者能够调和“忠”与“义理”的矛盾。大石明白，这条道路对他和他的同志是行不通的。于是，他把那些曾经是浅野家臣的浪人召集一堂，却只字不提杀死吉良的计划。这些浪人数达

① 浪人：失去俸禄、脱离主家的武士，也称“牢人”。——译者

三百人以上。据1940年日本学校所教授的课本说，他们一致同意切腹。但大石明白，这些人并不都是有“无限义理”，即日语所谓“诚的义理”（既讲“义理”又讲“诚”）的人，因而
202 不是都能信赖对吉良进行复仇这种危险大事的人。为了区别哪些人只讲“单纯义理”，哪些人既讲“义理”又讲“诚”，他向大家提问，应该怎样分配主君的财产。在日本人看来，这是一种测验，那些要为他们的家属获得利益的人就不是会同意自杀的人。浪人们对财产分配标准掀起了激烈的争议。家老[①]在家臣中俸禄最高，以他为首的一派主张按原来的俸禄高低分配。大石一派则主张平均分配。这就迅速弄清楚浪人中哪些人只有“单纯义理”，大石随即赞成家老的分配方案，并且同意那些获胜的家臣离开同伙。于是，家老离开了，他因此而获得“武士败类”、“不懂义理的人”、无赖等恶名。大石这就看清了，只有四十七个人义理坚定，足以共谋复仇计划。这四十七个人与大石建立盟约，保证不论信义、爱情或“义务”，都不能妨碍他们的誓言。“义理”必须成为他们的最高准则。于是，四十七士刺指滴血为盟。

他们做的第一项工作是要麻痹吉良，使之丧失警惕。他们各奔东西，佯装丧尽追求名誉之心。大石经常沉溺于低级妓院，打架争吵，不讲体面，并假借这种放荡生活与妻子离婚。这是

① 家老：江户时代各藩总理藩政职位最高的家臣。——译者

歌舞伎《四十七士物语》演出图

打算采取违法行动的日本人惯用的、合理的断然步骤，以保证其妻儿不致受最后行动的牵连。大石的妻子哭哭啼啼地与他分 203
手了，他的儿子则参加了浪人的队伍。

东京（当时称“江户”）城里的人都在猜测他们要复仇。尊敬浪人的人们都深信他们必将策划杀害吉良。可是，四十七士矢口否认有任何此类企图。他们佯装成“不懂义理”的人。他们的岳父们对他们的可耻行为十分愤慨，把他们赶出家门，取消了婚约。他们的朋友讽刺他们。一天，大石的亲密朋友碰到大石喝得酩酊大醉，正在和女人胡闹。甚至对这位亲密朋友，大石也否认他对主君的“义理”。他说：“什么，复仇？真是愚蠢透顶。人生就应该尽情行乐，哪有比饮酒取乐更好的事。”那位朋友不相信，就把大石的刀从刀鞘抽出来看，以为刀刃一定会闪闪发光，就足以证明大石讲的不是真话。可是，刀已经上锈了，于是朋友不得不相信大石说的真心话，便在大街上公开脚踢大石并向这个醉汉吐了唾沫。

有位浪人为了筹集参加复仇的资金，竟把自己的妻子卖去当妓女。这位妻子的兄长也是浪人之一，得知复仇的秘密已被妹妹知道，竟准备用自己的刀杀死妹妹以证明自己的忠诚，使大石同意他参加复仇行动。另一位浪人杀死了岳父。还有一个浪人把自己的妹妹送进吉良侯家当女仆兼侍妾，以便从内部通报消息确定何时动手。这项行动使她在完成复仇之后不得不自杀，因为，尽管是伪装侍候吉良，她也必须以死来洗刷这一污点。

204 12 月 24 日雪夜，吉良大摆酒宴，警卫的武士喝得酩酊大醉。浪人们袭击了防守坚固的吉良府第，杀死警卫，径直冲进了吉良侯的卧室。但吉良并不在那里，而被褥还有余温。浪人们由此知道他就藏在府内。终于，他们发现有一个人龟缩在存放木炭的小屋里。一个浪人隔着小屋的墙壁刺进长矛，拔出来时矛尖上却没有血。长矛确实刺中了吉良，但吉良在长矛拔出时，竟用衣袖拭去了污血。他这种小动作毫无用处。浪士们把他拽了出来。他说他不是吉良，只是家老。这时，四十七士中的一个人想起浅野侯曾在殿堂上砍伤吉良，肯定会留有伤疤。根据这个伤疤，浪士们认定他就是吉良，并要他当场切腹。他拒绝了——这当然证明他是个怕死鬼。于是，浪人们用他们的

供奉忠臣藏的赤穗花岳寺

赤穗义士的墓

主君浅野侯切腹时使用的刀砍下了他的首级，按照惯例把他洗净，实现了夙愿。他们带着两度染血的刀和被割下的首级，列队走向浅野的墓地。

浪人们的行动震撼了整个东京（江户）。曾经怀疑过浪人们的家属及岳父们争先恐后地前来和浪人们拥抱，向他们表示敬意。大藩的诸侯沿途热情款待他们。他们来到墓前，不仅把首级和刀供在墓前，还读了奉告亡君的祷文。祷文至今还保存着，其大意如下：

> 四十七士谨拜于主君灵前……。主君复仇事业未竟之
> 205 前，实无颜为主君扫墓。心神焦虑，一日三秋……今将吉良首级供上。此短刀乃主君去岁所珍用，嘱吾等保管者。愿主君执此刀再击怨敌首级，永雪遗恨。谨祷。[①]

他们报答了“义理”。但他们还需要尽“忠”。只有一死才能两全。他们违犯了未预先呈报就进行复仇的国法。不过他们并没有背叛“忠”。凡是以“忠”的名义要求的，他们都必须执行。幕府命令四十七士切腹。小学五年级的国语读本是这样写的：

> 他们为主君报仇，义理坚定，应为永世垂范……于是，

① 据福本日南《元禄快举录》称：此祷文乃后世所编。此处文字系从英文照译。——日译者

幕府经过再三考虑，命令他们切腹，真是一举两全之策。[①]

也就是说，浪人们由于亲手结束自己的生命，而对“义理”和“义务”都做了最高的回报。

日本这首民族叙事诗有各种版本，文字、情节也略有差异。在现代电影中，故事开始时的贿赂情节被改为色情。吉良追逐浅野的妻子，而且，由于对浅野妻子心怀不轨，才故意教浅野犯错误，使之受辱。贿赂的情节被抹掉了，而有关“义理”的一切义务则描绘得更加深刻。“为了义理，他们抛妻，弃子，弑父。”

“义务”和“义理”发生冲突的题材也是其他许多故事和电影的基础。最为优秀的一部历史电影取材于德川幕府第三代 206
将军时期。这位将军继位时，年纪尚轻，没有经验。当时，对将军的继位人选，幕臣们分为两派，一派被挫败。他们想拥立与他年纪相仿的近亲。其中有一位大名，一直牢记失败之“辱”，虽然第三代将军成长后很有政治才干。这位大名却一直伺机谋杀。一日，将军及其亲信通知他，准备巡视几个藩国。这位大名必须接待将军一行。他抓住这个机会，企图雪除宿怨，实现“对名分的义理”。事先，他处心积虑，把自己的宅邸变成堡垒，

① 这段引文当系出自《小学国语读本（普通科用）》第十册（1937年发行）第二十一课《国法与大慈悲》，但不是原文照引，可能是教师教课用的词句，或英文尽量简译了。——日译者

堵塞一切出口，层层封锁。他还策划制造墙倒屋塌，把将军及其随从压死。他的阴谋是在冠冕堂皇的伪装下进行的。他的接待宴席极尽丰盛。他还叫一位家臣舞剑为将军助兴，并指示他在最高潮时刺杀将军。按照“义理”，这位武士不能违抗主君命令。但是，“忠”的原则又禁止他刺杀将军。银幕之上，武士的舞姿充分刻画了他的内心矛盾：他必须下手，他又不能下手；他即将行刺，但又不能行刺。他尽管有“义理”，但“忠”的威力毕竟太强。渐渐地，舞姿乱了，将军一行生了疑，他们突然离开座位。铤而走险的大名下令毁坏房屋。将军刚刚躲过舞剑者的剑，却又面临墙倒屋塌的危机。在此千钧一发之际，
207 舞剑者走上前去，带领将军一行通过地道，安然脱险。“忠”战胜了“义理”。将军的代理人向舞剑者表示谢意，再三劝他去东京（江户）接受荣誉。那位武士回顾即将倒塌的房屋说，“不行，我要留在这儿。这是我的义务，我的义理。”他离开了将军等人，跳进废墟中死去。“通过死，他兼顾了忠和义理，使两者趋于一致”。

古代故事并未把义务与“人情”的冲突作为中心，近代则成为一个主要题材。近代小说描写的是主人公为了“义务”和“义理”不得不抛弃爱情和人情，这种题材不仅没有冲淡，而且大肆渲染。就像日本的战争影片易使西方人感到它是绝妙的反战宣传一样，这些小说也往往使我们认为，似乎它是在追求一种按照自己意志生活的自由。这些小说证明，确实存在这种

冲动。但日本人议论小说或电影的情节时，其看法往往与我们不同。我们同情主人公是因为他有爱情或者抱有某种个人理想，而他们却批评这种主人公是弱者，因为他太重感情而未能履行“义务”或“义理”。西方人大都认为，反对陈规旧习，克服障碍去争取幸福，这是强者的标志。而日本人则认为，所谓强者，恰恰在于抛弃个人幸福而履行义务。他们认为，性格的坚强不是表现为反抗，而是表现为和谐。因此，西方人看了日本小说 208
和电影后所肯定的意义与日本人所肯定的极不相同。

在评价自己或周围熟人的生活时，日本人也使用同样的标准。他们认为，在与义务的准则发生冲突时，如果迷恋个人欲望，那是弱者。他们对任何事情都是这样判断的。其中，与西方伦理最对立的莫过于丈夫对妻子的态度。在“孝的世界”中，妻子只处于边缘地位，父母才是中心。因此丈夫的义务很清楚。道德品质优秀的人必须遵从“孝”道，如果母亲要他与妻子离婚，他就得同意离婚。即使他爱自己的妻子或者两人已经生了孩子，他也得离婚，只有这样才能使这个人“更坚强”。日本人有句话是：“孝道有时要求把妻子视同路人。”在这种情况下，对待妻子充其量不过属于“仁的世界”。最坏的情况则是，妻子不能提出任何要求。即使婚姻生活很幸福，妻子在义务的世界中也不能处于中心地位。因此，一个人不能把他同妻子的关系提高到同双亲及祖国的感情相等的地位。1930 年代，有一位著名的自由主义者曾经在公众面前说，回到日本后非常高兴，理由之一就是与妻子重逢。他为此受到世人的批评。人们认为，他应该说，是因为见到了父母，看到了富士山，以及能为日本的国家使命而献身。妻子是不属于这种层次的。

进入近代以后，日本人自己对道德准则如此划分不同层次和
209 不同范围显然也不满意。日本的教育有很大部分是致力于把“忠”变成最高道德。恰如日本政治家把天皇置于顶点，排除将军及封建诸侯，以简化等级制一样，在道德领域内，他们也努力把较低层次的德行全部置于“忠”的范畴之下，以简化义务体系。通过这种办法，他们希望不仅把全国统一于“崇拜天皇”之下，而且减少日本道德像原子结构那样的多层次分散状态[①]。他们力图教导人们，实现了“忠”也就完成了其他一切义务。他们要使忠不再是地图上的一个势力范围，而是道德拱桥上的拱心石。

这种设想的最权威宣言就是明治天皇于1882年（明治十五年）颁发的《军人敕谕》[②]。这份敕谕连同《教育敕语》[③]才

① 原文为“atomism”。日译本直译作“原子论状态”，这里姑且意译如上。——译者

②《军人敕谕》：1882年1月4日以天皇赐予军人的特殊形式发布。前言明示：“军队永远由天皇统率”。正文规定：忠节、礼仪、武勇、信义、质素为军人的五德目，其基础是“诚”。——译者

③《教育敕语》：颁布时间（1890年10月30日）选在“宪法”颁布和议会“开院”之间，以显示其指导地位。《敕语》首先明确“国体之精华”在忠于“皇祖皇宗”。次列儒家伦常德目，强调“重国宪、尊国法”、“义勇奉公”，扶翼“皇运”。各级学校举行“奉读”仪式，设立安放《敕语》的“奉安所”，定时礼拜、“奉读”。——译者

《军人敕谕》颁布五十周年纪念

是日本真正的圣典。日本没有一个宗教拥有圣典。神道没有经典，日本的佛教各派或者以不著于文字的东西为教义，或者以反复念诵“南无阿弥陀佛”、“南无妙法莲华经”之类来代替经典。而明治天皇的敕谕和敕语则是真正的圣典。宣读之时，神圣庄严，听众毕恭毕敬，鸦雀无声，其尊敬程度犹如对待摩西十诫和旧约五书。每次捧读时从“奉安所”恭恭敬敬取出，听众散去后再恭恭敬敬送入“奉安所”。负责捧读的人如果念错了一句，就要引咎自杀。军人敕谕主要是颁赐给现役军人的。军人要逐字背诵，每天早晨默想十分钟。重要的祭祀日、新兵入伍、期 210
满复员及其他类似场合，都要在军人面前隆重宣读。中学和青年学校的学生也都要学习《军人敕谕》。

《军人敕谕》是一份长达数页的文件，纲目分明，文字谨严。但西方人读起来仍然费解，含义似乎互相矛盾。善与德被标榜为真正的目标，其说明方式，西方人也能理解。敕谕告诫听众，不要重蹈古代那些死得并不光彩的英雄豪杰的覆辙，因为他们“罔知公道之理，徒守私情之义。”（Losing sight of the true path of public duty, *they kept faith in private relations*）这是日本官方的正式译文[①]，虽非逐字翻译，却很能表达原意。[②]《敕谕》接着说：“此类事例，汝等宜深戒之。”

这里所说的：“戒之”，如果不了解日本人各种义务有其“势力范围”，就不知是何意义。整个敕谕表明，官方在尽量贬低“义理”而提高“忠”的地位。在敕谕的全文中，日本人通常含义上的“义理”这个词一次也没有出现过。它不提“义理”，而强调有“大节”、“小节”之分，所谓“大节”，就是“忠”；所谓“小节”，就是“徒守私情之义”。敕谕极力证明，“大节”完全足以成为一切道德的准绳。它说“所谓义，就是履行‘义务’”。[③]尽“忠”的军人必然有“真正的大勇”。所谓“真正的
211 大勇”就是“日常待人必以温和为先，旨在得人敬爱”。敕谕暗示：只要遵从这些教导，就不必求助于“义理”。“义务”以外的诺

① 指括号内的英文，斜体字为原著者标示着重。——译者

② 此处日译本没有采用原著英译文字，并删去原著中“这是日本官方的正式译文，虽非逐字翻译，却很能表达原意”这句话。日译本系《敕谕》的日文原文：“公道の理非に踏迷ひて、私情の信義を守る。”——译者

③ 原文为“尽本分之谓也”（己が分を尽すをいふなり）。——日译者

言是“小节”，必须慎重考虑才能承担它。它写道：

> 如欲守诺言（在私人关系上）而（又）欲尽义务[①]，……则自始即应慎重考虑如此是否可行。束己身于不智之义务，则将使自身处于进退维谷。如确信不能既守一己诺言而又坚持行义（敕谕把“义”规定为“履行义务”）[②]，则应立即放弃（私人的）诺言。古来英雄豪杰，惨遭不幸，或竟身死名裂，遗羞后世，其例盖不鲜矣，皆因唯知信守小节，而不辨大义，或因罔知公道之理，徒守私情之义也。[③]

这段谆谆教导“忠”高于“义理”的文字中，正如前文所说，全文未提“义理”一词。但是日本人都知道有这种说法，即“为了义理，我不能行义”。敕谕则改成这样的说法：“如确信不能

① 此段译文是本尼迪克特引自《敕谕》的官方英译本。英文是“If you wish to keep your word and to fulfill your gimu”。本尼迪克特竟不必要地强调了“and”（“又”）一词，从而把“守信义”与“尽义务”对立起来，并在括号中加上了“在私人关系上”这几个字。这是因为她过分拘泥于“义理”和“义务”（忠）的对立，而实际这两者并非经常矛盾。请参阅下文译注。——日译者

② 此处本尼迪克特也是把“诺言”和“义”对立起来加以考虑。——日译者

③ 此段敕谕译文，按英文译出，与日译文字稍有出入。——译者

既守诺言而又坚持行义……”[①] 敕谕以天皇的权威说：在这种情况下，就应当抛弃“义理”。要记住：义理是小节，只要遵循敕谕的教导，抛弃“义理”，维护“大节”，就仍然是有德之人。

212 这份颂扬“忠”的圣典是日本的基本文件之一。但是敕谕对“义理”的委婉贬抑能否削弱“义理”的深刻影响，这还很难说。日本人常常引用敕谕的其他段落来解释、辩护自己或他人的行为。如“义者，履行义务之谓也”，“心诚则万事皆成”。尽管引用这些，每每都很得当，但却似乎很少引用关于反对信守私人诺言的告诫。“义理”至今仍是一种很有权威的道德。在日本，说“此人不懂义理”仍是最严厉的批评之一。

日本的伦理体系不是引进一个“大节”的概念就能轻易简化的。正如他们常常夸称，日本人没有一种现成的普遍适用的道德作为善行的试金石。在大多数文化中，一个人的自尊是以其道德水准，如善良、节俭以及事业上的成就为标准。他们总要提出某些人生目的作为追求的目标，如幸福、对他人的控制力量、自由、社会活动能力等。日本人则遵循着更为特殊的准则，不论是在封建时代还是在《军人敕谕》中，即使谈及“大节”，也只是意味着对等级制上层者的义务要压倒对下层者的

① 如前所注，这里，本尼迪克特把敕谕原文误解为“若知守私约与尽义务不可同时得兼”，因而认为它是前一句话（“为了义理，我不能行义”）的另一种表述方式。——日译者

义务。他们仍然是特殊对待的。西方人一般认为，所谓“大节”，是对忠诚的忠诚，而不是对某一特定个人或特定目标的忠诚。日本人则不是如此。

近代日本人在试图建立某种统治一切领域的道德标准时常常选择“诚”。大隈伯爵在论及日本的伦理时说：“诚（マコト）是各种箴言中最重要的箴言。一切道德教训的基础都包含在‘诚’字之中。在我国古代语汇中，除了‘诚’这个词以外，没有其他表达伦理概念的词汇。”[①]日本的近代小说家在本世纪初曾讴歌西方个人主义新思潮，现在也开始对西方信条感到不满，而努力去赞美诚（诚心）是唯一的真正的“主义”。 213

在道德方面强调“诚”，正是《军人敕谕》所支持的。敕谕有一段历史性的前言，相当于美国文件首先列举华盛顿、杰斐逊等“建国之父”的名字为序。在日本，这段话的主旨在于阐述“恩”和“忠”。

> 朕赖汝等为股肱，汝等仰朕为首领。朕能否保护国家以报上天之恩，报祖宗之恩，端赖汝等恪尽其职。

① Count Shinenobu Okuma, *Fifty Years of New Japan*, English version, edited by Marcus B. Huish.（大隈重信：《开国五十年史》）英译本，伦敦，1909 年，第 2 卷第 37 页。

其后又阐述了五条训诫。1. 最高的德就是履行“忠”的义
务。一个军人如果不是极“忠”，不论如何有才能，也只是傀
儡。不“忠”的军队，遇紧急情况则成乌合之众。“故不可惑
于横议，不可干预政治，务求保持忠节，牢记义重于山，死轻
214 于鸿毛”。2. 第二项训诫是按照军阶遵守礼仪。“下级应视上级
军官之命令如朕意，上级军官亦必须善待下级。”3. 第三是武勇。
真正的武勇与“血气之刚”相反，应该“小敌不侮，强敌不惧”。
“故尚武者，与人交往应以温和为先，以资得人敬爱”。4. 第四
是告诫人们“勿守私情信义”。5. 第五是劝导节俭。“大凡不以
质朴为旨者，必流于文弱，趋于轻薄，崇尚骄奢，终致卑鄙自
私，堕落至极。虽有节操、武勇，亦难免被世人唾弃……朕心
忧此恶习，故而谆谆诫之。”

敕谕的最后一段把以上五条称作“天地之公道，人伦之纲
常”，乃“我军人之精神”。而且，这五条训诫之核心“精神”
就是“诚”。“心不诚则嘉言善行徒为文饰，毫无效用；唯有心
诚则万事可成”。五条训诫就是这样“易守易行”。敕谕在列举
一切德行和义务之后，归结于“诚”，这正是典型的日本特色。
中国人把一切道德归之于出自仁爱之心。日本人则不是这样，
215 他们先确立义务准则，最后才要求人们全心全意，为履行义务
而倾注全部心灵和精力。

在佛教主要教派禅宗的教义中，诚也具有同等的意义。铃

鲁迅与铃木大拙等合影
于内山完造寓所（1934 年 5 月 10 日）

木大拙[①]论禅的专著中有一段禅宗师徒问答：

僧问："吾视猛狮袭敌，不问其为兔为象，皆全力以赴，请问此力何物？"

师答："至诚之力是也"（字面意义是"不欺之力"）。

① 铃木大拙（1870—1966 年）：日本禅学家。原名贞太郎，学禅后受称"大拙"。东京帝国大学哲学科学习（曾与西田几多郎同学）。1897 年赴美留学 12 年。归国后历任学习院、东京大学等校讲师、教授。创"东方佛教徒协会"、办 *Eastern Buddhist*。应邀在各国讲演，介绍日本佛教和日本文化，影响甚大，1949 年授文化勋章。有《全集》32 卷、《选集》26 卷。——译者

> 至诚即不欺，亦即“献出一切”。禅语谓之“全体作用”，即不留一物，毫无矫饰，绝不虚费。如此生活者可称作金毛狮，乃刚勇、至诚、至纯之象征，神之人也。

关于“诚”的特殊含义我已顺便提及。日文“マコト”（诚）与英语“sincerity”的含义并不相同，与 sincerity 相较，其内涵既远为广泛，又远为狭窄。西方人乍一接触，常觉得它的内涵比西方语言中的用法要少得多，因为日本人常说的某人没有诚意，其实只是指那个人与他意见不一致。这种看法有一定的正确性。日本人说某人“诚实”，并不一定是指他真诚地根据他
216 本人的爱憎、决断或怀疑而采取行动。美国人在表示赞许时常说“He was sincerely glad to see me”（他见到我心里真高兴）或“He was sincerely pleased”（他衷心满意），日本人则没有这种说法。他们有各种习惯性的、不赞成这种“坦诚”（sincerity）的语言。他们嘲笑地说：“看那只青蛙，口一张开就把肚子里的货色都亮出来了”，“就像是石榴，口一张开就知道它心里有什么”。“暴露感情”是一种羞耻，因为这样会“暴露”自己。与“sincerity”一词有关的这一系列含义，在美国是非常重视的，在日本则毫无地位。前文曾讲到，日本一位少年批评美国传教士“insincerity”时，他绝没有想过那位美国人对这个一文不名的穷孩子要到美国去的计划感到惊愕，是否是“真”的问题。日本政治家在近十年来经常批评美英两国没有诚意，他们也丝毫没有考虑，西

方各国是否确实按照其真实感受而行动的。他们并不指责美英两国是伪善者，因为，伪善是轻微的责难。同样地，《军人敕谕》说：“诚乃诸项训诫之精神”，这句话的意思也不是说，“至德”在于一切其他德行的实践都是真心实意，言行一致，发自内心。确实，它并未教导人们必须真实，不论他自己的信念与别人如何不同。

但是，“诚”在日本有其自身的积极含义，而且，由于日本人非常重视这一概念的伦理作用，西方人必须把握住日本人使用这个词时的含义。“诚”的基本含义在《四十七士物语》 217
中有充分的示例。在那个故事中，“诚”是附加于“义理”之上的。“真诚的义理”与“单纯的义理”有所区别，前者是“足资永恒垂范的义理”。日本人至今仍说：“是诚使它保持下去。”根据文意来看，这句话中的“它”是指日本道德中的任何戒律或“日本精神”所要求的任何态度。

战争期间，日本人隔离收容所[①]中对这个词的用法与《四十七士物语》的用法完全一致。它清楚表明，“诚”的逻辑可以延伸到什么程度，其含义又如何与美国的用法相反。亲日的“一世”（生在日本，移居美国者）对亲美的“二世”（生在美国的第二代日本移民）的一般批评，是说“二世”缺乏“诚”。

① 美国对日宣战后，在美日本侨民和移民被强制收容，与外界隔离。参阅译者前言脚注。——译者

“一世”说这话的意思是，“二世”没有那种保持“日本精神”（战时日本曾公开为“日本精神”下定义）的心理素质。“一世”这种指责的含义绝不是说他们的孩子的亲美态度是伪善的。恰恰相反，在“二世”志愿加入美国军队，发自真实热诚支持其第二祖国时，“一世”却更加振振有词地指责“二世”“不真诚”。

日本人使用“诚”这个词的基本含义，是指热诚地遵循日本道德律和“日本精神”所指示的人生道路。不管在特定词句中，“诚”这个词有多少特殊含义，一般均可理解为它是对公认的“日
218 本精神”的某个侧面的颂扬，或者是对日本道德律所示指标的颂扬。只要我们承认“诚”这个词不具有美国人那种含义，那它在所有日本文献中都是值得注意的、极其有用的词。因为它大抵准确无误地等同于日本人实际强调的各种正面德行。“诚”这个词经常用来赞扬不追逐私利的人。这反映了日本人的伦理非常厌恶谋利。利润（如果不是等级制的自然结果）就被断定是剥削的结果。从中渔利的中介人会成为人们嫌恶的高利贷者。这种人常被指责为“不诚实”的人。“诚”也经常被用来颂扬不感情用事。这反映了日本人的自我修养观念。一个称得上“诚实”的日本人绝不会接近那种伤害一个无意寻衅滋事者的风险。这反映了日本人的信条，即不仅要对行为本身负责，而且还要对行为的后果负责。最后，只有“诚实”的人才能领导别人，有效地运用手腕，而不纠缠于心理冲突。这三点含义，以及其他更多的含义十分简明地表达了日本人伦理的同质性。这些含

义也反映出，在日本，只有实践规定的准则才能收到实效，并不致陷入冲突。

既然日本人的“诚”具有如此种种意义，可见尽管敕谕及大隈伯爵如此推崇，“诚”并未能简化日本人的道德体系。它既不是构成日本伦理的“基础”，也没有赋予它以“精神”。它好像适当加在任何数字上的指数，以扩大该数字的倍数。比如 219
A 的二次方（A^2）可以是 9 的二次方，也可以是 159 或 b 或 x 的二次方。“诚”也是这样，它可以把日本道德律的任何一条提得更高。它似乎不是独立的道德，而是信徒对其教义的狂热。

不管日本人怎样努力改进，日本的道德体系仍然处于多层次分散状态。道德的原则仍然是这个步骤和那个步骤相互保持平衡，各种行动本身都是善的。他们所建立的伦理体系宛如桥牌。优秀的选手是遵守规则并能在规则范围内获胜。他与低劣选手的区别，在于推理的训练，能够利用足够的知识根据竞赛规程判断其他选手的出牌意味着什么，从而打出自己的牌。用我们的话来说，他是按霍伊尔①规则比赛。每出一张牌都必须考虑到无数细枝末节。比赛规则规定了一切可能出现的偶然性，记分办法也是预先确定的。美国人说的内心善意反而无关系。

① 霍伊尔（Hoyle Edmund, 1672—1769 年）：把惠斯特（一种桥牌游戏）规则系统化，认为不仅玩桥牌，凡事都必须遵守既定规则，按既定的硬性手法行事。——日译者

不论在哪种语言中，人们用来表达丧失或者获得自尊自重的词句，十分有助于了解他们的人生观。在日本，讲到“尊重自己”时常常是指他本人是一个审慎的选手；而不像英语那样是指诚意遵循为人处世的准则，不谄媚别人，不撒谎，不做伪证等。日本人说“自重”，意思是“自我慎重”，意思是“你
220 应该仔细考虑事态中的一切因素，绝不可招致别人讥笑，或者减少成功的机会”。“尊重自己”，其含义所指的行为往往与美国所指的行为恰好相反。被雇用者说“我必须自重”，其含义并不是指必须坚持自己的权利，而是绝不要对雇主讲不妥当的话，以免使自己难堪。“你应该自重”作为政治用语时也是一样，意思是“身负重任的人”必须谨慎，不能轻率地纵谈“危险思想”，那样就不“自重”了。而在美国，“自尊自重”则意味着，即便是危险的思想，只要本人自重，他就应该按照自己的观点和良心来思考。

“你应该自重”，这是父母经常挂在嘴上训诫其青年子女的话，指的是要懂礼貌，不要辜负别人的希望。例如，女孩子坐时不能乱动，双腿位置要摆正。男孩子则要锻炼身体，学会察言观色，“因为今天是决定未来的重要时刻”。父亲对孩子说：“你的行动不像一个自重的人”，这是责备孩子行为不庄重，而不是责备他缺乏勇气，不能坚持自己认为正确的意见。

还不起欠债的农民对债主说：“我应该自重”，这话的意思并不是责备自己懒怠，或者责备对债权人卑躬屈膝，而是说他

对应急之需本应该考虑周到。有社会地位的人说："我的自尊心要求我这样"，这并不意味他必须按照正直、廉洁等原则办事，而是意味他在处理事情时必须充分考虑门第的地位，掂量掂量自己身份的重量。 221

实业家谈到他的公司时说："我们必须自重"，意思是说必须慎重再慎重，小心再小心。要复仇的人说"自重地复仇"，这句话的意思并不是"把炭火堆在仇敌的头上"，① 也不是打算遵守什么道德原则，而是说必须周密计划，考虑到一切因素，等于说"一定要完全彻底复仇"。在日语中，"自重再自重"，是最强烈的语气，意思是万分小心，无限谨慎，绝不可轻下结论。它还意味着，必须权衡各种方法和手段，用力不多不少，恰可达到目的。

所有上述"自重"的含义都符合日本人的人生观，即认为人生应该是小心谨慎地按照"霍伊尔规则"行动的世界。由于他们对自重规定了如上的定义，因而不允许以用心良好为理由来为失败辩解。一举手、一投足都有其后果，人们采取行动时不能不考虑这些后果。施恩于人是好事，但必须估计到受恩的人是否会感到"背上恩债"，不可不慎。批评人是可以的，但

① 引自《圣经·新约·罗马书》第十二章第二十节："你的仇敌若饿了，就给他吃；若渴了，就给他喝；因为你这样行，就是把炭火堆在他的头上。"——日译者（此语颇类"以德报怨则怨自悔消"。——译者）

必须准备承担因此而产生的怨恨。当那位年轻画家指责美国传
222 教士嘲笑他时，尽管说传教士是善意的，那也没有用。传教士
没有考虑到他在棋盘上走那一步棋的后果，这在日本人看来就
是修养不够。

把谨慎与自重完全等同，这就包含着要悉心观察别人行动中的一切暗示，并且强烈地感到别人是在评论自己。他们说“一个人要自重，因为有社会”，“如果没有社会，就用不着自重”等，这些极端的说法表明，自重出于外部的强制，毫未考虑到正确行为的内省要求。像许多国家的俗话一样，这些说法未免夸张，因为，日本人对自己深重的罪孽有时也像清教徒一样，反应很强烈。尽管如此，上述极端的说法仍然指明了日本重视的是什么：与其说他们重视罪，毋宁说他们更重视耻。

在人类学对各种文化的研究中，区别以耻为基调的文化和
以罪为基调的文化是一项重要工作。提倡建立道德的绝对标准
并且依靠它发展人的良心，这种社会可以定义为“罪感文化”。
不过，这种社会的人，例如在美国，在做了并非犯罪的不妥之
事时，也会自疚而另有羞耻感。比如，有时因衣着不得体，或
者言辞有误，都会感到懊恼。在以耻为主要强制力的文化中，
对那些在我们看来应该是感到犯罪的行为，那里的人们则感到
223 懊恼。这种懊恼可能非常强烈，以至于不能像罪感那样，可以
通过忏悔、赎罪而得到解脱。犯了罪的人可以通过坦白罪行而
减轻内心重负。坦白这种手段已运用于世俗心理疗法，许多宗

教团体也运用，虽然这两者在其他方面很少共同之处。我们知道，坦白可以解脱。但在以耻为主要强制力的地方，有错误的人即使当众认错，甚至向神父忏悔，也不会感到解脱。他反而会感到，只要不良行为没有暴露在社会上，就不必懊丧，坦白忏悔只能是自寻烦恼。因此，耻感文化中没有坦白忏悔的习惯，甚至对上帝忏悔的习惯也没有。他们有祈祷幸福的仪式，却没有祈祷赎罪的仪式。

真正的耻感文化依靠外部的强制力来做善行。真正的罪感文化则依靠罪恶感在内心的反应来做善行。羞耻是对别人批评的反应。一个人感到羞耻，是因为他或者被公开讥笑、排斥，或者他自己感觉被讥笑，不管是哪一种，羞耻感都是一种有效的强制力。但是，羞耻感要求有外人在场，至少要感觉到有外人在场。罪恶感则不是这样。有的民族中，名誉的含义就是按照自己心目中的理想自我而生活，这里，即使恶行未被人发觉，自己也会有罪恶感，而且这种罪恶感会因坦白忏悔而确实得到解脱。

早期移居美国的清教徒们曾努力把一切道德置于罪恶感的基础之上。所有精神病学者都知道，现代美国人是如何为良心所苦恼。但是在美国，羞耻感正在逐渐加重其分量，而罪恶感则已不如以前那么敏锐。美国人把这种现象解释为道德的松弛。 224
这种解释虽然也包藏着很多真理，但这是因为我们没有指望羞耻感能对道德承担重任。我们也不把伴随耻辱而出现的强烈的个人恼恨纳入我们道德的基本体系。

日本人正是把羞耻感纳入道德体系的。不遵守明确规定的各种善行标志，不能平衡各种义务或者不能预见到偶然性的失误，都是耻辱。他们说，知耻为德行之本。对耻辱敏感就会实践善行的一切准则。“知耻之人”这句话有时译成“有德之人”（Virtuous man），有时译成“重名誉之人”（Man of honor）。耻感在日本伦理中的权威地位与西方伦理中的“纯洁良心”、“笃信上帝”、“回避罪恶”的地位相等。由此得出的逻辑结论则是，人死之后就不会受惩罚。日本人——读过印度经典的僧侣除外——对那种前世功德、今生受报的轮回报应观念是很陌生的。除了少数皈依基督教者外，他们不承认死后报应及天堂地狱之说。

耻感在日本人生活中的重要性，恰如一切看重耻辱的部落或民族一样，其意义在于，任何人都十分注意社会对自己行动的评价。他只需推测别人会做出什么样的判断，并针对别人的判断而调整行动。当每个人按照同一规则玩游戏并相互支援时，日本人就会愉快而轻松地参加。当他们感到这是履行日本的“使
225 命”时，他们就会狂热地参加。当他们试图把自己的道德输出到那些并不通行日本的善行标志的外国时，他们就最易遭受攻击。他们“善良”的“大东亚”使命失败了。许多日本人对中国人和菲律宾人所采取的态度实在感到愤慨。

那些为求学或经商来到美国的日本人，试图在这个道德规

律不那么严格的社会生活时，常常痛感他们过去所接受的那种细致周到的教育是个“失败”，这并非受国家主义的感情所驱使。他们感到，日本的道德无法顺利输出，其含义并非一般所谓改变文化对任何人来说都很困难，而远比这更多。他们感到，日本人适应美国式生活比他们所熟知的中国人、暹罗人要困难得多。在他们看来，日本人的特殊问题在于，他们是靠这样一种微妙的安全感长大的，即只要一切都按规矩行事，就会得到别人承认。看到外国人对这类礼节满不在乎，他们就不知如何是好。他们千方百计寻找西方人生活中与日本人类似的细微礼节，找不到时，有的非常愤慨，有的则感到愕然。

三岛女士[1]的自传《我的狭岛祖国》，最出色地描写了她在道德规则不甚严格的文化中所感受的体验。她渴望到美国留学，并且说服了她的保守家庭，排除“不愿受恩”的观点，接受美国奖学金，进入了卫斯理学院。她说，老师学生对她都特别亲近， 226
但这却使她很不安。“日本人的共同特点是以操行毫无缺陷而自傲，我这种自傲却受到严重伤害。我不知道在这里该如何行动，周围的环境似乎在嘲笑我以往的训练。我为此而恼恨。除了这种模糊而深刻的恼恨以外，我心中再无其他感情。”她感到自己“似乎是一个从其他行星上掉下来的生物，原有的感觉和情绪在这个世界都用不上。日本式的教养，要求任何动作都

① 三岛乃婚后夫姓。——日译者

要文静，每一句言辞都要符合礼貌，这就使我在当前的环境中极为敏感，十分警觉，在社交中茫然不知所措。”她花了两三年的时间才解除紧张状态，开始接受别人的好意。她断定，美国人生活在一种她所谓“优美的亲密感”之中，而“亲密感在我三岁时就被当作不礼貌而扼杀了”。①

三岛女士把她在美国结识的日本女孩子和中国女孩子做了比较。她评论说，美国生活对两国姑娘的影响非常不同。中国姑娘“具有的那种沉着风度和社交能力是大多数日本姑娘所缺少的。这些上流的中国姑娘人人都具有近乎皇家的仪表，仿佛她们就是这个社会的真正主人，使我感到她们是世界上最文雅的人。即使在高度机械与速度的文明中，她们也不为所动，其
227 安详和沉着与日本姑娘的怯懦、拘谨形成强烈对比，显示出社会背景的一些根本差异”。

和许多其他日本人一样，三岛女士感到，就像网球名将参加槌球游戏，出色技艺都用不上了。她感到过去学的东西不能带到新环境里来。她所受过的训练没有用处。美国人用不着那些东西。

日本人一旦接受了美国那种不甚烦琐的行为规则，即便接受得不深，也无法想象他们能够再过日本那种规矩烦苛的生活

① Mishima, Sumie Seo, *My Narrow Isle*（三岛：《我的狭岛祖国》），1941 年，第 107 页。

了。他们把过去的生活有时说成是失去的乐园,有时说成是“桎梏”，有时说成是“牢笼”，有时又说成是盆栽的小树。这棵小松树的根培植在花盆里时，就是一件为精致庭园增添雅趣的艺术品；但一旦移植到地上就不可能再成其为盆栽了。他们已感到再不能成为日本庭园的点缀，再不能适应往昔的要求。他们最尖锐地经历了日本道德的困境。

228

第十一章　自我修养

一种文化的自我修养，在外国观察者看来，似乎说不上有何意义。修养技巧本身是很明白的,但为什么要如此麻烦自己？为什么把自己吊在钩子上？为什么全神贯注于丹田？为什么如此自苦以至一文不花？为什么只集中锻炼一项苦行而对局外人认为确实重要、应当训练的某些冲动却毫不要求克制？尤其是那些在本国从未学过修养技巧的观察者，来到高度信赖修养技巧的国家里，就最容易产生误解。

在美国，自我修养的技巧和传统不甚发达。美国人认为，一个人若在自己生活中找到了可能实现的目标，在必要时，就会锻炼自己以求达到自己选择的目标。是否进行锻炼取决于他的理想、良心或凡勃伦[①]所谓的“职业本能”（an instinct of

① 托尔斯坦·凡勃伦（Veblen, Thorstein，1857—1929 年）：美国制度经济学派经济学家。著《有闲阶级论》（*The Theory of the Leisure Class*，1899 年。

workmanship)。为了当足球运动员，他可以接受严格的纪律；为了成为一个音乐家或为取得事业上的成功，他可以放弃一切娱乐。他的良心使他弃绝邪恶和轻率。但在美国，自我修养不 229
像算术，可以毫不考虑其对特定事例的应用，而仅作为一种技术训练来学习。如果说美国也有人教这种修行，那是欧洲某些教派的领袖或传授印度修炼方法的印度教牧师（swamis）教的。甚至基督教的圣特丽萨（Saint Theresa）或圣胡安（Saint John）[①]所传授及实践的默想和祈祷式的宗教修行，在美国也近于绝迹。

但是日本人却认为，无论是参加中学考试的少年，还是参加剑术比赛的人，或者仅仅是贵族生活者，都要在学习应付考试所必需的特定内容之外，进行自我修养。不管考试成绩多么好，剑术多么高超，也不管你的礼貌如何周到，也必须放下书籍、竹刀或社交活动，进行特殊的修炼。当然，并不是所有的日本人都接受神秘的修炼。但是，即使那些不修炼的日本人也承认自我修养的术语和在实践生活中的地位。各个阶级的日本人都运用普遍流行的那一套有关自我克制的概念来判断自己和他人。

（接上页）商务印书馆中译本，1967年），批判“炫耀性消费”及其负面作用。另著《企业论》（1904年）、《现代文明中科学的地位》（1919年）、《工程师和价格制度》（1921年）、《不在所有权和最近的商业企业》（1923年）等，批判现代资本主义经济弊端，均有重大影响。——译者

① 圣特丽萨（Santa Teresa de Jesus，1515—1582年）、圣胡安（Juan de la Cruz或Juan de Yepezy Alvarez，1542—1591年），均为西班牙卡尔梅修道院的神秘主义者。——日译者

日本人自我修养的概念大致可分为两类，一类是培养能力，另一类则不仅培养能力，而且要求更高。这第二类，我称之为“圆熟”。[①] 在日本，这两者有区别，其目标在于产生不同的心理
230 效果，有不同的根据，并通过不同的外部标志来加以识别。第一类，即培养能力的自我修养，在本书中已叙述不少事例。如那位陆军军官在谈到他的士兵平日演习长达六十小时、中间只有十分钟的小憩一事说：“他们已经会睡觉，需要训练的是不睡觉。”在我们看来，这种要求未免太极端，其目的仅在于培养一种行为能力。他讲的乃是一种公认的原理，即精神驾驭术，亦即认为意志应当驾驭那几乎可以经受一切训练的肉体，至于忽视健康则肉体必受损害的规律，他们是不理会的。日本人的整个“人情”的理论都是建立在这种观念之上的：肉体的要求必须服从于人生大事，不顾健康是否允许，也不论肉体本身是否容许及曾经培养过。总之，一个人应当不惜任何自我修养的代价来发扬日本精神。

但是，如此表述日本人的观点或许过于武断。因为，在美国日常用语中，“不惜任何自我修养的代价”（at the price of what-ever self - discipline）的意思往往是“不惜任何自我牺牲”（at the price of whatever self - sacrifice），而且有“不惜任何自

① 圆熟：英文原著为“expertness”（熟练、内行）。日译本译作“练达”。——译者

我克制”之意。美国人关于训练的理论是，男女自幼都需经过训练而社会化，不论这种训练是外部强加的，还是反映到内部形成意识的训练，也不论是主动接受的，或者是由权威强加的。训练是一种压抑，被训练者对其愿望受到限制是不满的。他必须做出牺牲，并且不可避免地会激起反抗情绪。这种观点不仅 231 是许多美国心理专家的见解，也是父母在家庭中抚育每一代人的哲学。正因为如此，心理学家的分析对我们自己的社会来说确实包含许多真理。孩子们到时候“必须睡觉”，他从双亲的态度上就懂得睡觉是一种自我压抑。在许多家庭里，孩子们每晚都要吵闹一番，表示不满。他已是一个受过训练的美国幼儿，知道人“必须”睡觉，却仍然要反抗。他的母亲还规定他“必须”吃的东西，这里有燕麦粥、菠菜、面包、橘子汁等，但是，美国的孩子却学会反对那些“必须”吃的东西；他认定，凡是“对身体好”的食品就是不好吃的。美国的这种惯例在日本是没有的，在欧洲某些国家，例如在希腊是看不到的。在美国，长大成人就意味着摆脱了食品上的压抑。大人就可以吃可口的食物，而用不着讲对身体是否有益。

但是，这些有关睡眠和食物的观念，与西方人关于自我牺牲的整个概念相比，都是些琐屑小事，微不足道。父母要为孩子付出很大牺牲，妻子要为丈夫牺牲其事业，丈夫为一家生计而牺牲自己的自由，这些都是西方人的标准信条。一个社会不需要自我牺牲，这对美国人来说是不可思议的。但就是有这种

社会。在这种社会中，人们说父母亲会自然地疼爱孩子，妇女
232 们喜欢婚姻生活甚于其他生活，肩负一家生计的人是在从事他所喜爱的工作，犹如当猎手或花匠。这能说是什么自我牺牲呢？社会强调如此解释，人们也同意按这种解释而生活，自我牺牲的概念几乎无人承认。

凡属美国人认为是为别人做出“牺牲”的事，在其他文化中都被看作是相互交换。它或者被看作是投资，以后会得到回报；或者是对以前受之于人的等值报偿。在这类国度里，甚至父子关系也是这样。父亲对儿子在幼年的照顾，儿子应在父亲的晚年或身后回报。每一件事务上的关系也都是一种民间契约，它往往要求保证对等，一方承担庇护的义务，另一方则承担服务的义务。只要对双方都有利，谁也不认为自己承担的义务是一种“牺牲”。

在日本，为他人服务，其背后的强制力当然也是相互的，既要求等量，也要求在等级关系上彼此承担相辅相成的责任。这样，自我牺牲的道德地位与美国就迥然不同。日本人对基督教传教士关于自我牺牲的说教总是特别反对。他们极力主张，有道德的人不应当把为别人服务看作是压抑自己。有位日本人对我说：“当我们做了你们称之为自我牺牲的事情时，我们则觉得是自己愿意做的，或者认为那样做是对的。我们绝不感到
233 遗憾。不管我们实际上为别人做了多大牺牲，我们也不认为这是为了提高我们的精神境界，或者应当得到回报。”像日本人

那样以缜密细致的相互义务作为核心来组织社会生活，当然不理会这里面有什么“自我牺牲”。他们要求自己履行极端的义务，而传统的关于相互义务的强制力，使他们不至于感到“自我怜悯”和“自以为是”，而这类感觉在个人主义竞争的国家中是极易出现的。

因此，美国人要想理解日本一般自我修养的习惯，就必须对美国的“自我训练”(Self - discipline)概念施行一番外科手术，把美国文化概念周围所缠绕的“自我牺牲”(Self - sacrifice)和“压抑”(frustration) 等赘生物割掉。在日本，一个人要成为出色的运动员就要进行自我修养，就像打桥牌一样，完全不会意识到这种活动是“牺牲”。当然训练是严格的，但这是事物本身所固有的。刚生下来的婴儿虽然十分“幸福”，却没有“体验人生”的能力。只有经过精神训练（或称“自我修养”）才能生活得充裕，获得“体验人生”的能力。这种说法通常被译作“只有这样才能享受人生的乐趣”(Only so he can enjoy life)。修养能锻炼丹田（自制力之所在），而使人生更加开阔。

日本培养“能力”的自我修养，其理由在于能改善他本人驾驭生活的能力。他们说，修养初期，人们也许感到难以忍受，但这种感觉不久就会消失，因为他终究会享受其中的乐趣，否则就会抛弃修养。徒弟要在商业上出色地发挥作用，少年要学习“柔道”“柔术”，媳妇要学习适应婆婆的要求。在训练的最 234
初阶段，不习惯于新要求的人想避开这种修养，这也是可以理解的。这时，他们的父亲就会教训说："你希望的是什么？要体会人生，就必须接受一些训练；如果放弃修养，今后肯定会不愉快。如果陷入这种处境而遭受社会上议论，我是不会袒护你的。"用他们常用的说法，修养就是磨掉"身上的锈"。它会使人变成一把锋利的刀。这当然是他们所希望的。

日本人如此强调自我修养对自己有利，这并不意味着他们的道德律所要求的极端行为不是真正的严重压抑，以及这种压抑不会导致攻击性的冲动。对这种区别，美国人在游戏和体育活动中是能理解的。桥牌选手为了打好牌，绝不会抱怨必须做出的自我牺牲，绝不会把为了成为专家而花费的时间看成"压抑"。尽管如此，医生们说，在下大注赌钱或争夺冠军赛时，精力高度集中与胃溃疡及身体过度紧张是有关联的。日本人也发生过同样的事情。不过，由于相互义务观念的强制力以及人们坚信自我修养对自己有利，使日本人容易接受许多美国人难以忍受的行为。他们远比美国人更加注意能胜任的行为，而不为自己找借口，也不像我们那样经常把生活的不满归咎于别
235 人。他们也不会由于没有得到美国人所谓的平均幸福（average happiness）而常常沉湎于自怜。他们已被训练得比美国人更加注意自己"身上的锈"。

"圆熟"是比培养"能力"更高的自我修养境界。这类修养的技巧，西方人只靠阅读日本人所写的有关著作是不大容易懂的，而专门研究这个问题的西方学者又往往不太重视它。他

们有时称之为“怪癖”。一位法国学者在著作中认为完全是“无视常识”，说最讲究修养的教派——禅宗[1]是“集严肃的荒谬之大成”。可是，日本人企图通过这种技巧所要达到的目标却绝非不可理解。探讨这个问题有助于我们阐明日本人的精神驾驭术。

日语中有一系列词汇表达自我修养达到“圆熟”者的精神境界。这些词汇有些用于演员，有些用于宗教信徒，有些用于剑术家，有些用于演说家、画家以及茶道宗师。它们一般都有同样的含义。我仅举其中的一个词：“无我”。这是禅宗用语，在上流阶层中很流行。它所表达的“圆熟”境界是指在意志与行动之间“毫无障碍，纤发悉除”的体验。不管它是世俗的经验，236
还是宗教的经验，犹如电流从阳极放出，直接流入阴极。没有达到圆熟境界的人，在意志与行动之间则仿佛有一块绝缘板。日本人把这个障碍称作“观我”、“妨我”。[2]经过特别训练消除了这种障碍之后，“圆熟”者就完全意识不到“我正在做什么”，

① 禅宗：禅，梵语 Dhyana 的音译。亦作“禅那”、“思维修”、“静虑”、“弃恶”、“禅定”。“禅定”（静坐沉思、专心一境、身轻心安、“明净”“观照”）是佛教修养的六个重要途径之一。以“禅定”为宗进行修养的“禅宗”，则是中国佛教的流派。相传其始祖是达摩（菩提达摩），在南朝宋末（5 世纪末）自天竺（印度）来华，“面壁九年”（面壁：心如壁立，不偏不倚），传与慧可（487—593 年），其后递传与僧粲、道性、弘忍，称“禅宗五祖”。唐中叶传至惠能后，普及民间，成为显学。宋、明以后更与儒学的“心性”说相结合。——译者

② 观我、妨我：原文 Observing self，Interfering self。意思是：“正在观察着的我”，也是“正在妨碍着进入无我境界的我”。——译者

京都大德寺

好像电流在电路中自由流动，不需用力。这种境界就是“一心”或“一缘”（One - pointed）[①]，亦即行为与行为者内心所描写的形象完全一致。

在日本，极普通的人也要努力达到这种“圆熟”境界。英国研究佛教的权威查尔斯·埃利奥特爵士（Sir Charles Eliot）谈及一位女学生时说：

> 她来到东京某著名传教士的住处，要求当基督教徒。传教士问她为什么，她回答说，因为想乘飞机。让她说说飞机与基督教有什么联系，她回答说，她听说坐飞机要有一颗非常镇静、遇事不乱的心，这种心只有经过宗教训练才能获得。她认为，基督教恐怕是宗教中最好的宗教，因此，前来求教。[②]

日本人不仅把基督教和飞机相联系起来，他们还把“镇静、遇事沉着”与应付考试、讲演、政治生涯都联系起来。在他们看来，培养“一心”“一缘”对从事任何事业都有无可争辩的好处。

① “One-pointed”：铃木大拙所著《禅宗概论》（*Essays in Zen Buddhism*）一书中的用语。据大拙先生的说明，译自“楞伽经”中梵语的 ekagra，表示那种“主客不分”，心神集中于一点的状态。——日译者。
中译者按：日译本译作“一点的”。我们原作“一点”。兹按佛学用语改译为“一心”或“一缘”。

② Eliot, Sir Charles, *Japanese Buddhism*（仪礼爵士：《日本的佛教》），第 286 页。

许多种文明都发展这种训练技巧，但日本人训练的目标与
237 技巧显然具有完全独特的性格。由于日本的修养术很多来自印度瑜伽派[①]，这就更加饶有兴味。日本的自我催眠、全神贯注及驾驭五官的技巧至今仍显示出与印度修行方法的亲缘关系。日本同样重视“虚灵”（心中不想）、“体静”（身体不动），以及千遍万遍地反复诵念同一句话，全神贯注于某一选定的象征。甚至日本也使用印度的术语。但是，除了这些表面上大体的共同点之外，日本版的修养术与印度几乎没有共同之处。

印度的瑜伽派是一个极端崇拜禁欲苦行的教派，认为这是一种从轮回[②]获得解脱的方法。人除了这种解脱（即“涅槃”[③]）以外，别无解救之道。障碍则是人欲。只有通过饥饿、受辱、自苦才能消除人欲。通过这些手段，人可以超凡入圣，获得灵性，达到神人合一的境界。瑜伽修行是一种鄙弃肉欲世界、逃脱人间无边苦海的方法，又是一种掌握灵性能力的方法。越是极端苦行，就越能缩短达到目标的路程。

① 瑜伽派：古印度哲学的一派。“瑜伽”意为“结合”、“连接”、“相应”。瑜伽派承认有一个“大神”（“自在”），倡苦行、禁欲、修炼，以求“相应”而证悟真理。——译者

② 轮回：梵文 Samsara 的意译。意为“流转”。佛教认为：众生皆以其所作善恶业因，在“六道”（天、人、阿修罗、地狱、饿鬼、畜生）中轮回。——译者

③ 涅槃：梵文 Nirvana 的音译。与“寂灭”、“圆寂”、“入灭”同义，是最高境界。“灭”一切烦恼，“圆满”（具备）一切“清净功德”。——译者

龙安寺石庭模型。

龙安寺石庭是日本极具代表性的虚拟山水式庭院

龙安寺枯山水

这种哲学在日本是看不到的。尽管日本是一个佛教大国，但轮回和涅槃的思想从未成为日本人民佛教信仰的一部分。虽有少数僧侣接受这种教义，但从未影响过民间的思想和习俗。在日本，没有把鸟兽鱼虫看作是人的转世而不准杀生的现象，
238 葬仪及庆祝诞生仪式也没有轮回思想的影响。轮回不是日本的思维模式，涅槃的思想也不是，不仅一般民众没有这种思想，僧侣们也对它进行加工改制而使之消失了。有学问的僧侣们断言，顿“悟”之人即已达到涅槃，即在此时此地，松树和野鸟中都能“见涅槃”。日本人对死后世界的空想从来不感兴趣。他们的神话都是讲关于神的故事，而不讲逝世的人。他们甚至拒绝佛教关于死后因果报应的思想。他们认为，不管什么人，甚至身份最低贱的农民，死后都能成佛。日本人供在佛坛上的家属灵位就称作“佛”。这种用语在佛教国家中没有第二个。对一般死者用如此大胆的尊称，可以理解，这样的民族当然不会追求涅槃之类的艰难目标。既然一个人怎么都能成佛，就无须终生使肉体受苦而努力达到绝对静止的目标了。

同样地，日本也没有肉体与精神不相容的教义。瑜伽修行是消除欲望的方法，欲望寄生于肉体之中。日本人却没有这种教义，认为“人情”（烦恼）并非恶魔，感官享受是生活智慧的一部分，唯一条件是感官必须为人生重大的义务做出牺牲。这一信条在日本人对待瑜伽修行方法方面，从逻辑上扩展到极
239 端：不仅排除一切自虐性苦行，甚至在日本这个教派也不是禁

欲主义的教派。他们的“悟者”虽然过着隐遁生活，称作“隐士”，一般仍与妻子同住在风景秀丽的地方，过着安逸的生活。娶妻育子与超凡入圣丝毫没有矛盾。在佛教的最通俗的教派[①]中，僧侣完全可以娶妻生子。日本从不轻易接受灵肉不相容的说教。顿“悟”入圣者是由于自我冥想修行和生活质朴，而不在于破衣敝服、弃绝声色之娱。日本的圣者整天吟诗、品茶、观花赏月。现在禅宗甚至指示其信徒避免“三不足”：即衣不足、食不足和睡不足。

仁和寺——真言宗的大本山

① 指净土真言宗。——日译者（按：亦称真宗，源于中国的净土宗（亦称莲华宗）。初由天台宗日本僧圆仁（794—864年）从中国传入日本，后由法然（1133—1212年）确立教义，主张简化修行方法，只要念佛，即可往生净土（极乐世界）。信徒甚众。）

瑜伽哲学的最终信条是那种神秘主义的修行，认为可以把修行者导入一种忘我入神的天人合一境界。这种信条在日本也不存在。无论是原始民族、伊斯兰教阿訇、印度瑜伽修行者或中世纪基督教徒，尽管其信仰各异，凡推行神秘主义修行法者都异口同声地说，他们达到了“天人合一”，都体验到“人世所无的”喜悦。日本也有神秘主义的修行法，却没有神秘主
240 义。这并不是说，他们不会入定，他们也能入定，但是，他们把这种境界看作训练“一心”“一缘”的方法，而不把它称作“超凡入圣”。其他国家的神秘主义者说，入定时五官停止活动。禅宗的信徒却不这样说，他们说，入定会使“六官”达到异常敏锐的状态。第六官位居心中，通过训练可以使第六官支配平常的五官。不过，味觉、触觉、视觉、嗅觉和听觉在入定时要接受特殊的训练。禅宗修行者的一项练习是要听到无声的足音，并能准确地跟踪其足迹；或者能在三昧[①]境界中仍能辨别诱人的美味。嗅、视、听、触、尝都是“辅助第六官”，人要在这种境界中学会使“诸官皆敏”。

这在任何重视超感觉经验的宗教中都是例外现象。甚至在

① 三昧：梵语 Samādhi 又称三摩提、三摩地。意译则是“定”、“正受”或“等持”，亦即止息杂虑，专注一境，方能保持不昏不乱。——译者

圣福寺

入定状态，修禅者也不想超脱于自身之外而像尼采[①]描述古代希腊人那样，“保留自己的原样，保持自己市民的名义”。在日本伟大佛教法师的言论中，对这种见解有很多生动的阐述，讲得最精彩的是高僧道元。他在13世纪[②]开创曹洞宗[③]，至今仍

① 尼采（Friedrich Nietzsche，1844—1900年）：德国唯心主义哲学家。鼓吹超人哲学。著有《悲剧的诞生》《查拉图斯特拉如是说》《善恶的彼岸》等。——译者

② 日译本误作“十二世纪”。——译者

③ 曹洞宗：禅宗五家之一，唐朝良价在今江西宜丰洞山首创，后由其弟子本寂在今江西宜黄曹山发扬光大，故称曹洞宗。13世纪中，日僧道元（1200—1253年）来华学法，传入日本。本山在福井县吉田郡永平寺、横滨市鹤见区总持寺。主张持戒坐禅开悟。——译者

是禅宗中最大、最有势力的教派。他谈到自己顿悟时说："我只知道眼睛横在鼻子之上……（在禅的体验中）并无神秘。犹
241 如时间自然流逝，日出于东，月沉于西。"①禅学著作也不承认"入定"除了能培养自我修养能力以外，还能传授别的什么能力。一位日本佛教徒写道："瑜伽派认为冥想可以获得超自然的能力，禅宗不采取这种荒谬的说法。"②

日本就是这样完全抹杀作为印度瑜伽派基础的各种观点。日本人的酷爱"精微有限"③，令人想起古希腊人。他们把瑜伽派的修行方法理解为自我修养以求完善自身的一种方法；一种达到"圆熟"境界，以致人与其行为毫无间隔的方法。这是一种自力更生的训练。它的回报就在现时现地，因为它使人们能够最有效地应付任何局面，用力不多不少，恰如其分；能使人控制恣意妄为的自我，不躁不乱，无论遇到外来的人身危险或内心的激动，都不会失去镇定。

当然，这种训练不仅对僧侣有益，对武士也有益。事实上，正是武士把禅宗当作了自己的信仰。任何地方都很难发现像日本这样用神秘主义的修行法来训练武士单骑作战，而不是靠它来追求神秘的体验。日本从禅宗开始发生影响之时起就一直如

① 引自 Nukariya, Kaiten, *The Religion of the Samurai*（忽滑谷快天：《武士的宗教》），伦敦，1913 年，第 197 页。

② 同前书，第 194 页。

③ 原文为"a vital love of finitude"，参日译本译。——译者

此。12世纪，日本禅宗开山鼻祖荣西[①]的巨著就取名《兴禅护国论》，而且禅宗训练了武士、政治家、剑术家和大学生，以 242
求达到相当世俗的目标。正如查尔斯·埃利奥特爵士所说，中国禅宗史上毫无迹象会使人想到他日禅宗传到日本竟成为军事训练的手段。“禅宗和茶道、能乐一样，完全成了日本式文化。人们可以设想，在12、13世纪的动乱年代，主张从内心直接体验，而不是从经典中寻求真理的，这种冥思、神秘的教义会在逃避尘世灾难的僧院中流行。但却不会想到，武士阶级也会接受它作为喜爱的生活准则，而实际情况却变成这样。”[②]

日本许多教派，包括佛教和神道都特别重视冥想、自我催眠和入定的神秘修行方法。其中有些教派把这种训练的成果看成是神的恩宠。并使其哲学基础建立在“他力”之上，亦即靠他人的帮助，靠仁慈的神力。有些教派，以禅宗为最，则主张依靠“自力”，自己帮助自己。他们教导人们说，潜力只存在于自己内部，只有靠自己的努力才能增强。日本的武士们发现这种教义符合他们的性格。无论作为一个僧侣，或作为一个政治家、教育家——他们都从事这类工作——都以禅宗修行法

① 荣西（1141—1215年）：又名明庵荣西，镰仓时代禅僧，创临济宗。宋时曾两次（公元1168、1187年）来我国，携《天台章疏》等30余部佛典回国，在日本建圣福寺，为日本禅寺之始。著有《兴禅护国论》《出家大纲》《吃茶养生记》等。——译者

② 仪礼爵士：《日本的佛教》，第186页。

来加强一种素朴的个人主义。禅宗的教义十分明确："禅所求者，唯在己身可发现之光明，不容任何障碍。除尔途中一切孽
243 障，……遇佛杀佛，逢祖灭祖，遇圣剿圣。唯此一途，可以得救。"[1]

探索真理的人，不能接受任何第二手的东西。不论是佛陀教导、祖宗经典或者神学。"三乘十二因缘教[2]都是一堆废纸"，研究这些虽不能说毫无益处，却无法使自心灵光一闪，唯有这灵光一闪才能使人顿悟。有一本禅语对答的书中记载，弟子求禅僧讲《法华经》。[3]禅僧讲得很好，弟子却失望地说："怎么，我还以为禅僧蔑视经典、理论和逻辑体系哩！"禅僧回答说："禅非无知，唯信真知在一切经典之外。汝非来求知，仅来问经耳。"[4]

禅师们所传授的传统训练，在于教给弟子如何求"真知"以达到顿悟。训练既有肉体的，也有精神的，不论是哪一种，最后都必须在内心意识中确得效果。剑术家的修禅就是一个很

① 引自 E. Steinilber-Oberlin, *The Buddhist Sects of Japan*(《日本的佛教教派》)，伦敦，1938年，第143页。

② 三乘十二因缘：三乘，佛教宣称，人有三种根器，因此有三种修持途径，并比作"乘"三种车，故名三乘，即声闻乘、缘觉乘、菩萨乘。十二因缘，又称十二缘起，是佛教三世轮回的基本理论，包括无明，行，识，名色，六入，触，受，爱，取，有，生，老死。——译者

③ 法华经：全称《妙法莲花经》。莲花，喻其清净微妙。谓释迦说法，唯一目的在使众生得到智慧，人人皆能成佛，唯有法华经才是"一乘法"，其他皆引导众生接受"一乘"法。——译者

④ 引自 E. Steinilber-Oberlin《日本的佛教教派》，前引书，第175页。

好的例子。当然，他必须经常练习基本击刺，但这只属于“能力”范围，他还必须学会“无我”。最初，他首先被命令站在地板上，全神贯注于脚下支持身体的那几平方英寸的地板。这块窄小地
板逐渐升高，日久天长，剑术家学到能立在四英尺高的柱子上， 244
像置身庭院之中一样舒服。当他能坦然地立在那根柱上时，他就得到“真知”而顿“悟”了。他的心已经顺从己意，不会有眩晕之感或摔跌之虞了。

日本的这种立柱术是把人们熟知的西欧中世纪圣西蒙[①]派的立柱苦行术加以改造，使之成为一种有目的的自我训练，它已经不再是苦行。无论是修禅还是农村中的许多习惯，各种肉体训练都经过这种改造。世界上许多地方都有潜入冰水或站在山瀑下之类的苦行修炼。有的是为了锻炼肉体，有的为了祈求上帝的怜悯，有的则是为了进入恍惚状态。日本人喜好的耐寒苦行，是在天亮之前站在或坐在冰凉刺骨的瀑布之中，或者在冬夜用冷水洗澡三次，但其目的是锻炼意识的自我，直到不觉痛苦。求道者的目的则是训练自己不受干扰而继续冥想。当他已不意识到水的冰冷，在寒夜凌晨身体也不颤抖时，他就“圆熟”了。此外，不求任何补益。

---

① 圣西蒙（Saint Simeon）：公元 3、4 世纪的修道僧，生于叙利亚北部。传说他在柱子上生活了三十年，在柱子上传道。柱高初为六英尺，渐升高达六十英尺。——日译者

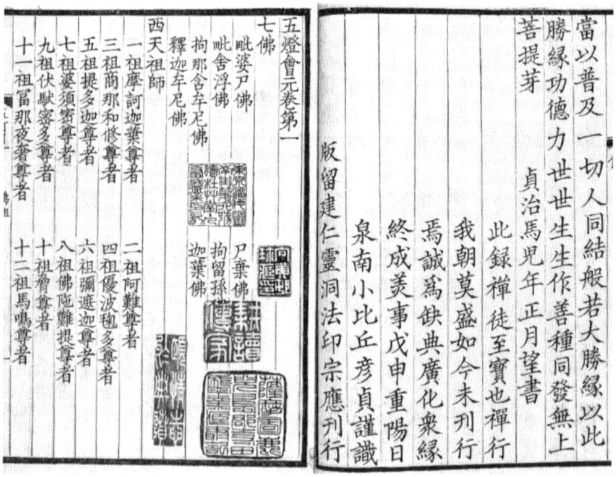

當以普及一切人同結般若大勝緣以此
勝緣功德力世世生生作善種同發無上
菩提芽
貞治馬兒年正月望書
此録禪徒至寶也禪行
我朝莫盛如今未刊行
焉誠為缺典廣化衆緣
終成美事戊申重陽日
泉南小比丘彥貞謹識
版留建仁靈洞法印宗應刊行

五燈會元卷第一
七佛
毗婆尸佛 尸棄佛
毗舍浮佛 拘留孫佛
拘那含牟尼佛 迦葉佛
釋迦牟尼佛
西天祖師
一祖摩訶迦葉尊者 二祖阿難尊者
三祖商那和修尊者 四祖優波毱多尊者
五祖提多迦尊者 六祖彌遮迦尊者
七祖婆須蜜尊者 八祖佛陀難提尊者
九祖伏馱蜜多尊者 十祖脅尊者
十一祖富那夜奢尊者 十二祖馬鳴尊者

《五灯会元》第一卷

同样，精神训练也必须自适自得。你可以请教老师，但老师也不会对你进行西方意义上的“教导”。因为弟子不可能从身外学到有意义的东西。老师可以和弟子讨论。却不会温和地
245 引导弟子，使之到达新的智慧境界。越是粗暴的老师，就越被认为是有帮助的。如果，师傅猝不及防地敲掉弟子刚送到嘴边的茶杯，或者把弟子摔倒，或者用铜如意敲打弟子的指关节，弟子就会在这种冲击中像通上电流一般地顿悟。[①] 因为，这样就会打掉了他的自满自足。僧侣言行录中充满着这类故事。

① 来自我国禅宗之“棒喝”（不用言语，而以棒敲口喝来测验并训练弟子“根机之利钝”，即反应灵敏程度）。传说始于德山宣鉴、临济义玄（8、9 世纪），所谓“德山棒，临济喝”。——译者

诱导弟子努力开悟的最爱用的一种方法是“公案”[①],字面的意思就是“问题”，据说有一千七百个。禅僧逸话中说，有人为解决一件公案竟费时七年之久也并不罕见。“公案”的目的并不是要求得到合理的答案。比如：“设想孤掌独鸣”，或者“缅思待生儿时母”[②]；以及“背负尸体而行者谁”、“朝我而来者何人”、“万法（万物）归一,一又何归”等等。此类禅问在12、13世纪以前的中国曾使用过。日本引进禅宗的同时也引进这种方法。但“公案”在中国已告绝迹，而在日本却成了达到“圆熟”的最重要的训练手段。禅的入门书非常重视“公案”。“公案中包藏着人生的困境”。他们说，思考“公案”的人就像“被赶入绝境的老鼠”，或“赤热铁球在喉”的人，“想叮铁块[③]的蚊子”。他忘我地加倍努力。最后，横在他的心灵与“公案”之间的“观我”屏障被破除，于是迅如一股闪电，心与“公案” 246
融合为一，他就顿“悟”了。

读了这些关于高度紧张的精神努力的描述，如果再在这些

① “公案”：原指官府判案。禅宗的“顿悟派”借用此词，把“禅机”比做判案。认为：悟道者的言行，常含“机锋”。一句话、一个诘问、一个动作，往往能深刻触动求道者的“根性”,使之顿悟而解惑脱蔽,其明快犹如断案。禅宗公案的书籍,著名者有《景德传灯录》《碧岩录》《广灯录》《联灯会要》《五灯会元》等。——译者

② 这句话还有上半句。全句是：“夜未阑兮闻乌啼，缅思待生儿时母”。——译者

③ 禅书作“铁牛”。——日译者

书中寻找他们费尽精力所获得的伟大真理，你会感到失望。例如，南岳[①]花了八年时间思索“朝我而来者何人？”最后，他明白了。他的结论是：“说此地有一物，旋即失之矣。”[②]但是，禅语的启示也有一般模式，可从以下数句问答中窥知：

僧问：“怎样才能避免生死轮回？”

师答：“谁束缚了你？（亦即谁把你绑在轮回之上？）”

他们说，他们学的东西，借用中国一句有名的成语，就是“骑着牛找牛”。他们要学的“不是网罟，而是网罟所要捕捉的鱼兽”。借用西方术语来说，他们学的是“两推理”，其两角[③]皆与题旨无关。目的在于使人顿悟：只要打开心眼，现存手段即可达到目标。一切都是可能的，无须借助其他，但求诸己。

“公案”的意义不在于这些真理探索者所发现的真理（这些真理与全世界神秘主义者的真理是一样的），而在于日本人

① 南岳，禅宗六祖大鉴慧能禅师的法嗣，金州人，唐玄宗天宝三年（1404年）六十八岁时圆寂，谥号大禅慧师。其门徒衍为临济、沩仰二宗。“朝我而来者何人”中文原为：“恁么来物是谁？”——日译者

② 中文原为：“说似一物，即不中。”据禅语字汇，此句意为“这个本分底事，但只一言，即失其的”。——日译者

③ 两角：在假言推理和选言推理的三段论（其代表是两难推理）中，被小前提肯定或否定的事项称作“角”。——日译者

按：两难推理的公式是：“如果A则B，如果C则D；A或C；因此，B或D。”——译者

如何考虑探索真理。

公案被称作“敲门砖”。“门”就装在蒙昧的人性的周围墙壁上，这种人性总在担心现存手段是否够用，幻觉有许多人盯 247
着自己并准备或褒或贬。这堵墙就是日本人感之甚切的“耻感”。一旦用砖把门砸开，人就进入自由天地，砖也就无用了，也就不再去解答公案了。功课就修完了，日本人的道德困境也就解脱了。他们拼命钻死角，“为了修行”变成了“咬铁牛的蚊子”，钻到最后，恍然大悟，根本没有死角。“义务”与“义理”之间，“义理”与“人情”之间，以及“正义”与“义理”之间都不存在死角。他们发现了一条出路，获得了自由，从此能充分“品味”人生。他们达到了“无我”的境界。他们的“训练”成功地达到“圆熟”的目标。

研究禅宗的泰斗铃木（大拙）把“无我”解释为“无为意识的三昧境界”①，“不着力、无用心”，“观我”消失了，人“失去其自身”，亦即自己不再是自身行为的旁观者。据铃木说，“意识一旦觉醒，意志就一分为二：行为者和旁观者，两者必然冲突。因为，行为者（的我）要求摆脱（旁观者的我的）约束”。而当“悟”时，弟子发现，既无“观我者”，也无“作为无知

① Suzuki, Professor Daisetz Teitaro, *Essays in Zen Buddhism*（铃木大拙：《禅宗论集》），第三卷，第 318 页，京都，1927 年、1933 年、1934 年。

248 或不可知之量的灵体”[①]，只有目标和实现目标的行动，此外皆不存在。研究人类行为的学者如果改变一下表述方式，就能更具体地指出日本文化的特性。一个人，就好比是一个小孩子，他受到严格的训练去观察自己的行为，注意别人的评论并据以判断自己的行为。作为观我者，他极易受刺伤，一旦升华而进入灵魂的三昧境界，他就消除了这个易受刺伤的自我，他不再意识到“他在有为”。这时，他就觉得自己的心性已修养成功，犹如习剑术者可以站在四英尺高的柱子上而毫无所惧一样。

画家、诗人、演说家及武士都用这种训练以求达到“无我”。他们学到的并不是“无限”，而是对有限美的、明晰的、不受干扰的感受；或者说，是学会调整手段与目标，用恰当的努力，不多不少，恰好达到目的。

甚至完全未经过训练的人也有一种“无我”的体验。当欣赏能乐和歌舞伎的人陶醉于剧情而完全忘我之时，也可以说是失去了“观我”。他手掌出满了汗，他感到这是“无我的汗”。轰炸机的飞行员在接近目标将要投下炸弹之前也渗出“无我之汗”。“他并未意识自己在做”，他的意识中并无旁观的自我。当高射炮手全神贯注侦察敌机时，周围的世界全都消失，也同样出“无我之汗”，同样失去“观我”。凡是身处此类场合，达到此种状态的人，都进入了最高境界。这就是日本人的观念。

① 仪礼爵士：《日本的佛教》，第 401 页。

上述概念雄辩地证明，日本人把自我监视和自我监督搞成 249
何等重大的压力。他们说，一旦这种束缚消失，就感到自由而有效率。美国人认为，所谓“观我”或“自我监视”，就是自己内心的理性原则，因而得以临危不惧、“保持机智”，以此自豪。日本人却要靠升华到灵魂三昧境界，忘掉自我监视的束缚，才有解脱颈上石枷之感。我们看到的是，日本文化反复向心灵深处灌输谨小慎微；而日本人则对此力图辩解并断言：当这类心理重荷一消失，人的意识就进入更加有效的境界。

日本人表达这种信条的最极端的方式（至少在西方人听来如此）就是他们高度赞赏“就当死去而活着”的人。如果照字面硬翻译成西方语言，也许就是“活着的尸体（行尸走肉）”吧，但在西方任何一种语言中，这句话都是讨厌的。我们讲到这句话，是指一个人已经死去，只在人世留下一具躯体，再无活力。日本人讲“就当死去而活着”的意思则是说这个人已达到了“圆熟”的达观境界。他们常把这句话用于日常的劝勉和鼓励。在鼓励为中学毕业考试而苦恼的少年时，他们会说：“就当你已经死了，这样就容易通过。”鼓励进行大批商业交易的人也是如此，他的朋友会说：“就当死了，干下去。”当一个人陷入严重的精神苦恼，看不到一线希望时，也常常以“就当已死”的决心去生活。战败后被选为贵族院议员的基督教领袖贺川（丰 250
彦）在其自传小说中说：“就像被魔鬼缠身的人一样，他每天躲在自己房间里哭泣。他那爆发性的抽泣已接近歇斯底里。苦痛持续了一个半月，但生命终于获胜。……我要此身带上死的力量活下去……他要就当已经死了投入战斗之中。……他决心要当一个基督徒。”[①]战争期间，日本军人喜欢说：“我决心就当死了，以报答皇恩。”这句话包含着一系列行动，如在出征前为自己举行葬礼，发誓把自己的身体“变成硫磺岛上的一抔土”，决心“与缅甸的鲜花一起凋落”等。

以“无我”为根基的哲学也潜在于“就当已死地活着”的态度。人在这种状态中就消除了一切自我监视，也消除了一切恐惧和戒心。他已经是死人了，也就是说无须再为行为恰当与否而思虑了。死者不用再报“恩”，他们自由了。因此，“我要就当已死地活着”，这句话意味着最终摆脱一切矛盾和冲突，意味着：“我的活动力和注意力不受任何束缚，可以勇往直前地去实现目标。观我及其一切恐惧的重荷已经不再横隔于我和我的奋斗目标之间了。过去在我奋力追求时，一直烦扰我的紧张感和消沉倾向也随之消失。现在，我可以为所欲为了。”

按照西方人的说法，日本人在“无我”和“就当已死”
251 的习惯中排除了意识。他们所谓的“观我”、“妨我”是判断一个人行为的监督者。这生动地指明了西方人与东方人的心

① Kagawa, Toyohiko, *Before the Dawn*（贺川丰彦：《天亮之前》），第240页。

理差异。我们讲到一个没有良心[1]的美国人，是指他在干坏事时不再有罪恶感。而日本人在使用同类词[2]时，却是指这个人不再紧张、不再受妨碍。同一个词，美国是指坏人；日本则指好人、有修养的人、能最大限度地发挥其能力的人，是指能够完成最困难工作、致力于无私行为的人。要求美国人行善的强大制约力是罪恶感，如果一个人的良心麻痹，就不再有罪恶感而变成反社会的人。日本人对这个问题的分析则不同。按照他们的哲学，人的心灵深处存在着善，如果内心冲动能直接表现为行动，他就会很自然地实践德行。于是，他想努力修行，以求"圆熟"，消灭自我监视的"羞耻感"。只有达到这种境界，第六官的障碍才能消除，才是彻底摆脱自我意识和矛盾冲突。

当你考察日本人这种自我修养的哲学时，一旦脱离其日本文化中的个人生活经验，就只能成为魔咒式的不解之谜。如前文所述，他们那种归之于"观我"的"羞耻感"该是日本人身上多么沉重的压力。他们的精神驾驭术，其哲学的真正意义，如果不讲日本人的育儿方式就说不清楚。任何文化，其道德规范总要代代相传，不仅通过语言，而且通过长者对其子女的态

① 请注意，英语的良心（conscience）原意是意识（consciousness）。——日译者

② 指"无心"、"无思无念"。——日译者

252 度来传递。局外人如果不研究一国的育儿方式，就很难理解该国生活中的重大问题。截至本章，我们只从成人方面描述日本民族对人生的各种观点。日本人的育儿方式将使我们对这些观点有更清楚的了解。

第十二章　儿童学习

253

日本的幼儿并不是像爱思考的西方人所设想的那样抚养成长的。美国父母训练幼儿准备适应的生活，远不是日本那样谨慎克制的生活。然而，我们（美国父母）从一开始就教育婴儿，要他们懂得，在这个世界上，他们那些小小的愿望并不是至高无上、都必须满足。我们规定一定的授乳时间和睡眠时间，时间未到之前，不管婴儿怎样哭闹也要让他等待。稍大一点，每当婴儿含手吮指或触摸身体其他部位，母亲就会敲他的手指加以禁止。母亲常常不在孩子身边。而且，母亲外出时，婴儿必须留在家里。当婴儿恋奶仍然超过其他食物时也要让他断奶。如果是用奶瓶喂养，则不给他奶瓶。有些食物对身体无益，孩子却必须吃。不按规定，就要受罚。美国人会很自然地设想，日本幼儿一定会受到加倍严格的训练，因为日本幼儿长大以后必须克制自己的欲望，十分小心谨慎地严格遵守道德准则。

254 但是，日本人的做法并不是这样。日本的人生曲线与美国的人生曲线正好相反。它是一根很大的浅底U字形曲线，允许婴儿和老人有最大的自由和任性。随着幼儿期的过去，约束逐渐增加，结婚前后个人自由降至最低线。这个最低线贯穿整个壮年期，持续几十年，此后再次逐渐上升。过了六十岁，人又几乎可以像幼儿那样不为羞耻和名誉所烦恼。在美国，我们这种曲线是倒过来的，幼儿教养非常严格，随着孩子日益成长而逐渐放松，待至他找到能够自立的工作、有了自己的家庭，就几乎可以不受别人的任何掣肘。在我们这里，壮年期是自由和主动性的鼎盛时期。随着年龄的增长，精力日益衰退，以至成为他人的累赘，就又要受到约束。按照日本那种模式来安排人生，美国人连想都想不到，似乎那是与现实背道而驰的。

但是，不论是美国还是日本的人生曲线，其安排在事实上都确保了一个人能够在壮年时期尽力参与该国的文化。在美国，我们依靠增加壮年期的个人选择自由来保证达到这一目标；在日本，则依靠最大限度地约束个人，尽管这个时期人的体力最强、谋生能力最高，却仍然不能主宰自己的生活。他们坚信，约束是最好的精神训练（修养），能够产生靠自由所不能达到
255 的效果。虽然日本人在最活跃、最有创造性的壮年时期受到最大的约束，却不是终生受约束，幼年和老年时期则是“自由的领地”。

对孩子娇纵的国民都非常希望有孩子。日本人正是这样。

像美国的父母一样，他们要孩子首先是因为喜爱小孩是一种快乐。但日本人要孩子却不仅是为了获得感情上的满足，而且是因为，如果断绝了家族血统，他们就会成为人生的失败者。这在美国却不是那么重视。每个日本男子都一定要有儿子，他们要儿子是为了自己死后有人在佛坛灵前跪拜，是为了绵延家系，传宗接代，保持家门荣誉和财产。由于传统的社会原因，父亲需要儿子，就跟幼儿需要父亲一样。儿子将来总要取代父亲，但这并不是撇下父亲，而是为了让父亲安心。在若干年内，父亲仍然管理"家务"，以后再由儿子接班。如果父亲不能把家务让给儿子，那他自己那种角色就没有意义。这种根深蒂固的连续性意识使成年的儿子对依靠父亲不像西方民族那样感到可耻和不体面，即使这种状况延续的时间要比美国长得多。

妇女需要儿子也不仅是为了感情上的满足，而且是因为
妇女只有当了母亲才有地位。无子女的妻子在家庭的地位最不 256
稳定，即使不离婚，也不能指望有一天能当婆婆，对儿子的婚姻和儿媳行使权力。为了延续家系，她的丈夫可能收养子，但按照日本人的观念，不生孩子的妻子仍然是个失败者。日本的妇女希望多生子女。20 世纪 30 年代前半期，平均出生率是 31.7‰，甚至比东欧多子女的国家还高。美国 1940 年度的出生率是 17.6‰。日本人母亲生孩子的年龄很早，多数是在十九岁就生孩子。

在日本，分娩与性交一样隐秘。产妇在阵痛时不能大声呻

吟以避免让人知道。母亲要提前给婴儿准备新被褥和小床，因为，新生婴儿不睡新床不吉利。贫苦家庭买不起新床，也要把被料和棉花洗净，做成“新”被。小被褥也不像大人的那样板硬，而且很轻。据说娃娃在自己的床上睡得更香。但在心灵深处他们让婴儿分床睡觉，其根据仍然是一种“感应巫术”，即新人必须睡“新”床。婴儿的睡床虽然靠近母亲的睡床，但直到婴儿长大，懂得要求与母亲同睡时才和母亲睡在一起。他们说，也许要满一周岁，婴儿才会伸出双手，提出这种要求。那时，婴儿才由母亲搂着睡。

257 婴儿出生后的头三天不给喂奶，因为日本人要等着流出真正的奶汁。三天后，婴儿随时叼奶头，或者是吃奶，或者是叼着玩。母亲也以给孩子喂奶为乐事。日本人相信，喂奶是女人最大的生理快乐之一，婴儿也最容易感受到母亲的这种乐趣。乳房不仅供给营养，而且供给喜悦和快乐。婴儿出生后的头一个月，不是放在小床上睡觉，就是由母亲抱着。三十天后抱婴儿去参拜当地神社。参拜后才认为婴儿的生命扎根在体内，才能带他自由外出。一个月过后，婴儿就被背在母亲的背上，用一根双重带子系住孩子的腋下和臀部，再挂过母亲肩前，在腰前打一个结。天气冷时，母亲用外衣把孩子全部裹上。家里年龄大一点的孩子——不管是男孩还是女孩——都背婴儿，甚至玩垒球或踢石子时也背着婴儿奔跑。尤其是农家和贫困家庭，多数是靠孩子看孩子。这样，“由于日本的婴儿生活在人群中，

战前日本：母亲和婴儿

很快就显得聪明有趣，似乎也同样在玩着背着自己的大孩子正在玩的游戏”。[①]日本婴儿四肢伸开被绑在背上，这种方式与太平洋诸岛及其他地方流行用披肩裹婴儿的方式很相似。他们都把孩子看成被动的。用这种方法育婴，长大以后能够随时随地、不拘姿势地睡觉。日本人正是如此。但是，日本用带子背婴 258
儿不至于像用披肩或包袱裹婴儿那样，完全培养被动性。婴儿“在人背上会像小猫那样自己搂着别人，……绑在背上的带子是安全的，但婴儿……会靠自己的努力求得最舒服的姿势；很快，他就能掌握一种趴在背上的技巧，而不只是绑在别

① Bacon, Alice Mabel, *Japanese Women and Girls*（爱丽丝·梅布尔·贝肯：《日本妇女和女孩》），第 6 页。

人肩上的包袱”。①

母亲工作时把婴儿放在睡床上，上街时背在背上带着走。母亲对婴儿说话，哼小曲给他听，让他做各种各样的礼貌动作。母亲给别人还礼时也晃动婴儿的头和肩让他鞠躬致意。总之，婴儿像大人一样。每天下午，母亲给婴儿洗浴，然后让他坐在膝上逗着玩。

三四个月以前婴儿要系上尿布，布质很粗厚，日本人常抱怨他们的罗圈腿是尿布造成的。过了三四个月，母亲就教他便溺：估量好时间，把婴儿带到户外，用手托着婴儿的身子，用单调的低音吹着口哨，等着孩子便溺。孩子也能听懂这一听觉刺激的目的。人们公认，日本的婴儿像中国婴儿一样，很早就学会了便溺。婴儿尿床时，有些母亲拧小孩的屁股，但一般都只是训斥一番，并把记性差的婴儿更频繁地带到户外教他便溺。
259 拉不出大便时就给婴儿洗肠，或给他服泻药。母亲们说这样是为了让婴儿舒服些。学会大小便习惯后就可以不带那种不舒服的尿布了。日本的婴儿肯定觉得尿布不舒服，这不仅因为它粗厚，而且因为每当尿湿以后没有立刻换尿布的习惯。不过，婴儿还太小，不懂得学会便溺与摘除不舒服的尿布之间的联系。他们只体验到每天必须如此，不能逃避。而且母亲把孩子便溺时要尽量让婴儿的身体离远点，抱紧点。这种无情的训练为婴

① 爱丽丝·梅布尔·贝肯：《日本妇女和女孩》，第 10 页。

儿长大成人后服从日本文化中最烦琐的强制性做好了准备。[1]

日本的婴儿通常是先会讲话，后会走路。爬是从来不受鼓励的。传统的习惯是，婴儿不满周岁不能叫他站立或走路。从前，母亲一律不准婴儿那样做。近十几年来，政府在其发行的廉价的、普及的《母亲杂志》[2] 中宣传应鼓励婴儿学会走路，这才逐渐普及。母亲在婴儿腋下系根带子，或者用手扶着婴儿身体。但是，婴儿还是想早学说话。当婴儿开始讲单词时，大人逗婴儿说话作乐的话语就逐渐变成有目的的教导了。他们不是让婴儿从偶然的模仿中学习讲话，而是教单词、教语法、教敬语，婴儿和大人都喜欢这样做。

在日本家庭里，孩子学会走路后，就会做各种恶作剧。例 260
如用手指捅破窗纸，掉在地板中间的火炉里等。大人对这些不满意，就夸大室内的危险，说踩门槛是“危险”的，坚决禁止。日本的房子当然没有地下室，是靠梁柱架在地面上的。小孩踩了门槛，家里人就会严肃地认为会使整个房屋坍塌变形。不仅如此，孩子们不能在两张铺席（榻榻米）连接处踩踏坐卧。铺席的尺寸是固定的，房间按其多少被称作“三铺席房间”或“十二

① 杰弗里·戈勒（Geoffrey Gorer），在 *Themes in Japanese Culture*（《日本文化论集》）（收入 Transactions of the New York Academy of Science（《纽约科学院学报》），第五卷，第 106—124 页，1943 年）中也强调日本人训练便溺的作用。

② 日本当系《母子手帐》。——译者

铺席房间”。孩子们经常听到这种故事：古代的武士会从铺底下用剑把坐卧在铺席连接处的人刺死。只有厚厚的、柔软的铺席最安全,铺席的接缝处则很危险。母亲常常用“危险”和“不行”来规劝幼儿，其中就包含这类感情。第三个常用规劝词是“脏”。日本家庭的整洁是有名的,儿童自幼即受教育重视整洁。

在下一个孩子出生以前，多数婴儿都不断奶。近来政府在《母亲杂志》上提倡婴儿最好在八个月上断奶。中等阶级的母亲常有人照此实行，但还远未成为日本人的普遍习惯。喂奶极符合日本人的感情。他们认为那是母亲的最大快乐。逐渐采用新习惯的人们把缩短哺乳期看成是母亲为孩子幸福而忍受的牺
261 牲。他们同意新规定，认为“长期喂奶对孩子身体不好”，并批评不让孩子断奶的母亲是自我放纵,没有自制力。他们说:“她说没办法让孩子断奶，没那回事”，“那是她下不了决心”，“她就是想让孩子一直吃她的奶”，“是为了她自己快乐”。由于这种态度，八个月断奶的习惯当然不可能普及。另外还有一个断奶晚的实际原因。日本人没有给刚断奶幼儿吃特别食品的习惯。断奶的孩子应喂以稀粥，但大部分是从吃母奶一下子就转到吃成人普通食品。日本人的饮食中不包括牛奶。另外他们也不为婴儿准备特殊蔬菜。在这种情况下，自然有理由怀疑政府倡导的“长时间哺乳对孩子身体不好”是否正确。

婴儿一般在能够听懂别人说话以后断奶。在这以前，吃饭时母亲抱着婴儿坐在全家饭桌旁喂一点食物。断奶后他们吃的

食物量增多。这时，有些孩子还是要吃母奶，喂养就成了问题。对于有了下一个孩子而不得不断奶的孩子来说，就更容易理解。母亲不时地给他们吃点心，让他们不要恋奶。母亲有时在奶头上涂上胡椒面。但所有的母亲都嘲弄幼儿说，如果要吃奶，那就还只是个小娃娃。她们说："看你表弟，他才是个大人哩！他的年纪和你一样小，却不要吃奶。""瞧！那小孩在笑话你嘿。你已经当哥哥了还要吃奶。"两岁、三岁，甚至四岁还玩妈妈奶头的孩子一发现年纪大一点的孩子走进来，就会突然放开奶 262
头，装出没那回事的样子。

用这种讥笑的办法敦促孩子早点成人，不只限于断奶。从孩子能听懂说话起，任何场合都用这些方法。例如当男孩哭鼻子时，母亲就会说"你又不是个女孩子"，"要知道你是个男孩！"等等。或者说："看那个小孩就不哭。"当客人带小孩来串门时，母亲就会当着自己孩子的面，亲客人的孩子，并且说："我要这个小宝宝，我就喜欢要这样聪明伶俐的好宝宝，你都长大了，还尽淘气。"这时，她自己的孩子就会飞跑到妈妈跟前，一边用拳头打母亲，一边哭着说："我不乐意，我不乐意！我不喜欢这个宝宝，我听妈妈的话。"当一二岁的孩子吵闹或不认真听话时，母亲就会对男客人说："请给我把这孩子带走，我们家里已经不要他了。"客人也会扮起这个角色，并开始把孩子从家里带走。于是孩子哭喊着向母亲求救，就像疯了一般。母亲看到嘲笑已完全达到目的，就和颜悦色地把孩子拉到自己身边，并要求仍在抽泣的孩子发誓，今后再也不调皮。这种小型滑稽剧有时也演给五六岁孩子看。

嘲弄还有别的形式。母亲走到父亲的身旁对孩子说："我不爱你，我爱你爸爸，因为你爸爸是好人。"孩子就万分嫉妒，要把父亲和母亲分开。母亲就说："爸爸不像你，不在家里乱喊乱叫，也不乱跑。"于是，孩子顿着脚说："你撒谎，骗人！
263 我并没那样做，我是好孩子。你不喜欢我吗？"玩笑开够了，父母相视而笑，他们不仅用这种办法嘲弄男孩，也同样嘲弄女孩。

这种经验对培养日本成年人明显害怕嘲笑和轻蔑是一种肥沃的土壤。我们无法肯定幼儿到几岁时才懂得哪种嘲弄是拿他开玩笑，但他早晚会懂得的。懂得了以后，这种受人嘲弄的意识就与害怕失去一切安全与亲密的恐惧感结合在一起。长大成人后受到别人嘲笑时，幼儿期的这种恐惧仍然留有阴影。

这种嘲弄之所以会在二至五岁的孩子心灵中引起更大的恐慌，是因为家庭确实是安全与自在的天堂。父亲与母亲之间，无论在体力上还是在感情上都有明确的分工，在孩子面前，他们很少以竞争者的姿态出现。母亲或祖母承担家务，教育孩子。她们都鞠躬如仪地侍候父亲、崇拜父亲。家庭等级制中的座次十分明确。孩子们知道，年长者有特权，男人有女人没有的特权，兄长有弟弟没有的特权。但是，一个孩子在他一生中的幼儿期间则受到家庭内所有人的娇宠，男孩子尤其如此。无论是对男

孩还是女孩，妈妈永远是一个什么愿望都答应满足的人。一个
三岁男孩可以向母亲发泄无名怒火。他对父亲绝不表示任何反
抗，却可以对母亲和祖母暴跳如雷，发泄受父母嘲弄以及要被 264
“送给别人”的郁愤。当然，所有的男孩不一定都脾气暴躁。但是，
无论是在农村还是在上流家庭，脾气暴躁是三岁到六岁孩子的
通病。幼儿一个劲地用拳头打母亲，又哭又闹，极尽粗暴之能事，
最后，把母亲珍惜的发髻弄乱。母亲是女人。而他，即使只有
三岁也毫无疑问是个男子。他甚至以粗暴发泄、无端攻击为乐。

孩子对父亲，他只能表现尊敬。对孩子而言，父亲是等级制上高层次的代表。用日本人的常用术语来说，就是“为了训练”，孩子必须学习对父亲表示应有的尊敬。日本的父亲几乎比西方任何国家的父亲都较少承担教育子女的任务。教育孩子的事完全交给妇女。父亲对孩子有什么要求，一般只是用眼神示意或者只是讲几句训诫的话。而且，由于这种情况很不常见，孩子们都立刻听从。在工余时间他会给孩子做点玩具。在孩子早已学会走路后，父亲才有时也抱抱孩子，背着他来回走动（母亲当然也抱）。对这段年龄的幼儿，日本的父亲有时也做些育儿的工作，而美国的父亲一般都委托给孩子母亲。

孩子可以对祖父母纵情撒娇，虽然祖父母同时又是受尊敬的对象，祖父母并不承担教育孩子的角色。虽然也有的祖父母因对幼儿教育松弛不满，自己来承担教养角色，但这毕竟会产生一大堆矛盾。祖母通常一天到晚守在孩子旁边。而且，在日

265 本家庭里，婆婆与媳妇争夺孩子的事极为普遍。从孩子的角度看，他可以获得双方的宠爱。从祖母的角度看，她常常利用孙子来抑制儿媳。年轻的母亲要讨取婆婆的欢心，这是她一生中最大的义务。因此，不管祖父母怎样娇纵孙子，媳妇也不能提出异议。常常是，妈妈说不能再给糖果吃了，祖母却马上又给，还要含沙射影地说："奶奶给的点心没有毒。"在许多家庭里，祖母给孩子的东西都是母亲弄不到的，她也比母亲有更多的闲暇陪孩子玩耍。

哥哥和姐姐都奉命要宠爱弟妹。日本幼儿在妈妈生下另一个孩子时，会充分地感到被"夺宠"的危险。失宠的孩子很容易联想到自己时常亲昵的母乳和母亲的床榻就要让给新生的婴儿了。新宝宝诞生之前，母亲会告诉孩子：这次，你会有一个活娃娃而不是"假"宝宝了，以后你就不是跟妈妈睡觉，而是跟爸爸睡了，而且把这说成似乎是一种特权。孩子对为新宝宝出生做的各种准备很感兴趣。新婴儿出生时，孩子通常都衷心感到激动和喜悦，但这种激动和喜悦很快会消失，一切都是早就预料到的，并不觉得特别难受。失宠的幼儿总想把婴儿抱到别的地方去。他对母亲说："把这个宝宝送给别人吧。"于是母亲回答说："不，这是我们家的宝宝呀！让我们大家都来喜欢他吧。小宝宝爱宝宝，你得帮妈妈照顾小宝宝，好吗？"这种
266 场面有时会反复持续相当长时间，母亲对此似乎也不介意。在多子女家庭会自动出现一种调节办法。孩子们会按间隔次序，

结成伙伴，老大会照顾老三，老二则照顾老四。弟妹们也是与隔一个次序的兄姐亲密。直到七八岁之前，男女差别对这种安排关系不大。

日本的孩子都有玩具。父母及亲友都给孩子们送布娃娃及其他玩具,有的自己做,有的是买的。穷人们则几乎都是不花钱，自己做。幼儿用布娃娃及其他玩具做游戏，如摆家家、当新娘、过节日等。游戏之前先辩论:大人是怎么做的？有时争论不止，就请母亲裁决。孩子吵架母亲就说:“贵人度量大”，劝大孩子忍让。常用的话是:“吃亏者占便宜”，意思是，你先把玩具让给小孩子，过一会儿，他玩腻了，又想玩别的，这玩具还是你的。母亲这个意思，三岁的孩子都能很快领悟。或者，在玩主仆游戏时，母亲会让大孩子当仆人，说大家都高兴，你也有乐趣。在日本人生活中，这种“吃亏者占便宜”的原则，即使在成年以后，也受到广泛尊重。

日本人训育孩子，除训诫与嘲弄之外，另一个重要的手段是转移孩子的注意力，甚至随时给孩子吃糖果也被认为是转移 267
注意力的办法之一。随着孩子接近学龄,就会采用各种“治疗”方法。如果孩子脾气暴躁、极不听话、喜欢吵闹，无法管束，母亲就把他们带到神社或寺院去。母亲的态度是“让我们求神佛给治疗吧”。多数场合相当于一次愉快的郊游。施行治疗的神官或僧侣与孩子严肃谈话，问孩子的生日和他的坏毛病。然后退至后屋祈祷，再回来宣布病已治好。有时则说，孩子淘气是因为肚子里有虫子。于是，他给孩子做祓，清除虫子，然后让他回家。日本人说这种方法“短时有效”，也被认为是“良药”。把一种盛满干艾粉的小型圆锥形容器放在小孩的皮肤上，点火燃烧，叫作“灸”。其斑痕留在身上一辈子。艾灸是东亚一带古老的流行疗法。日本也有这种传统，用它来治疗各种疾患。艾灸还可以治脾气暴躁和固执己见。六七岁的小孩就是如此接受母亲或祖母的“治疗”。难治之症甚至要治二次。但很少需要用三次来“治”孩子淘气的。艾灸并不是惩罚，不是美国人说的“你这么干，我可要揍你！”那是惩罚。但艾灸的苦痛远甚于挨打，孩子们于是懂得，不能淘气，否则要受惩罚。

除了上述对付调皮孩子的各种办法以外，还有很多习惯，培养孩子具有必要的身体技能。他们十分强调教师要手把手地
268 教孩子如何动作，孩子则必须老老实实地模仿。两岁之前，父亲就让孩子盘腿端坐，两腿盘起来，脚背贴着地板。刚开始时孩子很难做到不仰面朝天。尤其是，端坐的要领之一是强调身子要稳定，不能乱动，不能改变姿势。日本人说，掌握端坐的诀窍就是全身放松，处于被动状态。这种被动性要靠父亲亲手按着摆正孩子的腿。不仅坐的姿势要学，睡觉的姿势也要学。日本妇女重视睡姿优美，其严肃性犹如美国妇女不能被人看到裸体一样。日本政府为了争取外国人承认，曾把裸浴列为陋习，在此以前，日本人并不以公开裸浴为羞，但却特别重视妇女的睡姿。男孩怎么睡都没关系，女孩则必须双脚并紧，直身而睡。

这是训练男女有别的早期规则之一。如同其他几乎所有的规则一样，这种要求也是对上层阶级比对下层阶级更严格。杉本夫人（钺子）谈及她自身的武士家庭教养时说："自我记事时起，我晚上总是小心静静地躺在小小的木枕上。……武士的女儿不论在什么场合，即使睡觉时也要做到身心不乱。男孩子睡觉可以四肢叉开，呈'大'字形，手足乱放。女孩子睡觉则必须小心谨慎，曲身庄重地呈现'き'字形。这表现了一种'自制'的精神。"[1]日本妇女告诉我，晚上睡觉时，母亲或奶妈要帮她们把手脚放规矩。

教授传统的书法时也是老师把着小孩的手教。这是为了让 269
孩子"体会感受"。在孩子还不会写字甚至还不认字之前，就让他们体会那种慢条斯理、有板有眼的运笔方法。在近代大班教学中，这种教授法不像以前那么常见了，但仍时有所闻。行礼、用箸、射箭以及背枕头以代替背婴儿，都是手把手地教孩子运指并把身体摆正。

除上层阶级外，孩子在上学以前就与附近的孩子们一起自由玩乐。在农村，孩子们不满三岁就开始有小小的游戏集团。甚至在乡镇和城市里，他们也在行人拥挤的街头、车辆出入的地方自由玩乐。他们是有特权的人。他们可以在商店周围乱转，

① Sugimoto, Etsu Inagaki, *A Daughter of the Samurai*（杉本、稻垣钺子：《武士的女儿》），Doubleday Page and Company, 1926，第 15、24 页。

或者站在旁边听大人说话，或者玩踢石子和橡皮球。他们聚集在村社玩要嬉戏，氏神保护他们的安全。上学之前以及上学后的头二三年内，男孩与女孩一起结伴玩。但多数是同性之间最亲近，特别是同年龄的孩子最易结为密友。这样的同年集团（同龄），特别是在农村，可以持续终生，其持续性超过其他集团。在须惠村，上了年纪的人，“随着性关系的逐渐减退，同龄人的集会便成为人生的真正乐趣。须惠村俗话说：‘同龄比老婆还要近。’”①

这种学龄前的儿童集团相互之间毫无拘束。在西方人看来，
270 他们有许多游戏是毫不害臊地干一些猥亵事情。孩子们有性的知识，是因为大人随便谈论，也由于日本家庭居室狭窄。而且，母亲逗孩子、给孩子洗澡时，也常常指戳生殖器，尤其是男孩的阴茎。只要注意场合和对象，日本人一般不责备孩子的性游戏。手淫也不认为是危险的事情。伙伴之间随便相互揭丑（若是大人，这种揭丑会是侮辱），相互炫耀（若是大人这种自炫会引起耻辱感）。而对孩子，日本人却平静地笑着说：“孩子是不知什么叫羞耻的”，并补充说：“因而他们才如此幸福。”这就是幼儿与成人之间的鸿沟。因为，如果说哪位成年人“不知羞耻”，就等于骂那个人死不要脸。

这种年龄的孩子们常常互相议论对方的家庭和财产，他们

① Embree, John F., *Suye Mura*（《须惠村》），第 190 页。

特别炫耀自己的父亲。如说："我爸爸比你爸爸本事大"，"我爸爸比你爸爸聪明"，等等。这都是他们经常的话题。甚至为夸耀各自的父亲而打架。这类行动，在美国人看来都是不值得介意的事情。而在日本，孩子们自己这类说法与他们耳闻的完全两样。大人都谦称自己家是"敝宅"，尊称邻居的家为"府上"；称自己的家庭为"寒舍"，称邻居家庭为"贵府"。日本人都承认，幼儿期的数年间，从形成游伴到小学三年级，亦即直到九 271
岁左右，是强烈主张个人本位主义的。他们有时说"我当主君，你当家臣"，"不行，我不当家臣，我要当主君"；有时炫耀自己，贬低别人。总之，孩子想说什么就可以说什么。随着年龄的增长，他们知道这些话不能说，于是，他们就静静地等着，不问就不张口，再也不炫耀了。

对超自然神灵的态度，孩子们是在家里学的。神官和僧侣并不"教"孩子。一般说来，孩子有组织地接触宗教只是在民族节日或祭日，同其他参拜者一起接受神官洒的祓灾水。有些孩子被带去参加佛教仪式，也大都是在特别祭祀日。经常的也是最深刻的宗教经验常常得自以家庭佛坛和神龛为中心而举行的家庭祭祀。特别突出的是祭祀家族祖先牌位的佛坛，那里供着鲜花、香火及某种树枝。每天还要供奉食品。家庭中的年长者要向祖先报告家里发生的一切大事，每天跪拜。傍晚要点上小小的油灯。人们常说，不愿意在外面宿夜，因为离开家里这一套祭告，心里不踏实。神龛是一个简单的棚架，供奉从伊势

神宫取来的神符之类，也可以放各种各样的供品。厨房里还有
272 被烟熏黑的灶神，窗户和墙壁上贴着许多护符。这些护符都是保证全家安全的。村里的镇守神殿同样是安全的地方，因为有大慈大悲的众神镇守。母亲们喜欢让孩子到安全的神殿内玩耍，孩子们的经验中没有害怕神的说法，也没有必要使自己的行为符合神意之类。众神受人礼拜，又转而赐福人间。他们不是当权者。

男孩入学二三年之后，才真正开始训练，把他们纳入成年人那种谨慎的生活模式。在这以前，孩子学习控制身体。如果太淘气，就“治疗”他的淘气，分散他们的注意力。他受到的是和蔼的规劝，有时受点嘲笑。但他可以任意行事，包括对母亲粗暴。他的小自我中心得到助长。刚开始上学没有什么大变化，最初三年是男女同校。而且，男女老师对孩子都很喜爱，与孩子平等相待。不过，家庭和学校都一再嘱告他们不要使自己陷入“难堪”。孩子年龄尚小，不知道“羞耻”，但却必须教导他们不要使自己“难堪”。比如，有个故事里的男孩，本来没有狼，竟瞎喊“狼来了！狼来了！”来愚弄别人。如果你们也这样，人们就会不相信你。那确实是很难堪的事。许多日本人说，他们做错事的时候，第一个嘲笑他们的是同学，而不是老师或家长。确实如此，在这段时间，家里年长者的工作不是
273 嘲笑自己的孩子，而是逐渐把受人嘲笑和必须根据“对社会的义理”而生活这种道德教育结合起来。孩子六岁左右时，以忠

义献身的故事形式（即前文所引六岁儿童读本中义犬报答主恩的感人故事）而提倡的义务，才开始变成对他们的一系列约束。长辈对孩子说，“如此下去，世人会耻笑你”。规则很多，因时因事而异，大多数规则与我们所说的礼节有关。这些规则要求把个人意志服从于逐渐扩大的，对邻居、家庭及国家的义务。他必须自我抑制，必须认识自己所承担的“债务”，并逐渐处于欠恩负债的地位，如果打算还清恩债，就必须谨慎处世。

这种地位的变化把幼儿期的嘲弄以新的严肃认真的态度传导给正在成长的少年男孩。到了八九岁，孩子有时就要受到家里人真正的排斥、打击。如果老师向家里报告说他不听话或有不逊的举动，或者操行分不及格，家里的人便不理睬他。假如店主人指责他做了某种淘气的事，那就意味着“侮辱了家庭名声”，全家人都会批评指责他。我认识的两位日本人在十岁以前曾经两次遭到父亲逐出家门，又因为羞耻，也不敢到亲戚家去：他们在学校受到老师的处罚。当时，这两个人都只好待在外边的窝棚里，后来被母亲发现，经母亲调解才得以回家。小学的高年级孩子有时被迫关在家里“谨慎”，即“悔过”，专心 274
致志地写日本人十分重视的日记。总之，家里人都把这个男孩看作他们在社会上的代表。小孩遭到了社会的非难，全家人就反对他。他违背了“对社会的义理”，就别指望家庭的支持，也不能指望同龄人的支持。他犯了错误，同学就疏远他，他必须赔不是并发誓不再犯，否则伙伴们就不理他。

正如杰佛里·格拉所论述："值得大书特书的是，从社会学角度看来，上述种种约束达到了极不寻常的程度。在有大家族或其他宗派集团活动的大多数社会中，当集团成员受到其他集团成员的非难和攻击时，该集团一般均一致起而袒护。只要他继续得到本集团的赞同，在必要时或者在遭到袭击时，他坚信能得到本集团的充分支持，而敢于与本集团以外所有的人对抗。在日本情况则似乎刚好相反。也就是说，只有得到其他集团的承认，才能指望本集团的支持。如果外部人不赞成或加以非难，本集团也会反对他、惩罚他，除非他能使其他集团撤销或直到撤销这一非难。由于这种机制，'外部世界'赞同的重要地位也许是其他任何社会不能相比的。"①

在这段年龄以前，女孩子的教育与男孩子的教育没有本质
275 的区别，只在细枝末节上有点差异。女孩子在家里比兄弟受的约束要多些，事情也要多做些，虽然小男孩有时也得看护婴儿。在接受赠礼和关怀时，女孩子总得屈居末位。她们也不能像男孩子那样脾气暴躁。但是，从亚洲少女来说，她们有惊人的自由。她们可以穿鲜红的衣服，与男孩子一起在外面玩耍吵闹，而且常常毫不服输。她在幼儿期也"不知耻"。从六岁起到九岁，

① Geoffrey Gorer, *Japanese Character Structure*（杰弗里·戈勒《日本人的性格结构》），The Institute for International Studies（国际研究学会），1943 年，第 27 页（誊印本）。

她们逐渐懂得对社会的责任，其情况和体验与男孩大致相同。九岁以后，学校就男女分班，男孩子们逐渐重视新建立的男性团结。他们排斥女孩子，害怕被人看见和女孩子说话。母亲也告诫女孩子不要与男孩子交往。据说这种年龄的少女动辄忧郁寡欢，不喜外出，难于教育。日本的妇女说这是“童欢”的终结。女孩的幼年期因被男童排挤而结束。此后多少年，她们的人生道路只能是“自重再自重”。这一教导将永远持续，无论是订婚之时，还是结婚以后。

男孩子在懂得“自重”和“对社会的义理”之时，还不能说已懂得日本男子应负的全部义务。日本人说：“男童从十岁起开始学习‘对名分的义理’。”这句话的意思当然是“义在憎恶受辱”。他还必须学习这类规矩：在何种情况下可以直接攻击对方，在何种情况下采用间接手段洗刷污名。我并不认为他们的意思是要孩子学会在遭受侮辱时进行反击。男孩子小时候 276
就已经学会对母亲粗暴，与年龄相仿的孩子们争相诽谤、抗辩，没有必要在十岁以后再学习怎样攻击对手。然而，“对名分的义理”的规范要求十几岁的少年也要服从其规定，从而把他们的攻击方式纳入公认的模式，并提供特定的处理方法。如前所述，日本人往往把攻击指向自己而不是对别人行使暴力。学童也不例外。

六年制小学毕业后继续升学的少年（其人数约占人口的15%，男童比例较高）立刻就进入激烈的中学入学考试竞争。

竞争涉及每个考生和每门学科，这些少年也就马上要承担“对名分的义理”的责任。对于这种竞争，他们并无逐渐积累的经验，因为在小学和家庭里都是尽量把竞争降低到最低程度的。这种突然而来的新经验，使竞争更加激烈和令人担忧。竞争名次、怀疑别人有私情等。但是，日本人在缅怀往事时谈得多的却不是这种激烈的竞争，而是中学高年级学生欺侮低年级学生的习惯。高年级学生对低年级学生颐指气使，想尽办法欺侮。他们让低年级学生表演各种受捉弄的屈辱噱头。低年级学生一般对此都十分憎恨。因为，日本的男孩子是不会把这些事当作开玩笑的。一个男孩子被迫在高年级学生面前奴颜婢膝、四脚爬行，
277 事后，他会咬牙切齿，策谋报复。而且，由于不能立即报复，就更加怀恨在心，耿耿于怀。他认为这事关系到“对名分的义理”，是道德问题。也许，几年之后，他会利用家庭势力把对方从职位上拉下来；或者磨砺剑术或柔道，毕业之后在通衢大道上当众报复，使对方出丑。总之，如果不能有朝一日报此仇，就觉得“心事未了”。这正是日本人竞尚复仇的一个主要原因。

那些没有升入中学的少年，在军队训练中也有同样的体验。在平时，每四个青年便有一人被征当兵。而且，两年兵对一年兵的侮辱，远比中学里高年级生欺侮低年级生更为厉害。军官对此毫不过问，甚至士官也只是在特殊例外才干预。日本军队规范的第一条就是，向军官申诉是丢脸的。争执都是在士兵之间自行解决。军官认为这是“锻炼”部队的一种方法，但并不

参与其事。两年兵把上一年的积恨一股脑儿地向一年兵发泄，想方设法侮辱一年兵，以显示他们受“锻炼”的水平。据说征集兵一旦接受了军队教育，往往变成另外一个人，变成“真正黩武的国家主义者”。但是，这种变化并不是因为他们接受了极权主义国家理论的教育，也不是由于被灌输了忠于天皇的思想，经受各种屈辱刺痛的体验是其更重要的原因。在日本家庭 278
生活中，受日本式教养并对“自尊”极其敏感的青年，一旦陷入这种环境，极易变成野蛮。他们不能忍受屈辱。他们把这种折磨解释为排斥，这就使他们自身变成精于折磨别人的人。

不用说，近代日本的中学及军队中上述事态之所以具有这种性质，来自日本古老的嘲笑和侮辱习俗。日本人对这类习俗的反应也并非中等以上学校和军队创造的。不难看出，在日本由于有“对名分的义理”的传统规范，嘲弄行为的折磨人就比在美国更难忍受。尽管受嘲弄的集团到时候会依次虐待另一个受难集团，但这并不能防止那个被侮辱的少年千方百计要对虐待者进行报复，这种行为方式和日本的古老模式也是一致的。在许多西方国家中，找替罪羊来发泄积愤是常见的民间习俗，日本则不是这样。例如，在波兰，一个新学徒或年轻的收割手被嘲弄以后，他不是向嘲弄者泄恨，而是对下一代徒弟或收割手发泄。日本的少年当然也有用这种方法消除怨恨的，但他们最关心的还是直接报复。被虐待者必须直接报复虐待者才“感到痛快”。

在战后重建日本的事业中，关怀日本前途的领导者们，对战前日本成年学校和军队中这种侮辱青少年、戏弄青少年的习俗应当给予特别注意。应当充分强调“爱校精神”，以及“老
279 同学关系”，以消除大欺小、高压低的习俗。在军队中必须切实禁止虐待新兵。虽然老兵对新兵应当进行严格训练，正如日本各级军官一样，坚持严格要求在日本不算侮辱，但嘲弄、虐待则是侮辱。在学校和军队中，凡是上级生或老兵让下级生或新兵摇尾装狗、学蝉鸣，或者在别人吃饭时间让他们“立大顶”，都必须受到惩罚。如果能有这种变化，那对日本的再教育将比否定天皇的神格以及从教科书中删除国家主义内容更加有效。

少女不学习“对名分的义理”的准则，没有男童那种在中等学校及军队训练中的体验，也没有类似的体验。她们的生活远比男子平稳。自从她们懂事的时候起，她们就受到一种教育：无论什么事情都是男孩当先，礼品、关怀，女孩都是没有份的。她们必须尊重的处世规则是，不容许有公然表白自我主张的特权。尽管如此，她们在婴幼时期也和男童一样享受了日本幼儿的特权生活。特别是当她们还是幼女时，可以穿鲜红的衣物。长大成人后，那种颜色的衣物就不能再穿了，直到第二个特权时期开始，即六十岁后才能再穿。在家庭里，她们也像其兄弟一样，可以受到彼此不睦的母亲和祖母双方的宠爱。另外，弟弟或妹妹总是要姐姐，也要家里的其他人跟他“最亲”。孩子
280 们要求与她同睡，以表示最亲。而且她常常把祖母给予的恩惠

分给两岁的幼儿。日本人不喜欢单独睡觉。夜里，幼孩可以把被子紧挨着他喜欢的年长者。“你对我最亲”的证据就是两个人的睡床紧挨在一起。九岁或十岁以后，女孩子被男童的游戏伙伴排除在外了，但还可以在其他方面得到补偿。她们可以炫耀新的发型。十四岁至十八岁姑娘的发型，在日本是最讲究的。她们可以穿上丝绸衣服，而以前只能穿棉布衣服。这时，家里人也千方百计打扮她们，让她们更加漂亮。这样，女孩子也得到了某种程度的满足。

女孩子必须遵守各种各样的约束，这种义务要她们自己直接承担，无须父母强制。父母亲对女孩子的家长权不是通过体罚，而是通过平静而坚定的期待，希望女儿按照要求来生活。下述事例是这种教养方法的一个极端例子，值得加以引用，它说明了女孩子所受的那种不甚严厉、似有特权的教养的特点，即一种无权威的压力。稻垣钺子[①]从六岁起就由一位博学的儒者教授汉文经典：

> 整个两小时的授课，除了双手和嘴唇外，老师纹丝不动。我坐在老师面前的榻榻米上，也得同样端坐，纹丝不动。有一次正在上课，不知什么地方不合适，我稍微挪动了一下身子，屈起的双膝角度稍有偏移，老师脸上立刻微露不

① 即杉本钺子，嫁前姓稻垣。——日译者

> 281 满的惊愕神色。他轻轻地合上书，慢条斯理然而很严峻地说：“姑娘，你今天的心情显然不适合学习，请回房间好好思考思考。”我小小的心灵羞得无地自容，但毫无办法。我先向孔子像行礼，接着向老师行礼道歉，然后毕恭毕敬地退出书房。我小心翼翼地来到父亲跟前，跟平常课毕时那样向父亲报告。爸爸很吃惊，因为时间还未到。他似乎不在意地说：“你的功课学得这么快啊！”这句话简直就像是丧钟。直到今天，想起这件事仍似有隐痛之感。[1]

杉本夫人在另外一个地方描写她的祖母，言简意赅地说明了日本父母态度的一个最显著特点：

> 祖母态度安详，她希望每个人都按照她的想法去做。既无叱责，也无争辩，但祖母的希望像真丝一样柔软却很坚韧，使她的小家族保持着她认为正确的前进方向。

这种“像真丝一样柔软却很坚韧”的“希望”之所以能够收到如此好的效果，原因之一就是每一种工艺和技术的训练都非常明确。女孩子学到的是**习惯**，而不仅仅是规则。幼儿期的正确用箸，进入房间时的姿态，以及成年后学习茶道和按摩，

① 杉本·稻垣钺子：《武士的女儿》，1926 年，第 20 页。

无一不是由长辈手把手教，反复不断地练习，直至娴熟形成习惯。长辈们从不认为孩子们到时候就“会自然而然地学到”正确习惯。杉本夫人描写她十四岁订婚后如何学习伺候未来的丈夫用餐。在此之前，她一次也没见过未来的丈夫。丈夫在美国， 282
她在（日本的）越后[①]。可是，在母亲和祖母的亲自监厨之下，她一而再、再而三地“亲自下厨做几样据我哥哥说是松雄（未来的丈夫）特别爱吃的食品。我假想他就坐在我身旁，我为他夹菜，并且总是劝他先吃。这样，我学习关心未来的丈夫，使他感到愉悦。祖母、母亲也总是装作松雄就在眼前似的问这问那。我也很注意自己的服饰和动作，好像丈夫真的在房间里。如此这般，使我学会尊重丈夫，尊重我作为他妻子的地位”。[②]

男孩子虽不像女孩子那么严格，也要通过实例和模仿接受细致的习惯训练。“学了”习惯之后就不能有任何违反。青年期以后，在他生活中的一个重要领域主要是靠他自己的主动性。长辈从不教他求爱的习惯。家庭禁止一切公开表现性爱的行动。而且，九岁或十岁时起，没有亲属关系的男童与女孩之间就完全不同席。日本人的理想是双亲要在男孩确实对性感兴趣之前，为他订下婚约。因此，男孩接触女孩的态度最好就是“害羞”。农村的人常常用这个话题取笑男孩子，使他们总是“害

① 越后：旧藩名。在今日本东北地区新潟县。——译者
②《武士的女儿》，第 92 页。

羞”。但男孩子仍然设法学。过去，甚至最近，在偏僻的农村，许多姑娘，有时是大多数，在出嫁之前就已怀孕。这种婚前的
283 性经验是不属于人生大事的“自由领域”。父母议婚时也不在乎这些事。但是今天，就像须惠村一位日本人对恩布里博士讲的那样，甚至连女佣人都受到教育，知道必须保持贞洁。进入中学的男孩子也严禁与异性有任何交往。日本的教育和舆论都在竭力防止两性在婚前的亲密交往。日本的电影把那些对年轻妇女随便表示亲昵的青年看作是“坏”青年，而所谓“好”青年则指那些对可爱的少女采取一种在美国人看来是冷酷甚至粗野态度的青年。对女人表示亲昵，就意味着这位青年“放荡”，或者是追逐艺伎、娼妇、咖啡女郎的人。到艺伎馆是学习色情艳事的“最好”方法，因为“艺伎会教你，男人只需悠然旁观”。他不用顾虑自己笨手笨脚，也不指望与艺伎发生性关系。但是，日本青年能到艺伎馆去的人并不很多。多数青年是到咖啡馆去看男人怎样亲昵女人。但是，这种观察与他们在其他领域的训练不是同一类型。男童有很长时间担心自己笨拙。性行为是他们生活中无须由值得信任的年长者亲手指导而学会的极少数领域之一。有地位的家庭在年轻夫妇结婚时会交给他们“枕草纸”[①]和绘有各种姿态的画卷。正如一位日本人说的：“看书就可以

① “枕草纸”：《新婚常识》或《闺房密语》。原译本误作“枕草子”（日本古代散文随笔），兹改正。——译者

学会。好比庭园布置，父亲并不教导如何布置日本式庭园，但你上了年纪就会学会这种嗜好。”他们把性行为和园艺都看作 284 到时候看书就会，这很有趣，虽然日本大部分青年是通过别的办法学习性行为。但不管怎么说，他们不是靠成年人的细致教导。这种训练上的差异使青年深深相信，性属于另一领域，与人生大事无关，从而无须由长辈亲自指教、严格训练以培养习惯。这是一个可以自行掌握以求满足的领域，尽管他惴惴不安，常感迷惑。这两个领域有不同的规则。男子结婚后完全可以毫无顾忌地在外面享受性的欢乐，这样做毫不会侵犯妻子的权利，也不会威胁到家庭关系。

妻子则没有同样的特权。她的义务是对丈夫保持忠贞。即使被勾引，也只能偷偷进行，日本妇女很少能隐秘私恋而不被发现。神经过敏或心绪不宁的妇女被说成患有“歇斯底里”。“妇女最常受到的困难不是社会生活，而是性生活，很多精神不正常的妇女以及大多数的歇斯底里（神经过敏、心绪不宁）患者，显然是由于缺乏性协调。妇女只能靠丈夫随意来满足性欲。”[①] 须惠村的农民们说，大多数妇女病“始于子宫”，而后蔓延至头部。丈夫如果只迷恋其他女人，妻子就会求助于日本人通认的手淫习惯。自农村以至高贵家庭，妇女都秘藏有用于这种事 285 的传统器具。在农村，妇女如果生过孩子，就可以相当随便地

① 恩布里：《须惠村》，第 175 页。

谈论性言行。在当母亲以前，关于性的玩笑她一句也不说，当了母亲以后，随着年龄的增长，这种玩笑就充斥于男女混杂宴会之时。她们还会配合猥亵小曲的节拍，扭腰摆臀，毫无顾忌地跳色情舞蹈，以飨座客。“这种余兴必定引起哄堂大笑”。在须惠村，士兵服役期满回乡时，村里人都到村外迎接。这时，妇女们女扮男装，互开下流玩笑，佯装要强奸年轻姑娘。

这样，日本妇女在关于性问题上也有某种自由，出身越是低微，自由越大。她们一生在大部分期间必须遵从许多禁忌，但绝不忌讳知道生活真相（指男女间事）。在满足男人性欲时，她们是淫荡的；同样地，在满足男人性要求时，她们又是克制性欲的。女人到了成熟年龄，就抛开禁忌；如果出身低微，她的淫荡毫不逊于男人。日本人对妇女行为端正的要求因年龄和场合而异，不要求一成不变的性格，不像西方人，把妇女简单地分成“贞女”和“淫妇”。

男人们也是既有时恣情放纵，也有时节制谨慎，视不同场合而定。男人的最大乐趣是与男友一起喝酒，如有艺伎陪坐则更惬意。日本人乐于醉酒，没有必须节制饮酒的规矩。两三杯
286 酒下肚以后，就会解除平常严肃拘谨的姿态，喜欢相互倚躺，亲密无间。醉酒者除极少数“难以相处的人”会发生吵闹以外，一般很少看见粗暴行为或打架。除了在喝酒这种“自由领域”之外，日本人说，男人绝不能干别人讨厌的事。如果一个人在其生活的重要方面被人指责为讨厌，那就是仅次于日本人常用

的骂人话“马鹿”（混蛋）。

从前所有西方人所描绘的日本人的矛盾性格，都可以从日本人的儿童教养中得到理解。这种育儿方式使日本人的人生观中具有两面性，每一面都不应忽视。他们在幼儿期过的是有特权和娇纵的生活，此后在接受各种训练过程中，他们始终保持着那种“不知耻”年代的欢乐生活的记忆。他们无须为未来描绘天堂，因为，他们过去曾有过天堂。他们描绘童年时代时所用的是他们的术语，说人性本善，众神慈悲以及做一个日本人无上光荣。这使他们很容易把自己的道德建立在一种极端观念上，即认为人人身上都有“佛种”（成佛的可能性），死后都能成神。这种观念使他们固执，有相当自信，是愿意干任何工作而不顾自己的能力是否相称的思想基础，是他们敢于坚持己见，甚至反对政府、以死力谏、以证明自己正确的思想基础。有时，这种自信使他们陷入集体性的狂妄自大。

六七岁以后，“谨言慎行”、“知耻”，这类责任逐渐加在他们身上，而且背后有强大的压力，如果有过错，家庭就会反对他。 287
这种压力虽非普鲁士式的纪律，却无法逃避。在具有特权的幼儿时代，有两件事情为这种必须履行义务奠定了基础：一件是父母固执地训练其便溺习惯和纠正各种姿势；另一件是父母常常嘲弄孩子，吓唬说要遗弃他。这些幼年时代的经验使孩子们有所准备，能够接受严格的约束，以免被“世人”耻笑、遗弃。他要抑制幼儿时期无拘无束、公开表达的那些冲动。那些冲动并不是不好，只是因为已不合时宜了。他现在正进入严肃的生活。随着童年特权的逐渐遭受否定，他被允许享受成人的更大享乐，但幼年时代的那些经验绝不会真正消失。他们的人生哲学随时从童年吸取经验。他承认“人情”，这也是回复到幼时的经验。整个成年期间，在其生活的“自由领域”内，他又重新体验幼年时代。

日本儿童生活有一个显著的连续性联结其前期和后期，这就是取得伙伴的承认具有非常重要的意义。正是这一点，而不是绝对的道德标准，深深扎根于儿童心中。在儿童时代的前期，当他长大到会向母亲撒娇时，母亲就把他放在自己的床上睡觉，他就会计较自己与兄弟姐妹们所得点心的多少，以判断自己在母亲心目中的地位。他能敏感地察觉遭到冷淡，甚至会问姐姐：“你是不是最疼爱我？”在童年的后期，他日益要放弃个人的满足，其补偿是得到“世人”的赞许和接纳，其惩罚则是遭“世人”
288 的讥笑。这当然是大多数文化对教育儿童所施加的压力。但在日本，这种压力则特别沉重。被“世人”抛弃，这在孩子心目中的形象就是母亲嘲弄威胁要丢弃他。因此，在他整个一生中，被伙伴排斥比挨打还要可怕。他对嘲笑和排斥的威胁异常敏感，即使仅浮现在脑中也感到可怕。实际上，由于日本社会很少可能保持秘密，“世间”对一个人的所作所为几乎巨细皆知，如果不同意，就可能把他排斥掉，这绝不是主观想象。何况日本的房屋结构，薄薄的板壁既不隔音，白天又敞着。因此，没有能力修筑围墙和庭院的人家，私生活就完全亮在外面。

日本人使用的某些象征，有助于了解因儿童教养的不连续性而造成的两面性格。幼年期建立的一面是"不知耻的自我"。这使他们成年后不免常对镜自照，以窥测自己还保存多少儿时的天真。他们说，镜子"反映永恒的纯洁"，既不会培养虚荣心，也不会反映"妨我"，而是反映灵魂的深处。人会从中看到自己"不知耻的自我"。在镜子中，他把自己的眼睛看作是灵魂之"窗"，这有助于使他作为一个"不知耻的自我"而生活。他在镜子中看到理想的父母形象。据说颇有人为此而镜子不离身。甚至有人在佛坛上放一面特别的镜子，以静观自身，反省自己的灵魂。他"自己祭自己"，"自己拜自己"。这虽然不寻常，但并不费事。因为所有家庭的神龛上都放有镜子作为神器。战 289
争期间，日本的广播电台曾特意播送过一首歌，赞扬几位女学生自己掏钱买一面镜子放在教室里。人们毫不认为这是虚荣心的表现。而说这是她们心灵深处重新焕发的、为沉毅的目标而献身的精神。对镜自照是一种测试精神高尚的外观活动。

在孩子心目中培植"观我"观念以前，日本人就已发生对镜子的感情。他们照镜时并未看见"观我"，但镜中所反映的自我恰如他们自己的童年时代一样，自然是善良的，无须用"耻"来开导。他们赋予镜子的这种象征性也成为自我修养以求"圆熟"的基础。在这种自我修养中，他们坚持不懈地消除"观我"，以求复归儿时的直率天真。

尽管幼儿期的特权生活对日本人有各种影响，但他们并不认为童年后期以耻感为道德基础的各种约束纯粹是剥夺特权。如前所述，自我牺牲是基督教的概念之一，日本人则常常攻击这种看法，否认他们牺牲自己的观念。即使是在生命的最后时刻，他们也说是“自觉自愿”为“尽忠”、“尽孝”或为“义理”而死，并不认为属于自我牺牲的范畴。他们说，这样自愿死去正是达到他所要达到的目标；否则就是“犬死”，意思是无价值的死。在英语中，“dog’s death”是指穷愁潦倒而死，日本人不是这个意思。至于那些不甚极端的行为，在英语中也称作
290 self-sacrificing（自我牺牲），日语中则属于“自重”范畴。“自重”常常意味着克制，克制与自重具有同等价值。大事业只有克制才能做到。美国人强调，自由是实现目标的必要条件，生活体验不同的日本人则认为仅此是不够的。他们认为克制才能使自我更有价值，这种观念是他们道德律的一个主要信条，否则，他们怎能控制那种充满冲动的危险的自我？这些冲动是有可能冲出来搞乱正常生活的！正如一位日本人所说：

> 经年累月，漆坯上的漆层涂得越厚，做出来的漆器就越贵重。一个民族也同样如此。……人们讲到俄罗斯人时说：“剥开俄罗斯人的外表，出现的是鞑靼人”；对于日本人，人们也可以说：“剥掉日本人的外皮，除掉它的漆层，露出来的是海盗”。但请不要忘记：日本的漆是珍品，是

制作工艺品的材料。它不是掩盖瑕疵的涂料，没有丝毫杂质，至少与坯质同样精美。[1]

使西方人感到诧异的日本男子行为的矛盾性，是日本儿童教养的不连贯性造成的。他们深深地记得有这样一个时期，那时他们在自己的小世界里就是神，可以纵情恣意，甚至可以恣意攻击别人，似乎一切欲望都能得到满足，这种记忆虽然几经涂饰，仍然留存意识深处。这种根深蒂固的二元性，使他们长 291
大成人后，既可以沉溺于罗曼蒂克的恋爱，也可以一变而绝对顺从家庭安排的婚姻；既可以沉湎于享乐和安逸，也可以不计一切而承受极端的义务。谨慎的教育往往使他们行动怯懦，但他们却又能勇敢得近于鲁莽。在等级制下他们可以表现出极为驯服，但却又很不轻易接受上级的驾驭。他们非常殷勤有礼，但却又保留着傲慢不逊；在军队里，他们可以接受盲从的训练，但却又顽固不易驯服；他们是坚定的保守主义者，但却又很容易被新的方式所吸引；他们曾经学习中国习俗，继而又吸取西方学说，这就是证明。

日本人性格的二元性造成种种紧张。对这种种紧张，日本人的反应并不一样。虽然每个人都要对同一个基本问题做出自己的决定，即如何协调儿时那种纵情无虑、处处受人宽容的经

① Nohara, Komakichi: *The True Face of Japan, London*，1936 年，第 50 页。

赏樱（Sakuragari）是日本人的习俗，日文称为花见

验与后来生活中那种动辄关系到自身安危的种种束缚，许多人都感到难以解决这个问题。一些人像道学家那样，一丝不苟地约束自己的生活，唯恐纵情无虑会与实际生活发生冲突。正因这种纵情无虑并不是幻想，而是确曾有的经历，这种恐惧也就更加严重。他们态度超然，墨守自己所制定的规则，并由此认为自己就是能发号施令的权威。有些人则更加意识分裂。他们害怕自己心中郁积的反抗情绪，而以表面的温顺来加以掩饰。
292 他们把思虑耽溺于日常琐事，以防止意识到自己的真实感情。他们每天只机械地演习那些基本上毫无意义的生活常规。另有些人，由于对儿时生活感情更深，长大成人后面临社会对他们的一切要求时，感到严重焦虑。他们试图更加依赖别人，但年

俳圣松尾芭蕉

龄已不允许。他们感到任何失败都是对权威的背叛，从而动辄陷入紧张激动，凡不能以常规处理的意外情况都使他们感到恐惧。[1]

① 上述各项系据多罗西娅·莱顿博士（Dr. Dorothea Leighton）对战时隔离收容所中日本人所做罗夏（Rorschach）墨迹测试。这些测试由弗朗西丝·霍尔特（Frances Holter）进行过分析。（罗夏墨迹测试，瑞士精神病学家 Rorschach 首创，其方法是让被测试者观看黑白或彩色图绘，表面杂乱无章，内含左右对称的图形，让被测试者做出解释，以判断其性格。——日译者）

以上就是日本人在极度担心遭受排斥或非难时所面临的特殊危险。如果不是感到过度压力，他们在生活中会表现出既享受生活乐趣，也能保持幼年所培育的注意不刺伤他人的情感。这是相当了不起的成功。他们的幼年时代使他们具有了自信。罪感意识尚未形成沉重负担。后来所受的各种束缚是为了与伙伴协调一致，义务也是相互的。尽管在某些事情上，个人愿望会受到他人的干涉，但在一些规定的“自由领域”中，感情冲动仍可得到满足。日本人一向以陶情于自然乐趣而闻名，诸如观樱、赏月、赏菊、远眺新雪，在室内悬挂虫笼子以听虫鸣，
293 以及咏和歌、俳句，[①]修饰庭院、插花[②]、品茗等。这些绝不像一个深怀烦恼和侵略心理的民族所应有的活动。他们在追逐享乐时也并非消沉颓废。在日本还未从事那种不幸“使命”以前的幸福时代里，农村闲暇生活的活泼愉快，工作时的勤劳奋勉绝不逊于现代任何民族。

但是，日本人的自我要求却非常之多。为了避免遭受世人疏远和毁谤等重大威胁，他们必须放弃刚刚尝到甜头的个人乐

① 和歌、俳句：和歌：日本古典格律诗的总称。有长歌、短歌。主要是短歌：每首五节、三十一音、按五七五五七为序。长歌则以五七音为一联，反复吟咏（三联以上、多为奇数）。俳句较短歌更短，三节十七音，按五七五为序。——译者

② 插花：即花道，源于佛教的供花，传自中国，从寺院流布民间，发展为各种流派。15 世纪池坊专庆创“立花”，池坊流成为最古老、最主要的流派。此后，有未生流、小原流、草月流、宏道流等。——译者

日式插花

趣。在人生重大事情上他们必须抑制这些冲动。极少数违背这些规矩的人甚至将有丧失自尊的危险。自尊（自重）的人，其生活准绳不是明辨“善”、“恶”，而是迎合世人的“期望”，避免让世人“失望”，把自己的个人要求埋葬在群体的“期望”之中。这样的人才是“知耻”而谨慎的善人，才能为自己的门庭、家乡和国家增光。如此产生的紧张感非常强烈，表现为一种巨大力量，使日本成为东方领袖和世界一大强国。但对于个人，这种紧张感则成了沉重负担。人们高度紧张，唯恐失败，唯恐自己付出巨大牺牲从事的工作仍不免遭人轻视。有时他们会爆发积愤，表现为极端的攻击性行动。他们被激起进行攻击之时，并不是像美国人那样出自自己的主张或自由受到威胁，而是因为察觉到自己受到侮辱或诽谤。这时，他们那危险的自我，如

294 果可能，就会向诽谤者发泄；如不可能，就向自己发泄。

日本人为他们的生活方式付出了很高的代价。他们自愿放弃了各种最基本的自由。这些自由，美国人视为理所当然，犹如呼吸空气。我们必须切记，战败以来，日本人正在追求民主。一旦他们能够率直而无顾虑地恣意行动，他们将会何等狂喜！杉本夫人曾经出色地描述过她在东京一所教会学校学习英语时能够随意种花植树的喜悦心情。老师分配给每个女学生一块园圃并供给所需的种子。

> 这块可以随意种植的园圃赋予我一种关于个人权利的全新感觉。……人的心中能有这种幸福感，这件事本身就使我惊异。……我这种人，从不违背传统，从不玷污家名，从不惹父母、老师、邻居生气，从不损害世上任何事物，现在竟然也能自由行动了。[①]

其他女学生都种花，而她却打算种马铃薯。

> 谁也不理解这种近乎荒谬的行为给我以莽撞自由的心情，自由之神在叩我的心扉。

①《武士的女儿》，第135—136页。

> 这是一个崭新的世界。

> 我家花园中有一块土地特意让它荒芜以保持天然野趣，但又总有人修剪松枝，整饰树篱。每天早晨老大爷还要清扫石阶，把松树下那块地方扫干净，然后把从林中采来的嫩绿松针细心撒在上面。

这种伪装的天然野趣对杉本夫人来说，就是她被教训的那 295
种伪装的意志自由的象征。这种伪装在日本随处可见。日本庭园中一半埋在地下的巨石都经过精心挑选，从别处运来，并以小石块铺底。巨石的布置要与流泉、屋宇、矮丛、树木相衬。菊花也是盆栽，准备参加每年到处都要举办的菊展。每朵花瓣均经过栽培者的细心修整，并且常用看不见的金属线圈维系，以保持其形姿。

杉本夫人有幸摘掉了菊花上的这些细线圈，这时，她的激动心情是欢悦而纯真的。盆栽的菊花，其花瓣一直受人摆弄，一旦回复自然，就显出满心欢悦。但是，今天，在日本人中，不考虑他人的期望，对“耻”的压力提出怀疑，这种自由可能破坏他们生活方式的微妙平衡。在新的局面下，他们必须学习新的制约方式。变化是要花费代价的。建立新观点和新道德是不容易的。西方人不能设想日本人会立即采用新道德，并真正变成他们自己的东西，但也不应以为日本最终不会建立一套比

日本的庭院——奈良平等院

较自由、比较宽容的伦理规范。生活在美国的“二世”日本人已经没有日本道德的知识和实践，他们的血液中也丝毫不存在要墨守其父母出身国日本习惯的东西。同样，生活在日本国的日本人，也有可能在新时代里建立起一种不要求过去那样自制
296 义务的生活方式。菊花完全可以摘除金属线圈，不经人工摆布而照样秀丽多姿。

在转入扩大精神自由的过渡时期，日本人或许可以借助两三种古老的传统而保持平稳。其中之一就是“自我负责”精神，亦即他们所说的自己负责擦掉“身上的锈”。这一形象的语言把身体比作刀，正如佩刀者有责任保护刀的光洁，人也要对自己行为的后果负责。他必须承认并接受由于自己的弱点、不坚

定和无效性而产生的一切自然后果。在日本，对自我负责的解释远比自由的美国更加严格。在这种意义上，刀不是进攻的象征，而是理想和敢于自我负责者的比喻。在尊重个人自由的社会，这种德性将起着最有效的平衡轮的作用。而且，日本的儿童教养和行为哲学已使自我负责的德性深入人心，成为日本精神的一部分。现在日本人已经在西方意义上提出了“放下刀”（投降），但在日本意义上，他们仍将强力关注，保持心中放刀，谨防锈蚀，保持光洁。用他们的道德术语来说，这种刀，乃是在更加自由、和平的世界也能保持其光洁的象征。

297

第十三章 投降后的日本人

美国人有充分理由对其战胜以来在管理日本方面所发挥的作用感到自豪。美国的政策是8月29日通过电台发布的国务院、陆军部、海军部的联合指令，并由麦克阿瑟元帅[1]卓越地付诸实施。但是，引以自豪的理由却往往被美国报刊、电台中的党派性赞扬或批评而弄得暧昧不明，很少有对日本文化有充分了解者足以明确某项既定政策的恰当与否。

日本投降时的一个重大问题是占领的性质。战胜国是应该利用现存政府，甚至包括天皇，还是应该把它废弃？是否应在美国军政府官员指挥下管理每个县市的行政？对意大利和德国

① 麦克阿瑟（MacArthur Douglas，1880—1964 年）：美军著名将领。历任师长、西点军校校长、驻菲律宾司令、陆军参谋长等。太平洋战争爆发时任远东美军司令。巴丹溃败时脱走澳大利亚，后任西南太平洋盟军三军总司令，指挥对日反攻。1944 年升任五星上将，1945 年任太平洋美军总司令。日本投降后任盟国驻日占领军最高司令官。1950 年任侵朝“联合国军”总司令，旋被免职。——译者

的占领方式是在每个地区设立 A. M. G.（盟军军政府）总部，作为战斗部队的一部分，把地方行政权掌握在盟军行政官员手中。战胜日本时，太平洋区域的 A. M. G. 官员仍然预计日本也将建立这种统治体制。日本人也不知道他们还能保留多少行政 298
方面的职责。《波茨坦公告》上只是说："日本领土上经盟国指定之地点必须占领，以确保吾人于兹所示之根本目标"，以及必须永久排除"欺骗及错误领导日本人民使其妄欲征服世界之威权及势力"。

国务院、陆军部、海军部向麦克阿瑟将军发出的指令，对上述各节做出了重大决定，并获得麦克阿瑟将军司令部的全面支持。日本人将负责本国的行政管理和重建工作。"只要能促进满足美利坚合众国之目标，最高司令官将通过日本国政府的机构及包括天皇在内的诸机关行使其权力。日本国政府将在最高司令官（麦克阿瑟将军）的指令下，被允许就内政行使政府的正常职能。"因此，麦克阿瑟的对日管理与盟军对德或对意的管理有相当大的区别。它纯粹是一个最高司令部，自上而下地利用日本各级官僚机构。最高司令部的通告发给日本帝国政府，而不是发给日本国民，或某些县市的居民。它的任务是规定日本国政府的工作目标。如果某位日本内阁大臣认为不可能实施，则可提出辞职，但如果他的建议正确，也可以修改指令。

这种管理方式是一种大胆的措施。但从美国的角度来看， 299

日本外相重光葵在投降书上签字

这一政策的好处十分明显。正如当时希德林将军（General Hill-dring）[1]所说：

> 利用日本国政府这种占领方式所取得的好处是巨大的。如果没有日本国政府可资利用，我们势必要有直接运转管理一个七千万人口国家所必需的全部复杂机构。他们的语言、习惯、态度与我们都不同。通过净化并利

① 希德林将军：可能指 Major General John H. Hilldring（希德林少将），1945年任美国国防部民政事务长官。1946—1947年任助理国务卿，负责占领地区事务。——译者

> 用日本国政府，我们节省了时间、人力和物力。换言之，我们是要求日本人自己整顿自己的国家，而我们只是提供具体指导。

当这一指令在华盛顿制定之时，许多美国人仍在担心日本人也许会采取倨傲和敌对态度，一个怒目而视、伺机报复的民族将消极抵制一切和平计划。后来证明这些担忧并未成为事实。其原因主要在于日本的特殊文化，而不在于有关战败民族和战败国的政治、经济等一般真理。也许没有一个民族能够像日本这样顺利地接受这种信义的政策。在日本人看来，这种政策是从严酷的战败现实中排除屈辱的象征，促使他们实行新的国策，而他们能够如此接受，恰在于特异文化所形成的特异性格。

在美国，我们曾不断争论媾和条件的宽严，但真正的问题并不在于宽严，而在于严如其分，恰足以摧毁传统的、危 300
险的侵略性模式，建立起新的目标。至于选择何种手段则应根据该国国民的性格和传统的社会秩序而定。普鲁士的权威主义不仅在家庭生活中，而且在市民日常生活中根深蒂固，这就需要对德国制定某种媾和条件。明智的媾和条款对日本应该不同于对德国。德国人不像日本人，他们不认为自己对社会和历史欠恩，他们努力奋斗，不是为了偿还无穷的债务或恩，而是避免沦为牺牲者。父亲是一个权威人物，如同其他占据高位的人一样，按德国人的说法，是“强迫别人尊敬他”，

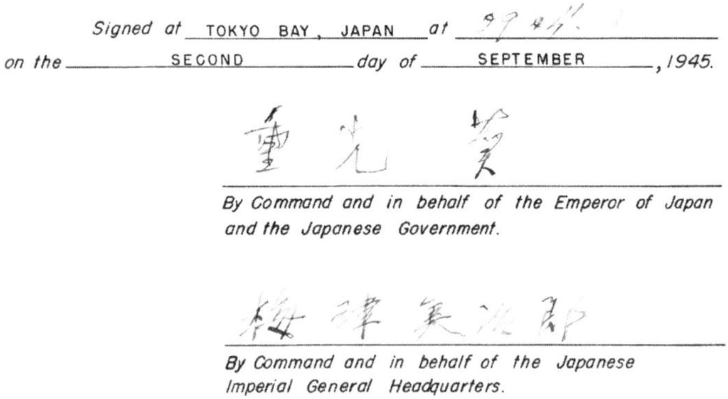

Signed at TOKYO BAY, JAPAN at 0904
on the SECOND day of SEPTEMBER, 1945.

By Command and in behalf of the Emperor of Japan and the Japanese Government.

By Command and in behalf of the Japanese Imperial General Headquarters.

日本致盟国无条件投降书上的日方签字

——日本外相重光葵，参谋总长梅津美治郎

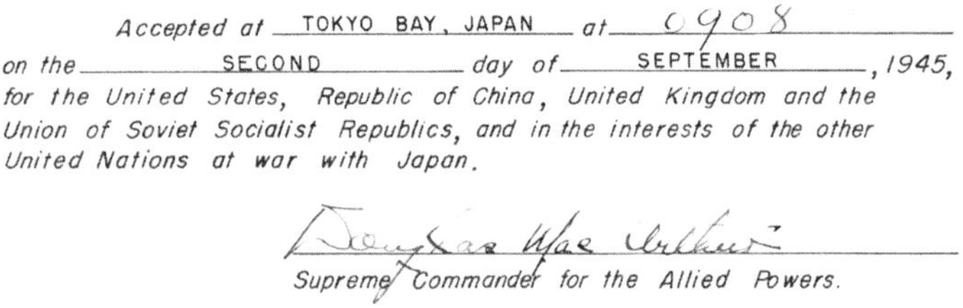

Accepted at TOKYO BAY, JAPAN at 0908
on the SECOND day of SEPTEMBER, 1945,
for the United States, Republic of China, United Kingdom and the Union of Soviet Socialist Republics, and in the interests of the other United Nations at war with Japan.

Supreme Commander for the Allied Powers.

日本致盟国无条件投降书上麦克阿瑟的签名

得不到尊敬就不舒服。在德国人的生活中，每一代儿子在青年时期都反对权威的父亲，然而他们长大成人后，与父母一样，最终还是要屈服于单调无味、没有激情的生活。一生之中的最高峰是青年叛逆的狂飙年代。

日本文化中的问题并不是极端的权威主义。几乎所有西方的观察者都认为，日本的父亲对孩子的关怀和钟爱在西方似乎很难见到。日本的孩子认为与父亲有某种真正的亲爱乃是当然的，而且公开夸耀自己的父亲。因此，父亲只要稍许改变一下声调，孩子就会按父亲的愿望行事。但是，父亲绝不是幼儿的严师，青年时期也绝不是反抗父母权力的时期。相反，这是孩子作为一 301
个重视家庭责任的温顺代表而面对世人审视的时期。日本人说，他们尊重父亲是“为了练习”，“为了训练”，也就是说，父亲作为尊敬的对象，乃是等级制和正确处世待人的超人格象征。

儿童早期在同父亲接触中学到的这种态度成为整个日本社会的一种模式。位居等级制上层而受到最高崇敬的人，其自身并不掌握专断权力。在等级制中居于首脑地位的官员并不行使实权。上自天皇下至底层都有顾问和隐蔽势力在背后操作。黑龙会①式的超国粹团体的一位领袖在20世纪30年代初期对东京一家英文报纸记者的谈话，最确切地说明了日本社会的这一侧面。他说：“社会（当然是指日本）是一个三角，它被大头针固定住一角。”②换句话说，三角形在桌面上，是大家都看得

① 黑龙会（1901—1946年）：日本右翼团体。由玄洋社（见279页注）派生。甲午战争（1894—1895年）后，针对俄德法三国压迫日本“退还”辽东半岛而建立。“黑龙”，指黑龙江和我国东北地区。首领内田良平，顾问头山满，会员以大陆浪人为主，1944年近万人。1946年被解散。——译者

② 引自Upton Close, *Behind the Face of Japan*（《幕后的日本》），1942年，第136页。

见的。大头针则是看不见的。三角形有时往右偏，有时往左偏，但都是围绕着一个隐蔽的轴而摆动。借用西方人常用的一句话就是，凡事都要用“镜子”来反映。力求专制权力不要露在表面，一切行动都显示对象征性地位的忠诚的姿态，这个象征性地位则经常不行使实权。日本人一旦发现那被剥掉假面具的权力的泉源时，他们就认为它是剥削，是与他们的制度不相称的，
302 如同对高利贷者和暴发户的看法一样。

正由于日本人这样观察他们的社会，因此，他们能够反抗剥削和不义而不会成为革命者。他们并不打算破坏他们的社会组织。他们可以像明治时代那样实现最彻底的变革，而毫不批判其制度本身。他们把这种变革称之为“复古”，即回到过去。他们不是革命者。在西方的著述家中，有的寄希望于日本在意识形态方面掀起群众运动，有的夸大了战争期间的日本地下势力并指望他们能在投降前夕掌握领导权，还有的预言激进政策将在战后的选举中获胜，但他们都严重地错误估计了形势。保守派的首相币原男爵①1945年10月组阁时发表的下述演讲最

① 币原喜重男（1872—1951年）：外交家、政治家。三菱财阀岩崎弥太郎之婿。东京帝大毕业后历任驻荷、美公使、大使。1921—1932年历任华盛顿会议首席全权代表、多次担任外务大臣，主张对英美协调、避免对华直接干涉的“协调外交”，被称作“币原外交”，后遭军部和右翼势力攻击，退出政界。日本投降后，在美国占领军支持下组阁（1945年10月9日—1946年5月22日），起草宪法、推行改革。次年辞职，后任进步党总裁、吉田内阁国务大臣、众议院议长。——译者

准确地表达了日本人的想法。

> 新的日本政府具有尊重全体国民意愿的民主主义形态……我国自古以来，天皇就把国民作为自己的意志。这就是明治天皇宪法的精神。我所讲的民主政治可以认为正是这种精神的真正体现。

对民主做如此解释，在美国读者看来，简直毫无意义。但是，在这种复古解说的基础上，日本无疑将比立足于西方意识形态更易于扩大国民的自由范围，增进国民的福利。

当然，日本将试行西方民主政治体制。但是，西方的制度，正像在美国那样，并不能成为改善世界的可资信赖的工具。普选和由选举产生的立法机关虽能解决许多问题，但同时也会产生许多困难。当这些困难持续下去时，日本人就会修改我们所赖以实现民主的方式。那时，美国人将愤然宣称这场战争白打了。我们相信我们的办法是最好的。但是，充其量而言，普选在日本重建和平国家的过程中至多只能占次要地位。自 19 世纪 90 年代试行第一次选举以来，日本并没有发生根本性变化。小泉八云（Lafcadio Hearn）当时所记述的那些传统困难今后还会重复。 303

> 在牺牲了许多生命的激烈选举战中，确实丝毫不存在

小泉八云（1850—1904 年）

小泉八云故居

个人的仇恨。议会中的激烈论战，以至使用暴力，往往使外人惊愕，但它很少属于个人之间的对抗。政争并非真是个人与个人之间的斗争，而是藩阀之间、党派之间利害的斗争。而且，每一个藩阀或党派的热诚追随者对新的政治只理解为新的战争——一种忠于领袖利益的斗争。[①]

在较近的20世纪20年代的选举中，农村人投票之前总是说："洗好脑袋准备砍头。"这句话把选举战比作过去有特权的武士对平民的攻击。直至今日，日本选举所包含的意义与美国 304
仍然不同，不论日本是否推行危险的侵略政策，情况都是如此。

日本赖以重新建设一个和平国家的真正力量在于日本人敢于承认他们过去的行动方针"失败了"，从而把精力转向另一方面。日本有一种善变的伦理。他们曾试图通过战争赢得它在世界上的"适当地位"，结果失败了。于是，他们就可以抛弃这种方针。因为他们以往所接受的训练使他们能够改变方向。

① *Japan: An Interpretation*（小泉八云：《日本：一个解说》），1904年，第453页。小泉八云（1850—1904年）：原籍英国，原名Lafcardio Hearn（拉夫卡迪奥·赫恩）。1869年在美国当记者，1890年作为美国《哈巴斯》杂志特派员到日本，后与小泉节子结婚，加入日籍，在日本当教师、记者，编《神户纪事》（英文），研究介绍日本，直至终老。著 *Glimpses of Unfamiliar Japan*（《陌生日本的一瞥》，1894年），In Ghostly Japan（《神秘的日本》，1899年），*A Japanese Miscellaneous of Japan*（《日本杂记》，1901年），*Japan: An Attempt of Interpretation*（《试说日本》，1904年）等。我国近刊其选集《日本与日本人》《小泉八云散文集》等。——译者

怀抱更加绝对性伦理观的民族总是相信自己是在为原则而战，他们在向胜利者投降时会说："我们失败了，正义也就不存在了。"他们的自尊心要求继续努力使"正义"在下次获胜。或者，他们承认自己犯了罪，进行忏悔。日本人则不是这样。投降后的第五天，当时美军尚无一兵一卒登陆，东京的一家大报《每日新闻》即已著文评论战败及其所带来的政治变化。它说："然而，这对最终解救日本是大有好处的。"这篇社论强调说，每个人时刻都不要忘记日本彻底地失败了。既然企图单凭武力来建设日本的努力已彻底失败，今后就必须走和平国家的道路。另一家东京大报《朝日新闻》也在同一星期发表文章，认为日本近年来"过分相信军事力量"是日本国内外政策中的"重大
305 错误"，说"过去的态度使我们几乎一无所获而损失惨重，我们必须抛弃它，采取扎根于国际协调与爱好和平的新态度"。

西方人认为这种转变是原则性的转变，因而心怀疑虑。但这却是日本人为人处世的完整的组成部分，在人际关系上是这样，在国际关系上也是这样。日本人采取某种行动方针而未能达到其目标时，便认为是犯了"错误"。如果失败，他们就把它作为失败的方针而予以抛弃，因为他们没有必要固守失败的方针。日本人常说："咬自己肚脐也没用"。20 世纪 30 年代，他们普遍认为军国主义是争取全世界尊敬的手段，是一种靠武力猎取的崇拜。他们忍受了这一纲领所要求的一切牺牲。1945 年 8 月 14 日，日本最神圣的发言者天皇向他们宣布日本已经

失败。他们接受了战败所包括的一切。这意味着美军要占领日本，于是他们欢迎美军；这意味着皇国侵略企图的失败，于是他们主动考虑制定一部摒弃战争的宪法。日本投降后的第十天，《读卖报知》以"新艺术与新文化的起步"为题发表社论，其中写道："我们必须坚定地相信，军事的失败与一个民族的文化价值是两回事，应当把军事失败作为一种动力。……因为，只有这种全民族失败的惨重牺牲，才能使日本国民提高自己的思想，放眼世界，客观而如实地观察事物。过去一切歪曲日本人思想的非理性因素都应通过坦率的分析而予以消除。……我们需要拿出勇气来正视战败这一冷酷的现实。但我们必须对日本文化的明天具有信心。"这就是说，他们曾试行一种行动方针而失败了，现在，他们将试行一种和平的处世艺术。日本各 306
家报纸的社论都反复强调："日本必须在世界各国中得到尊重。"日本国民的责任就是要在新的基础上赢得别人的尊重。

这些报纸的社论不单是少数知识分子阶层的心声。东京街头及僻远寒村的一般民众也同样在大转变。美国占领军简直不相信如此友好的国民就是曾经发誓要用竹枪死战到底的国民。日本人的伦理中包含的许多东西是美国人所排斥的，但是，美国占领日本期间的经验雄辩地证明，异质的伦理也包含有许多值得赞扬的方面。

以麦克阿瑟将军为首的美国对日管理，承认了日本人改变航程的能力。它没有采用令人屈辱的手段来阻碍这一进程。按照西方的伦理，把屈辱手段强加给日本，在文化上也许是可以接受的。因为根据西方的伦理信条，侮辱和刑罚是使做过坏事的人认识其罪孽的有效的社会手段。这种自我认罪是重新做人的第一步。如前所述，日本人对此则看法不同。按照他们的伦理，一个人必须对自己行为的一切后果负责，过错所产生的自然后果会使他确认不再这样去做。这些自然后果也可能包括总体战的失败。但是，日本人对这些情况并不视为屈辱而憎恶。按照日本人的说法，某人或某国对他人或他国进行侮辱，就采用诽
307 谤、嘲笑、鄙视、侮蔑以及揭露其不名誉等手段。日本人如果认为受到侮辱，那么复仇就是一种道德。尽管西方的伦理如何强烈谴责日本这种信条，美国占领的有效性却取决于在这一点上的自制。因为，日本人非常憎恶嘲笑，认为这与投降而带来的必然后果，包括解除军备、负担苛刻的赔偿义务等是截然不同的。

日本曾战胜过一个强国。在敌国最终投降，而且日本认为它并未嘲笑过日本时，日本作为战胜者，曾谨慎地避免侮辱失败的敌人。1905 年俄军在旅顺口投降时，有一张日本妇孺皆知的著名照片。照片上，战胜者和战败者的区别只是军服不同，俄国军人并没有解除武器，依然佩带着军刀。据日本人流传的著名故事说，当俄军司令官斯提塞尔将军表示同意日方提出的投降条件时，一位日本大尉和一名翻译带着食品来到俄军司令部。当时，“除了斯提塞尔将军的坐骑以外，所有军马已全被

宰杀吃掉。因此，日本人带来的五十只鸡和一百个生鸡蛋受到了由衷的欢迎”。次日，斯提塞尔将军和乃木将军如约会见。“两位将军握手，斯提塞尔将军赞扬日本军队的英勇……乃木将军则称颂俄军长期的坚强防御。斯提塞尔将军对乃木将军在这 308 次战争中失去两个儿子表示同情。……斯提塞尔将军把自己心爱的阿拉伯种白马送给了乃木将军。乃木将军说，虽然极其希望从阁下手中得到这匹马，却必须首先献给天皇陛下。他相信这匹马一定会下赐给他。他许诺，如果那样，他一定要像爱护自己的爱马那样加意爱护它。”[①]日本人都知道，乃木将军为斯提塞尔将军的爱马在住宅前院建了一所马厩。据描述，它比乃木将军自己的住房还要讲究。将军死后，其成为乃木神社的一部分。

有人说，日本人自上次俄国投降后性格已完全改变，比如，他们占领菲律宾期间肆意破坏和残暴是世界周知的。不过，对于像日本这样极易随着情况而改变道德标准的民族而言，上述结论未必是必然的。首先，敌军在巴丹战役之后并没有投降，只是局部地区投降。后来，菲律宾的日军虽然投降，日本仍在战斗。第二，日本人从未认为俄国人在本世纪初曾经“侮辱”过他们。与此相反，20 世纪的 20、30 年代，所有日本人几乎

① 引自《幕后的日本》，第 294 页。这个俄军投降的故事未必完全真实，但并不影响它具有文化上的重要价值。

都认为美国的政策是“蔑视日本”，或者用他们的话说是“根本瞧不起日本”。他们对排日的移民法、对美国在朴次茅斯和
309 约及第二次裁军条约中扮演的角色就是这样反应的。美国在远东经济中影响的扩大以及我们对世界上有色人种的种族歧视态度也促使日本人采取了同样的反应。因此，日本对俄国的胜利和日本在菲律宾对美国的胜利，显示了日本人行为的明显对立的两面性格：受过侮辱时是一面，否则是另一面。

麦克阿瑟与日本天皇裕仁 1945 年 9 月 27 日

美国取得最后胜利使日本人所处的环境再次发生了变化。如同日本人生活中的通例一样，他们的最终失败使他们放弃了前此所采取的方针。日本人这种独特的伦理观，使他们能够自

行涤除积垢。美国的政策和麦克阿瑟将军的对日管理没有增添需要清洗的新的屈辱。他们只坚持那些在日本人看来仅属于接受战败“当然结果”的事情，这种做法显然奏了效。

保留天皇具有非常重大的意义。这件事处理得很好。天皇先访问麦克阿瑟将军，[①] 而不是麦克阿瑟将军先访问天皇，这件事给日本人上了一次生动的课，其意义是西方人难以估计的。据说，在建议天皇否认神格时，天皇曾提出异议，说让他抛弃他本来就没有的东西，感到很为难。他真诚地说，日本人并未把他看作西方意义上的神。但是麦克阿瑟司令部劝他说，西方人关于天皇仍在坚持神格的想法将影响日本的国际声誉。于是 310
天皇强忍这种为难，同意发表否认神格的声明。[②] 天皇在元旦发表了声明，并要求把世界各国对此事的评论全部译给他看。读了这些评论后，天皇致函麦克阿瑟司令部表示满意。外国人在此以前显然不理解，天皇对发表声明一事感到高兴。

美国的政策还允许日本人得到了某种满足。国务院、陆军部、海军部三部联合指令上明确写道：“对于在民主基础上组织起来的劳动、工业、农业诸团体，应鼓励其发展并提供便利。”

① 1945 年 9 月 27 日，天皇裕仁访问麦克阿瑟。谈话内容不详。——译者

② 指 1946 年 1 月 1 日，天皇发表《人间宣言》，其中说：“朕与尔等臣民之纽带，乃由始终相互信赖和敬爱而联结，并非产生于简单神话与传说，更非基于日本民族为优越于其他民族之民族，并进而有统治世界之运命等空洞观念。”——译者

日本工人在许多产业中组织起来了。20 世纪 20 年代及 30 年代积极活动的农民组合也重新抬头。对许多日本人来说，他们能够主动地努力改善自己的生活环境，这就是日本在这次战争后果中有所收获的证明。美国一位特派记者告诉我，东京一位参加罢工者盯着美国士兵喜气洋洋地说："日本'胜利'了！是吗？"今天日本的罢工与战前日本的农民起义很相似，那时农民请愿常因年贡、赋役过重，妨碍正常生产。它们不是西方意义上的阶级斗争，不是企图变革制度本身。今天，日本各地的罢工并没有降低生产。罢工者喜欢采取的办法是由工人"占领工厂，继续工作，增加生产，使经营者丢脸。在三井系统一家煤矿中，'罢工'的工人把管理人员全部赶出矿井，把日产量从 250 吨提高到 620 吨。足尾铜矿的工人在'罢工'中也增加
311 了生产，并把工资提高了两倍"。[1]

当然，不论管理政策如何具有好意，战败国的行政总是困难的。在日本，粮食、住宅、国民再教育等问题必然很尖锐。假如不利用日本政府的官员，问题势必同样尖锐。军队复员是美国当局在战争结束前非常担忧的一个大问题，由于保留了日本官员，这个问题的威胁显然减轻了，但也并不容易解决。日本人深知这种困难。去年秋天，日本报纸以同情的语气讲到，对于那些历尽艰辛而战败的日本士兵，战败这杯苦酒该是多么

① *Time*（《时代》），1946 年 2 月 18 日号。

难喝。报纸请求他们不要因此而影响自己的“判断”。一般地说，遣返军人表现了相当正确的“判断”，但失业和战败也使其中一些人参加了追逐国家主义目标的旧式秘密结社。他们动辄对他们现在的地位感到愤慨。日本人已不再赋予他们昔日那种特权地位。以前，伤残军人身穿白色衣服，街上行人遇见时都要行礼。入伍时村里要开欢送会，退伍要开欢迎会，款以美酒佳肴，伴以美女歌舞，士兵坐在首席。如今复员军人根本得不到那种优厚待遇。只有家里人安置他们，如此而已。在许多城市和村镇，他们受到冷遇。了解了这种骤然变化对日本人是多么苦痛，你就不难想象，这些军人多么喜欢与旧日同伙相聚，缅 312
怀过去那种日本名誉寄托给军人的时代了。而且，他的战友中可能有人告诉他，有些幸运的日本军人已经在爪哇、山西、满洲与盟军作战。他们会说：为什么要绝望？他将再度打仗！国家主义的秘密结社在日本早就存在。这些团体要“洗刷日本的污名”。那些因复仇夙愿未了，而感到“世界不平衡”的人极可能参加这种秘密团体。这类团体如黑龙会、玄洋社[①]等使用的暴力，在日本的道德中是“对名分的义理”，是允许使用的。为了消灭这种暴力，今后若干年内，日本政府还必须继续以往

① 玄洋社（1881—1946年）：日本最老的右翼团体。玄洋，指日本九州和朝鲜之间的“玄海”。首领头山满，初期成员多为福冈士族，曾参加“士族民权运动”。后奉行国家主义和对华侵略，与日本军部关系密切。1901年部分社员另组黑龙会。1908年又创“浪人会”。——译者

长时期的努力，即强调“义务”，而贬抑对名分的“义理”。

因此，不能仅仅诉诸“判断”，这还不够，还必须重建日本的经济，使目前二三十岁的人有生活之路，能“各得其所”。必须改善农民的状况。每当经济不景气，日本人就回到农村故乡。但很多地方土地狭小，加上债务重负，很难养活众多的人口。工业也必须开始发展。因为，反对平分遗产的情绪十分强烈，只有长子能够继承遗产，其他幼子只能到城市去寻找机会。

313 日本人今后无疑要走漫长的困难道路。但是，如果国家预算不列重整军备的费用，他们就有机会提高国民的生活水平。珍珠港事件前大约十年间，日本岁入的一半花在军备及维持军队上。这样的国家如果停止这类支出并逐步减轻取自农民的租税，是有可能为健全的经济建立基础的。如前所述，日本农产品的分配是耕种者得60%，其余40%用于支付租税及佃租。这与同是种稻国的缅甸、暹罗相比情况大不相同，那些国家传统的分配方式是90%留给耕种者。日本耕种者所交纳的巨额税金归根结底是用来支付军费的。

今后十年期间，欧洲或亚洲任何不扩充军备的国家，都将比搞军备的国家具有潜在的优势，因为这类国家可以把财富用来建设健全、繁荣的经济。在美国，我们在推行亚洲政策及欧洲政策时几乎未注意这种情况。因为我们知道，我国不会因国防计划的巨大费用而陷入贫困，我国没有蒙受战争灾祸。我们不是以农为主的国家，我们的重大问题是工业生产过剩。我们的大量生产和机械设备已如此完善，若不从事大规模军备、奢侈品生产、福利事业及研究设施，我们的人就将失业。盈利投资的需求也十分迫切。其他国家情况则完 314
全不同，即便西欧也很不同。德国尽管要负担巨大的赔偿，但因不能重新武装，在今后十年左右，如果法国推行扩充军备政策，那么德国就有可能建设起法国所不能做到的健全而繁荣的经济基础。日本也将利用同样的优势超过中国。中国的当前目标是军事化，而其野心得到美国的支持。日本的国家预算中如果不包含军事化目标，它将在不远的将来奠定繁荣的基础，并成为东方贸易中的主角。它的经济将建立在和平利益的基础上，并将提高国民的生活水平。和平的日本将在世界各国中获得有声誉的地位，如果美国能利用其势力支持这项计划，将对日本是很大的帮助。

想用命令方式创造一个自由民主的日本，美国做不到，任何外国也做不到。不论在哪一个被统治国家，这种办法从未成功。任何外国都不能强迫一个具有不同习惯和观念的民族按照外国的模式去生活。法律不能使日本人承认选举出来的人们的权威，不能使他们无视其等级制中的“各得其所”。法律也不能使他们具有我们美国人所习惯的那种自由随便的人际交往、自我独立的强烈要求，以及自行选择配偶、职业、住宅和承担各种义务的热情。但是日本人已明确认为需要向这个方向改变。 315

日本投降后，他们的为政者说，日本必须鼓励男女国民掌握自己的生活，尊重自己的良心。他们虽然没有这样说，但每个日本人心里都明白，他们已在怀疑“耻”在日本社会中的作用，而希望在同胞中发展新的自由，亦即从对“社会”谴责和追究的恐惧中解放出来。

这也是因为，不论如何心甘情愿，日本的社会压力对个人要求太苛刻了。社会压力要求他隐蔽个人感情、抛弃个人欲望，而以家庭、团体或民族代表的身份面对社会。日本人曾经证明，他们能够忍耐这种生活方式所要求的一切自我训练。但是，负担实在太沉重，他们必须高度抑制自己以求得善遇。他们不敢要求过那种心理压力较轻的生活，结果则被军国主义者引上一条牺牲累累、漫无止境的道路。在付出如此高昂代价以后，他们变得自以为是了，并且鄙视那种道德观念比较宽容的民族。

日本人走向社会变革迈出的第一大步是承认侵略战争是“错误”，是失败。他们十分希望在和平国家中重新取得受尊重的地位。这就必须实现世界和平。今后数年间，如果俄国和美国致力于扩充军备，准备进攻，则日本将利用其军事知识参加那场战争。但是，承认这一点并不能怀疑日本会成为和平国家
316 的内在可能性。日本的行为动机是随机应变的，如果情况允许，日本将在和平的世界中谋求其地位。如若不然，他们也会成为武装阵营的一员。

现在日本人认识到军国主义已经失败。他们还将注视军国主义在世界其他国家是否也在失败。如果没有失败，日本会再次燃起自己的好战热情并显示其对战争如何能做出贡献。如果军国主义在其他国家也失败了，日本则将证明：它怎样汲取了一项教训，即帝国主义的称霸企图绝不是到达荣誉之路。

附录一：鲁思·本尼迪克特小传

吕万和

鲁思·本尼迪克特（1887—1948年），本姓富尔顿，祖辈曾参加独立战争。父亲（Frederick S. Fulton）是一位外科医生。鲁思出生后两年多，父亲病逝。母亲（Beatrice Shattuck）带着鲁思和幼妹依附外祖父母，后辗转各处当教师。鲁思自幼深知艰辛，爱好文学，中学时即用笔名安·辛格尔顿（Ann Singleton）发表诗作。

1905—1909年，鲁思在其母亲的母校瓦萨学院（Vassar College）学习，主修英国文学，成绩优异，其作品多次被推选至Phi Beta Kappa[①]，并获得奖金。由此毕业后有条件在欧洲游历约一年。返美后在水牛城、洛杉矶等地工作，主要当英文教

① Phi Beta Kappa：美国大学生中鼓励自由创作文学艺术和独立进行科学研究的社团。1776年威廉斯堡（Williamsburg）威廉玛丽学院（College of William & Mary）五位大学生创立，后普及全美。设有学士学位课程，经常交流作品和研究成果，定期评选奖励。

鲁思·本尼迪克特（1887—1948年）

师。1914年，与康奈尔医学院生物化学教师斯坦利·本尼迪克特（Stanley Benedict）结婚。

1919年秋，鲁思进入哥伦比亚大学，专攻文化人类学，其导师是美国著名人类学家弗朗兹·博厄斯（Franz Boas，1858—1942年）。这对鲁思一生影响很大。写鲁思·本尼迪克特小传，不能不对博厄斯和"文化人类学"[①]稍做介绍。

博厄斯被誉为"美国人类学之父"，原籍德国，1886年移

① 文化人类学：广义的文化人类学包括考古、语言、民族三个分支。狭义的文化人类学相当于欧陆的民族学，英国的社会人类学、社会文化人类学。

民美国，1896年起在哥伦比亚大学任教，1899年被聘为哥伦比亚大学第一位人类学教授。1907—1908年曾当选美国人类学会主席。从1899年担任人类学教授起，到1936年退休，博厄斯在哥伦比亚大学讲授、主持人类学的教学和研究长达37年，培养了一批人类学者，鲁思是其中最出色者。

人类学原本从进化论出发，运用考古、古生物学、古地理地质学、实地调查等手段，主要考察人类的进化过程，长期侧重研究人的“体质”（称“体质人类学”）。其后逐渐扩及人种分布和习俗的研究，仍不免强调自然环境、种族、血统对人的决定性作用。博厄斯本来也是这方面的学者。1881年他在德国基尔大学（University of Kiel）取得的学位就是“自然地理学博士”。然而，毕业以后，他用了三四年时间对加拿大、北美洲西北海岸的爱斯基摩人、夸扣特尔印第安人（Kwakiutl Indians）[①]进行艰苦调查的结果，却对“自然环境决定论”、“种族决定论”产生了怀疑，认为：人的本质是后天塑造的，与自然环境相比，社会或文化更具有决定性的作用。他反对种族歧视，否认所谓“纯粹人种”、“优秀人种”之类的说法，其著

① 夸扣特尔印第安人（Kwakiutl Indians）：聚居在北美洲西北海岸（主要在温哥华岛），渔猎为生。原聚居约15000人，1990年代降至4000人。博厄斯采集的实物多被收藏于美国自然历史博物馆。

作[1]被希特勒法西斯列为禁书。

1901年,美国学术界确定把“文化人类学”作为“人类学”中的独立分支学科，与“体质人类学”并列。博厄斯是这个新兴学科的早期开拓者之一。欧美资本主义在全球的发展使多种文化和民族问题日益突出，大量的移民（美国尤其如此）更迫切需要制定应对多种文化的正确政策。“文化人类学”正是在这种形势下兴起、发展的。博厄斯本人就十分关注美国科学技术界中的移民问题，进行了卓有成效的研究。

鲁思十分爱戴这位名师，由于她婴儿时代丧父，有时甚至称呼博厄斯为“爸爸弗朗兹”。1923年，鲁思在博厄斯指导下完成博士论文《北美洲的守护神灵概念》，探讨宗教行为中的文化内涵。论文顺利通过，鲁思获得博士学位。

鲁思秉承博厄斯的优良学风，毕生重视对原始文化的调查研究，认为：“这些原始文化是一个大实验室。”“要想对文化进程有所理解，对这样一些地区进行批判性的考察是一项

① 博厄斯的主要著作有：《儿童的成长》(*Growth of Children*，1896—1904年)、《原始人的心态》(*The Mind of Primitive Man*，1911年)、《原始艺术》(*Primitive Art*，1927年)、《人类学与现代生活》(*Anthropology and Modern Life*,1938年)、《种族、语言和文化》(*Race, Language, and Culture*, 1940年)、《普通人类学》(*General Anthropology*，合著，1938年)。

基本的工作。”[①]从1922年至1926年，她对北美印第安人中的Serrano（1922年）、Zuni（1924年）、Ochiti（1925年）、Pima（1926年）等部族进行调查，这种扎实的调查研究是她后来撰写专著，逐步形成其文化理论的基础。

这里，我们要插写一段鲁思的婚姻状况。她和斯坦利的婚姻持续了16年，相互之间不乏关怀。然而，斯坦利不主张鲁思有职业，更不鼓励她的学术研究，而宁愿她是“本尼迪克特夫人”。她则由于是“本尼迪克特夫人”甚至不能获得研究资助（人们认为她理应得到斯坦利的财政支持）。1931年，鲁思和斯坦利分居。从1923年起，鲁思就是哥伦比亚大学的讲师和博厄斯的助手，却直到她和斯坦利分居后才获得第一份正式教职任命：博厄斯的助理教授。

1934年，她的《文化模式》（*Patterns of Culture*）一书出版。在这本书中，她对新墨西哥的普韦布洛人[②]、北美洲西北海

① 《文化模式》（*Patterns of Culture*），王炜等译，三联书店，1988年，第19页。按：Patterns，日译本译作“型”，我国曾译作“类型”。兹读日译本“译者后记”，其中特别指出：这里的“型”不是德国文化学者所说的“类型”，并请读者注意原著使用的是复数（Patterns）而非单数。（日译本，1985年版，371页）我们的中译本这次修订也改译作“模式”，不再采用“类型”的译法。

② 普韦布洛（Pueblo）：聚居在新墨西哥西北部和亚利桑那州东北部交界处。祖尼族即其中之一。

岸的夸扣特尔人、亚洲西南太平洋黑人群岛中的多布人[①]这三种原始文化做了深入细致的比较研究，并广泛运用其他原始文化的研究成果，提出“文化模式”的理论。其要点似可概括为：1. 人是“社会的产物”，习俗（custom）塑造了人。她引用杜威的话说：“习俗在形成个人行为中所起的作用远远超过个人对习俗所能产生的任何影响”。认为：不是生物性的遗传，而是社会的“习俗”塑造了人。“真正把人们维系在一起的是他们的文化，即他们所共同具有的观念和准则”。她指出：所谓“纯化的种族”，则是欺人之谈。由于重视习俗，此书第一章的标题就是“习俗的科学”。似乎文化的内涵主要就是习俗，文化人类学主要的就是研究各民族社会习俗的科学。2.“文化的整合”：个人的行为可以有多种乃至无穷的选择。“每一种文化则以最大的包容从人们的诸多可能性中进行选择。”[②]社会通过评价等各种手段，以最大的包容，协调各种冲突，使个体行为趋于同化，“犹如艺术风格的产生和存留”。这就是“文化的整合”。鲁思说：“一种文化就像是一个人，是思想和行为的一个或多或少的一贯的模式。”当然，这种模式又塑造着个体。3. 文

① 多布（Dobu）：西南太平洋中黑人聚居的岛屿统被称作“美拉尼西亚”（黑人群岛）。多布岛在新几内亚以南的特尔卡斯群岛中，岛上的居民被称作多布人。

② 美国女文化人类学家、鲁思·本尼迪克特的同行和好友，玛格丽特·米德（Margaret Mead, 1901—1978 年）评介鲁思语。（维基百科网页）

化相对主义：鲁思认为：文化是一个整体，但并不排斥个体的差异。文化模式既不是凝固不变的，也不是单一的。“习俗无轻重厚薄之分。”对于个体或集体的文化变异，不论地区、种族或发展状况，都应抱以极大的宽容和理解，在强调本民族文化的长处和优点的同时，也要承认其他民族在不同文化中发展起来的不同的价值，提倡相互交流、融合。①

鲁思这种理论被称作“文化人格学派”或“文化人格同型论”。有的评介者归总为两句话：“文化是人格的放大”、“人格是文化的缩微”。有的评介者又加上：“文化的可塑性”、“文化决定论：对社会达尔文主义的回应”等基本特征。② 这一学派也被归入“心理学派”。

《文化模式》这本书奠定了鲁思的学术地位，至今已有 14 种文字的译本，成为文化人类学中的经典著作之一。1935 年，她的另一田野调查：《祖尼族神话》(*Zuni Mythology*) ③ 出版。1936 年，博厄斯退休（时年 78 岁），鲁思被任命为哥伦比亚大学人类学系主任。

鲁思在中学时代就发现听觉不好、有点耳背，但这并未妨

① 以上参阅《文化模式》，王炜等译，三联书店，1988 年。译者前言和正文第 4、18—21、48—50 等页。

② 玛格丽特·米德语和其他网页资料，如 Susan K. Hochman: RUTH FULTON BENEDICT 等。

③ 祖尼（Zuni）：原聚居在新墨西哥和亚利桑那州的 19 个印第安部族之一，现大多居住在新墨西哥的祖尼市。

碍她教学生动活泼，并能出色地引导学生进行讨论。优美的文字，善于运用具体资料，独到的分析，这些优点使鲁思的论著不仅在专业工作者中受到重视，在社会上也有广泛的影响。

1937年。鲁思晋升为副教授。1939年，她参与国民意志委员会，该组织的目的是要运用社会学和心理学来研究战时国民意志中的一些问题。1941年鲁思参与创建"文化交融研究会"。在此期间，鲁思针对希特勒法西斯鼓吹的人种论，写成《种族：科学与政治》（1940年），批判种族主义。出版以后，又改写成通俗易懂的小册子（1943年），在市民、学生、军队中广泛传布，印数达到百万册，影响非常之大。

1943年6月28日，鲁思接受美国战时情报局的海外情报局的聘请，担任文化研究基础分析的负责人，研究欧洲和东南亚各国的民族性，对美国的战时宣传等心理作战，以及占领政策等，提出建议。鲁思运用"文化人格同型论"，分析各国文化模式，撰写了有关泰国、罗马尼亚、中国、挪威、丹麦等国的专题报告。随着战争形势的发展，重点迅速转向日本，战时情报局设立了日本科，鲁思也集中精力研究日本。[①]

1944年6月，鲁思接受了研究日本的任务。她除了利用

① 据此报告的日译本：《日本人の行動パターン》（《日本人的行为方式》，福井七子译，日本放送出版协会，1997年）和该书的解说2（Pauline Kent：本尼迪克特的生平和学术）。参阅第134—138、179—180、183—192、196—200等页。此书由天津理工大学外国语学院胡备先生提供。——译者

文字图像资料以外，特别注意对被俘日军和美国战时“日本人隔离收容所”中的美籍日本人进行调查。1945 年 5 月，鲁思开始撰写关于日本天皇的备忘录和关于日本文化的报告。“报告”约于 8 月间完成，名称是：“Report 25: Japanese Behavior Patterns”，于 9 月 15 日提交战时情报局。备忘录提交的时间要早于报告。在关于如何对待天皇这个重大问题上，鲁思明确主张保存并利用天皇。[①]

1946 年，鲁思把这份报告改写成《菊与刀》，出版后立即在日本和美国畅销。这是一本“探讨日本何以成为日本民族的书”。[②] 一个从未到过日本的文化人类学者，在短短几年之内，搜集了如此生动、具体的资料，并形成了关于日本民族和日本人的许多论点，日本学者为之叹服，但也有一些学者不免质疑。总之，影响很大，人们对美国新兴的文化人类学也重视起来。（参阅附录二：《日本学者对〈菊与刀〉的评论》）

在《菊与刀》出版以前，文化人类学调查研究的对象大多是岛屿、山区等地与外界很少接触，甚至少有文字历史的边缘少数民族，研究的方法主要靠直接接触、实地调查。《菊与刀》

① 据此报告的日译本：《日本人の行动パターン》（《日本人的行为方式》，福井七子译，日本放送出版协会，1997 年）和该书的解说 2（Pauline Kent: 本尼迪克特的生平和学术）。参阅第 134—138、179—180、183—192、196—200 等页。此书由天津理工大学外国语学院胡备先生提供。——译者

② 《菊与刀》原著第 13 页。本译本第 14 页。

这本书的研究对象，则是历史文化悠久、名列世界列强、位居东方而又吸收了西方文化的当代大国日本，其研究又只能在美国进行。这显然是文化人类学的一大突破性的尝试。随着全球化的进展，民族、文化问题越来越突出，《菊与刀》这类尝试显然会更加受到重视。

鲁思的声望随之达到新的高峰。这一年，她在哥伦比亚大学被授以“全职教授”，并荣获美国大学妇女联合会颁发的该年度成就奖。

更重要的是：这一年，鲁思受命在哥伦比亚大学主持一个重大项目：当代文化研究，经费高达当时的十万美元，参与者超过120人，计划先用4年时间（1947—1951年）研究欧洲七种不同民族的文化，再进而对欧亚两大洲的文化进行比较研究。鲁思风尘仆仆，亲自访问欧洲，以求直接掌握波兰、捷克、罗马尼亚、比利时等国的第一手资料。可惜，紧张的跋涉和过度的热忱损害了她的健康。1948年，她因冠状动脉血栓病逝，时年61岁。鲁思从1923年起在哥伦比亚大学任教，至1948年在工作岗位上逝世，共达26年。

附录二：日本学者对《菊与刀》的评论

吕万和

《菊与刀》出版后在日本反响很大。1949 年 4 月，《知性》杂志组织五位学者进行座谈（鹤见和子、川岛武宜、幼方直吉、矶田进、饭塚浩二）。1950 年 5 月，《民族学研究》发表了五位学者的长篇评论（川岛武宜、南博、有贺喜左卫门、和辻哲郎、柳田国男）。1951 年 5 月，《展望》杂志又发表了津田左右吉长达 20 页的评论。有些学者评价很高（当然也有批评和质疑），以川岛武宜[①]为代表。有些学者则有根本性的质疑或商榷，以

① 川岛武宜（1909—1992 年）：日本法学者，法律社会学、法律文化学奠基人。著有《日本社会的家族性构成》《日本人的法意识》《现代化与法》《法律社会学讲座》等。有《著作集》11 卷。

和辻哲郎[①]、津田左右吉[②]为代表。下面简介这三位学者评论文章的要点。

川岛武宜文章的标题是《评价与批判》[③]。文章一再指出：此书著者从未到过日本，却搜集了如此大量平凡而又重要的事实材料，生动地描绘出日本人精神生活和日本文化的全貌，引导出基本的、总体来看又是有决定性意义的各种特征，尽管观察难免有误解，分析难免不充分，总的来说，其学识能力"令人叹服"。他反问："日本学者对美国写出过这样的书吗？"他认为：这本书"把日本人的丑陋面貌暴露在光天化日之下，迫使我们进行深刻的反省"。"战争期间的日本，使日本人的精神生活、文化、传统等，像放在显微镜下一样，无比清晰地呈

① 和辻哲郎（1889—1962年）：日本著名哲学家、思想史家。京都帝大、东京帝大教授。著有《日本古代文化》《日本精神史研究》《原始基督教的文化史意义》《原始佛教的实践哲学》《作为人学的伦理学》《伦理学》《日本伦理思想史》《风土》等。有《全集》20卷。

② 津田左右吉（1873—1961年）：日本著名思想史家、历史学家。多年师事白鸟库吉并在其主持的满铁"满鲜史地调查部"研究中国和朝鲜的历史地理。1939年后在东京帝大、早稻田大学等校任教，主讲日本神代史等。1940—1942年以"冒犯皇室尊严"被起诉并判处有罪，1944年被免诉。著有《朝鲜历史地理》（有商务印书馆中译本）、《古代满鲜关系研究》《中国道家思想研究》《儒教的研究》《古代支那人的宗教思想》《日本的神道》（有商务印书馆中译本）《神代史研究》《古事记》《日本书纪研究》《日本国民思想研究》《历史学与历史教育》等。有《全集》33卷。

③ 此文1949年5月发表于《民族学研究》，1972年稍加修改附录于《菊与刀》日译本修订版。

现出来”。这本书和一些外国人研究日本的书更能刺到“痛处”，“希望所有日本人都阅读一下这本书”。“与任何其他民族相比，日本人恐怕都更加盲目接受自己的传统和思维方式，并以之为准来判断事物。这就是我们所受过的教育。这本书会使我们的反省受到莫大的刺激。”

川岛还指出：鲁思能够写出这样的书，与美国的政治文化环境分不开。当时日本是美国的敌国，研究的目的是为了征服、占领、统治日本。即使如此，美国和那些徒知强迫研究人员像小孩子一样、以谩骂敌国为能事的国家不同，对战时的敌国也切实进行科学的、原汁原味的分析。

川岛认为：此书第1章是方法论。第3、第5—6、第7、第8、第9、第10、第11、第12各章分论等级制（Hierarchy）、恩、义理、名誉、人情、道德、修养、儿童教育。第2、第4、第13章不太重要。

在方法论方面，川岛认为：一般地说，英美两国社会科学偏重实证，日本则思辨倾向较重、不太重视实证和资料。然而，鲁思这本书不仅资料丰富，其优点更在于理论分析。社会学论著往往重视各种现象的量的分析，这本书则重视研究社会结构及其功能、重视文化的整体及其各种内在联系。川岛认为：“这正是文化人类学的方法。”对于研究“异质的、充满未知数的文化现象”来说，正如鲁思所强调的，尤其要采用这种研究方法。川岛还认为，日本人研究日本也应当重视这种研究方法，亦即，与“量的分析”相比，要更加重视“质的研究”。

唯其如此，川岛赞赏此书首重分析日本文化的基础——等级制（按：原著是Hierarchy，通译“等级制”。日译本译作“阶层制”。川岛未采用日译，用的是Hierarchy）。此书细致分析了支撑等级制的一整套烦琐的社会规则，并指明：日本的等级制建立在家族制度之上，而最终规定人们行动和思维方式的则是等级制。对这种分析，川岛在总体肯定的同时，也指出一些误解：1 日本人口中占很大比重的佃农、日工、渔民以及城市小市民的家族制度并不那么威严。2 说“邻组”在当时农村已不发挥作用，这与事实不符。邻保组织一直是“日本极权主义的社会基础”。3 说日本军队内部废除了“敬语”，以及军队不讲门第、发挥了平等作用等也与事实不符。

川岛认为：关于“恩”的第5、第6两章最下功夫、写得最好。日本的社会结合，本质上是人身依附或统治服从关系，这已是公认的常识。问题在于：这种关系是靠什么样的规范体系和意识来确立和维持的？对此，以往论述不多。川岛认为是靠两个原理：其一是“恩”的原理，其二是“家”的原理。此书既讲了“家”，更抓住“恩”（第5、第6章）和“义理”（第7章），深入论述。对“这种敏锐的分析”，川岛认为“不能不表示由衷敬佩”。

对其他各章（关于“人情”、“道德的困境”、“修养”、“儿童学习”等），川岛也都加以赞许，认为日本人会“很感兴趣”，

“足以发人深省”。(例如，日本人从小就被灌输教育，要求终生拳拳服膺，视之为“最高的道德”、“道德的最高理想”的“诚”，在美国或其他民族心目中竟只是“宗教狂对自身教义的狂热”！)同时也都指出某些误解或分析不充分、不确切之处，提出自己的看法。

在全书的方法论上，川岛在总体肯定的前提下，指出两个重要缺点：1 缺乏历史的分析。日本是变化中的日本。明治维新以后，封建性的和市民社会性的、日本式的和西洋式的，往往叠现在一张照片上，相互影响、相互放射。此书著者好几处提到日本人行为、思考方式或“模式”的“矛盾”,感到难以索解。其实，如果能从历史方面进行分析，也许就可迎刃而解。2 著者这本书把“日本人”作为一个总体来考察。这是必要的。但不可忽视，日本人中有阶层、职业、地区、知识水平等各种具体差异。美国人研究日本，先把日本人看作一个整体，从研究顺序来说是必要的，但不能停留在这里。应当进一步深入分析。从当前日本来说，尤其应当重视研究日本内部各种“力”，特别是保守的“力”和要求进行民主主义变革的“力”的“力学关系”。川岛说，他曾指盼本尼迪克特夫人亲身前来日本，为日本的民主主义革命和重建日本进行研究，但令人遗憾，她已离开人间。

和辻哲郎的评论采取写信商榷的方式。信是写给文化人类学者石田英一郎[1]的。发表时的标题是:《对科学价值的疑问》。信中说：他年事已高（按：时年60岁），本无意阅读此书。石田先生向他推荐此书，说“细节虽有谬误，总的来说颇有足以促使我等反省的卓见”。但他读后，感觉此书不像一本学术性著作，希望石田先生告诉他：此书学术价值何在？

他说：他这种感觉不仅在于此书所用资料有不少谬误或误解（这虽然也是问题，但对外国人研究日本理应宽容），而是认为：书中所据资料难以做出如此普遍性的结论。著者应该考虑到：别人可以举出同样多的资料做出相反的结论。他说：如果把考察、研究的范围明确限定为“日本军人的思考方式”或“日本俘虏的思考方式”，也许还有些学术价值。但著者却说是“日本人的思考方式”或“日本文化的模式”，这就成了以局部概括全体，根据局部事实做出总体结论。

例如，此书开篇写道：“西方国家所公认的那些基于人性的战争惯例，对日本人显然是不存在的”，并以此作为了解“日本人”的人生观或信念的资料。和辻认为：这里的所谓“日本人”，都应改为“部分日本军人”。此书所论只是“日本军人的模式”、“日本国粹军人的模式”，不能说是“日本文化的模式”。

① 石田英一郎（1903—1968年）：东京大学教授，民族学、民俗学、文化人类学家。华族家庭出身，京都帝国大学毕业，曾参加日共（1927年）并曾被判刑（1928年）。著有《民族学基本问题》《日本文化论》《河童驹引考》《桃太郎之母》《文化人类学笔记》《文化人类学序说》等。有全集8卷。

他还说：日本军人中违犯战争惯例者也是少数暴虐不法分子，这类行为也被视为暴虐不法行为。对于这类行为，不论是南京大屠杀或虐待俘虏，军部都极力隐瞒，不让国民知道真相。这就证明：大多数日本人，乃至军部自身，是把这类行为看作违犯战争惯例，怕引起国民非难，否则何必隐瞒？至于日本人不敢批判军部，这是另外的重大问题。不能因此就认为大多数日本人是容许暴虐行为，是共犯者。日俄战争中日军统帅乃木希典对投降的俄军统帅待之以礼，这件事成为美谈，被编入教科书。和辻本人当时是中学生，曾与同学自发地慰问俄军俘虏。这说明，虐待俘虏是不符合当时日本人的道德观念的。

又如，不投降主义，他指出：日本历史上并没有这种传统观念。明治时期军歌中，士兵们赞美有“智勇兼备之风”的熊谷直实，就是一名降将（先参加讨伐，后投降源赖朝）。投降不是好事，日本人这样看，西洋人也如此。这里的问题是：一部分军人狂热鼓吹“不投降主义”、强令部下不准投降，这能否说成“日本人的人生观”或“日本人的信念”？战场上宁死不降的亢奋心理是有的，但不能把这类心理夸张地说成“人生观”或“关乎道义的信念”。武士当中，“即使有把这种心理当作人生观的武士，也被鄙视为‘猪武士’（鲁莽蛮勇的武士）。十几年来（指日本法西斯统治时期），这类猪武士把持了（当时的历史）舞台，即便如此，由此就说这是‘日本文化的模式’，这种独断恐怕和猪武士的独断也没有什么不同吧”。

再如，“精神力量战胜物质力量”这类标语口号，能把这类标语口号看作日本人的特性吗？查查“满洲事变”（即1931年“九一八”事变）十几年前的日本报刊，这类标语是看不到的，反而是“唯物史观”几乎占主导地位。这类标语口号是军部势力支持青年军官夺取支配权之后出现的，是“军部的思考模式”。军部专制时代，到处流行这类强制性标语口号。武器弹药不足，就鼓吹精神战胜物质。粮食、燃料不足，就动员民众做体操以忍耐饥寒。如果据此就说“日本人”的思考方式，就是认为体操可以代替暖房和粮食，这种说法只能令人愕然。

关于“八紘一宇”、“各得其所”，和辻指出：日本的战争领导者用这种标语口号推行侵略主义，这是事实。但大多数日本人并不懂得这类古语，有的校长甚至因为读错了“紘”字而受到批评。人们大都把这类标语口号当作军部的压力来对待。说这类标语口号是“日本文化模式”的核心、日本“阶层制”的体现，这种说法是非常独断的。“八紘一宇”，我这样的人最初也不懂，查了《日本书纪》的注，原意是指日本国内一家，“四海同胞”，与国外毫无关系。“各得其所”，大概出自《论语》中的“雅颂各得其所”，原意无非是各自发挥各自的价值。军部用这些话作标语口号，推行侵略主义。但不能说“四海同胞”就是侵略主义。这里的问题应该是：为什么这类标语口号能够如此猖狂流行？日本人为什么不能抑制这些右翼暴乱者？这些右翼暴乱者为什么会使议会软弱无力，并占领了报道机构？这样研究才是重要的。

关于“阶层制”（指 Hierarchy），和辻认为：现代日本保存了很多古代的东西，这就是“日本文化的重层性”。把这些东西作为“封建时代的遗习”来研究，还有些学术价值。但此书反复强调“日本人”“对阶层制的信赖”，说日本人“在阶层制中安于自己的适当位置”。和辻认为：这种观念已是遥远的过去。一百年前出生的他祖父那一代人，确实抱有这种观念。他父辈一代就很少有人这样了。他本人这一代，从青少年就矢志追求成功、追求更高的地位。

关于日本的“家”，和辻认为，此书所描绘的那种日本“旧式家庭”，在他接触以外的各处可能不少，但这类家庭早在明治时代已经被打上“旧式”的烙印。把这种旧式家庭当作“现代日本的家庭”，让他这个在日本生活了六十年的人只能目瞪口呆。他所接触到的是，青年们大都按自己的意志选择职业和婚姻，如果出现矛盾，多半是父母让步。

关于“义理”、“人情”，石田先生曾希望他给予评论。和辻则认为：这个问题和以上各点密不可分，难以置评。

津田左右吉文章的标题是：《菊与刀之国——关于外国人的日本研究》。他首先对著者的意图和方法论表示理解。概括地说，此书认为：“日本人在什么场合会如何行动、性格如何表现、心理状况如何以及成为这些之基础的道德观和人生观等，都可从日本人的日常生活、生活方式来了解的。”“生活方式、对生活的看法或观察生活焦点时的聚焦方式，各个民族是不一样的。”日本人和美国人在这些方面是不一样的。因此，对日本人，要研究其特性。“同属某个民族的各个人、各种行动之间具有某些体系性的关系，由此形成某些‘模式’。”津田说：这就是他所理解的，此书作为文化人类学进行研究的“方法论”和“根本的假定”。

津田首先提出的是资料问题。他说：“日本人的生活方式”，虽可“一言概之”，实则“包含各种异质的东西”。全体而言，在长期历史过程中几经变化，明治以后变化之巨更是前所未有。具体而言，今日日本人的生活方式，因地位、职业、教育、知识水平等，诸多差异，不容忽视。就思想而言，或儒，或佛，或近代西洋各种思想。如此复杂，如何考察？其难度恐难以克服。津田认为：“文化人类学总要求对各式各样的生活上的现象做出统一的解释”，这种研究方法用之于历史不长，例如太平洋诸岛未开化民族尚可，用之于研究历史悠久、高度文明、文化复杂的现代日本，就出现了困难。

津田对此书著者在美国研究日本表示尊重，认为著者的心地是诚实的，对日本这个敌国国民的观察是力求公平的。书中颇有一些确切的观察，例如，说日本人不指盼革命，认为所谓“革命”不过是权力更替；说日本的“百姓一揆”（日本农民斗争）、阶级斗争也不是要求变革制度；说日本的天皇虽然被当作“神”，但实际这种意义不大等。然而，由于时间短促（集中研究时间不过两年）、有特殊目的（要完成任务）、有关日本的知识相当缺乏等，结果做出相当性急的判断。又由于著者身在彼岸，所用资料局限于英文论著或英译的日本著作、小说、传说故事、战时宣传的电影。即使直接接触在美国的日本人，也应当考虑这些人的社会政治地位、知识的性质、思想倾向、记载的真实程度。总之，津田认为：学术著作对于所收集的资料，不能没有审查和批判。

津田针对此书所论阐述了许多自己的看法。主要集中在天皇和日本的“阶层制”（Hierarchy）问题。认为此书：“把天皇置于阶层的顶端，这种看法不妥。”“阶层制”并不能确切说明江户时代的身份制，更难以概括明治维新后日本社会各种复杂的社会组织和社会关系。诸如天皇、华族、官僚、军队、议会、企业、民众、知识阶层，以及其中的上下级、官阶、地位、主仆、师徒、特殊社会的头领和弟兄等。认为：“日本的天皇从来就没有被认为是宗教意义上的神圣存在”，“从来就不是权力把持者，而是作为国家、国民的、精神的统一象征保持其地位、发挥其作用的”，“‘象征’这个词，过去虽然没有，却最能表达天皇地位的本质”等。

他也认为，把“万邦各得其所”说成在全世界建立以日本为最高统治的“阶层制”秩序，这是军部势力在战时的夸大宣传。把这种说法看作“日本人的思考方式”是滑稽的。他也否认“日本人眼中没有战时惯例”的说法。

他认为，此书把“恩”比作债务是奇怪的。他承认日本人的道德观确实有缺点，但认为此书说日本人道德的根本只是出自“耻感”和迫于外力、日本人没有与“恶”作斗争的观念等，恐怕是出自基督教立场。用“荒魂”、“和魂”的古代思想来证明日本人没有“恶”的观念，认为现代日本人也具有“四十七士物语”中的思想，都是不妥的。他还认为：此书是在战时所写，容易把战时日本“军部的行动或宣传看作是日本人的要求或日本人的思想”，把日本人说成好战民族。

此书把日本俚谚和日常用语作为资料，津田表示首肯，但也指出其解释未必都确切。关于“菊与刀”这个书名，津田说：明治以后，“刀”也被作为一种艺术品，此书则仍看作“好战的象征”；至于“菊”之美，远不止于此书所描述的栽培技术，尤在于日本人对自然、秋色、菊姿、菊香的深度美感，这也是著者未能体会的。

津田所论，篇幅既长，也比较复杂，仅略示头绪如上。

近年日本学者对《菊与刀》的研究和评论，已知目录有：C. 道格拉斯·拉米斯（C. Douglas Lummis）著、加地永都子译：《内部的外国——〈菊与刀〉再考察》（《内なる外国　菊と刀再考》，时事通信社，1992年第8版（1981年第1版））；南博《日本人论——明治から今日まで》（岩波书店，1994年初版、1997 年第 7 版）；森贞彦 :《〈菊与刀〉再发见》（东京图书出版会，2002 年初版）等。[①]

综观各种评论，大体可以说 : 从社会学、文化人类学角度评论者对此书评价很高，从哲学、历史学角度评论者则有根本性的质疑或困惑。撇开具体问题不说，就根本性质疑而言，在很大程度上是对文化人类学这个新兴学科的看法问题。实际情况表明 : 随着全球化的进展，民族、文化问题日益突出，文化人类学日益发展。《菊与刀》这本书也一直畅销。在日本，有统计说 : 这本书的日译本自 1948 年出版后至 1996 年，四十八年间重印超过 100 次，印数超过 230 万册[②]，如按日本人口平均，四十多人就拥有一册。在美国，《领袖周刊》有文章把这本书列为领袖必读的 100 本名著中的第 71 本。读读《菊与刀》，了解一下日本学者对《菊与刀》的评论，对我们进一步研究日本，乃至提高整个社会科学研究的水平，应该有好处吧。

① 天津理工大学外国语学院胡备先生提供。

② 前引福井七子译 :《日本人の行动パターン》解说 2，见该书第 203 页。

索 引

（索引页码为原书页码，即本书边码）

图书在版编目（CIP）数据

菊与刀：日本文化诸模式 /（美）本尼迪克特著；吕万和，熊达云，王智新译．—增订本．—北京：商务印书馆，2017（2023.7 重印）
（日本丛书）
ISBN 978-7-100-12051-7

Ⅰ．①菊…　Ⅱ．①本…②吕…③熊…④王…
Ⅲ．①民族文化—研究—日本　Ⅳ．①K313.03

中国版本图书馆 CIP 数据核字（2016）第 044607 号

日本丛书
菊与刀
——日本文化诸模式
（增订本）
〔美〕鲁思·本尼迪克特　著
吕万和　熊达云　王智新　译

商务印书馆出版
（北京王府井大街 36 号　邮政编码 100710）
商务印书馆发行
北京通州皇家印刷厂印刷
ISBN 978-7-100-12051-7

2017 年 1 月第 1 版　开本 787×1092　1/32
2023 年 7 月北京第 4 次印刷　印张 12¼
定价：49.00 元